人文书托邦

ON THE RUN
Fugitive Life in
an American City

在 逃

一个美国城市中的逃亡生活

[美] 爱丽丝·戈夫曼（Alice Goffman） 著
赵旭东 等 译

中国人民大学出版社
·北京·

开场白

麦克、卓克和他们的朋友阿里克斯正在往小学学校的墙上投掷骰子。现在差不多半夜时分，对于费城而言，九月中旬是相当寒冷的。在投掷间隙，卓克双手捂成杯状，哈着气让手指暖和一些。

在大家玩投掷骰子游戏时，麦克通常会赢。而今天当他把地上的一美元纸币捡起来时，他揉着鼻子，耸着肩，跳起了初战告捷的舞蹈。在九轮投掷之后，阿里克斯开始对麦克说：

"你就是个自私的小混蛋。"

"黑鬼就是讨厌。"麦克咬着牙说。

"你认为你比任何人都强。你就是该死！"

卓克对着他的两个最要好的朋友轻蔑地笑着。然后他就打着哈欠对阿里克斯说，最好在邻居们报警之前闭上他的臭嘴。不久之后，卓克说今晚到此为止。麦克则宣布说，他要用赢来的钱去吃奶酪牛排三明治，并问我是否一同前往。

"我能有一份奶酪牛排三明治吗？"阿里克斯插嘴问。

"哥们儿，你还是滚回家去吧！"卓克大笑着说。

"哈,我不是在走着呢吗?!"

* * *

当麦克的手机响起来的时候,他和我正在开车去商店的路上。当他拿起手机时,我能够听到手机另一端的咆哮声。麦克冲手机喊着:"你在哪儿?你在哪儿?"

他把这部老林肯车戛然停下,然后,开车径直返回了第六街区,在街角的商店处停了下来。在前车灯的光线里,我们见到了阿里克斯,他足有250磅重,手被绑着蹲在那里,好像在找什么东西。当他看到我们的时候,鲜血从他的脸颊流了下来,顺着白衬衫往下流,最后流到了他的裤子和靴子上面。阿里克斯嘴里嘀咕着一些我不能理解的话,随后我知道他在找他的牙齿。我开始跟他一起在地上找。

"阿里克斯,"我说道,"我们得送你去医院。"

阿里克斯摆了摆手,用他被撕裂的嘴费力地说出几个字来。我持续不断地央求他,最后麦克说:"他妈的不识抬举,别再管他了。"

此时,我记起来,阿里克斯仍旧在假释期间。实际上,他很快就要结束为期两年的受监管的生活了。他害怕那些警察——他们会冲进当地的急诊室并且浏览走进急诊室的年轻黑人的姓名。他害怕他们会在那里抓到他,或者至少因为他破坏了假释条款而对他提起公诉。如果那真的发生了,他就得重回牢房中去,那他两年多在外的顺从就算是泡了汤。他的一些朋友们在去照看重症病人,或者在等待他们的孩子出生时在医院被抓捕过。

开场白

　　麦克脱掉他的衬衫给阿里克斯，并擦掉阿里克斯脸上的血迹。卓克此时赶过来，然后小心翼翼地帮阿里克斯坐在麦克的前车座上。我们开车去我的与这儿隔着没有几条街的住处。我们给阿里克斯清洗了一下，随后他开始解释发生了什么。在他玩完掷骰子游戏之后回家的路上，一个穿着连帽衫的家伙从街角商店的旁边蹿出来，用枪顶着他的后背一起走入小巷子中去。那个人向他开了几枪，抢了他的钱，还将他的脸往墙上撞。后来阿里克斯发现，那个人错把他认作了他的弟弟——他的弟弟好像在一周之前曾对这个人进行过抢劫。

　　在接下来的3个小时，麦克和卓克打了一连串的到头来无用的电话以确定究竟谁有最为基本的医疗知识。麦克孩子的妈妈玛丽曾经学做护士助理，但她后来不怎么跟他说话了——因为她发现他欺骗了她，随后从车窗向他的车里扔进了一块砖头。最后，大概在早晨6点钟左右，阿里克斯联系了他的堂妹，她过来的时候带来了满满一塑料袋的纱布、针头和碘酒，并缝合了他的下巴以及眼睛和眉毛附近的皮肤。她说阿里克斯的下巴和鼻子肯定是断了，但对这些她是无能为力的。

　　第二天下午，阿里克斯回到了他与其女友和一个年幼的儿子一起居住的房子。那天晚上，麦克和我去看望他。我再次央求阿里克斯去做一下医疗处理，但他再一次拒绝了。

　　　我做所有这些臭狗屎般的事情是为了通过 [完成他的假释判决]，就像，我去急诊室不只将接受检查，而且会有警察来询问我所有类型的问题，并把我的信息通通记录下来，正像你之前知道的那样，我又会故地重游［进监狱］。即便他们不都在那里，他们中的有些人可能一直在找我，随后他们就会过来，做那种事情［拿着公开逮捕令而从警察的数据库中查找到他的名字］。我是不被允许靠近那里的［他的假释令条款禁止他靠近第六街区，他是在那里入狱的］，我两点是不能在外面的［他宵禁的时间是晚上十点］。还有，他们可能会在巴克斯县一直握着那个小惩罚［逮捕令］。［他在两年前的一次案件中最后没有缴纳开庭费用。］我不想让他们查找到我的名字，否则我就得上法庭或者重回监狱中。

此时他的女友从卧室中走出来，双手搭在牛仔裤上，并说："他需要去医院。在监狱里待上6个月总比不能说话或不能咀嚼食物要好。如果不治疗，他的下半生就惨了。"

* * *

阿里克斯的这次受伤发生在十多年以前。现在，他仍旧很难通过鼻子来呼吸，并且说话的时候咕噜着说不清。他的眼睛也跟他的脸一样看起来似乎不在一个水平面上。但是他没有重回监狱。阿里克斯成功地完成了他的假释，这是幸运而决定性的功绩，一个在他的朋友群体中的另外一个伙伴曾经获得过的功绩。

序言

在20世纪的大部分时间里,美国监狱里的人数一直是相当稳定的,大约是美国总人口的1‰ [1]。到了20世纪70年代,这一比例开始上升,并在接下来的30年里持续地陡然攀升 [2]。到了2000年以后,身处牢狱之中的人数比例达到了美国历史上前所未有的高度:每107个成年人中就有1个入狱 [3]。当下美国的在押犯要比西欧国家多5到9倍,并且明显地高于中国和俄罗斯 [4]。在这个国家中,大约成年人中的3%现在是在矫正性监控之下的:有220万人在监狱和拘留所里,另外有480万人在缓刑或假释期间 [5]。在现代历史中,只有在斯大林统治下的苏联,强制性劳工营地

---

[1] US Department of Justice, "Prisoners 1925–1981" (Washington, DC: Government Printing Office, 1982), 3.

[2] Christopher Uggen, Jeff Manza, and Melissa Thompson, "Democracy and the Civil Reintegration of Criminal Offenders," *Annals of the American Academy of Political and Social Science* 605 (2006): 285, 287–288.

[3] US Department of Justice, "Correctional Populations in the United States, 2011" (Washington, DC: Government Printing Office, 2012), 1.

[4] Roy Walmsley, "World Prison Population List," 9th ed. (London: International Centre for Prison Studies, 2011), 3, 5.

[5] US Department of Justice, "Correctional Populations in the United States, 2011" (Washington, DC: Government Printing Office, 2012), 3.

的在押犯的数目达到了这一水平①。

在最近的四十几年，进入美国监狱和拘留所的人数的成倍增长很少导致公共抗议。实际上，许多人几乎不会注意到这一转变，因为日益增加的犯人的数目不成比例地来自穷人以及种族隔离的黑人社区。黑人在美国总人口中只占13%，在监狱犯人总数中却占37%②。在年轻黑人当中，每9个人中就有一个在监狱中，而与之对照的则是，年轻白人在狱中的数量不足白人总人数的2%③。这些种族上的差异，又会受到阶级差异的强化。恰恰是年轻黑人被送进监狱达到了令人震惊的程度：那些没有读完高中、15岁就被送进监狱的黑人的比例接近60%④。

本书乃是对于美国监狱急速扩张的一种接地气的解说：在一个贫穷的以及被隔离开来的黑人社区近距离地观察年轻人和妇女，这里因为前所未有的被投入监狱的人数以及受到与之相伴随的更为隐秘的警察以及监控系统的影响而发生了转型。因为，对于抓捕和关押的恐惧已经侵入他们日常生活的最为基本的活动（工作、家庭、爱

---

① Alexandr Solzhenitsyn, *The Gulag Archipelago* (New York: Harper and Row, 1973).

② 在他划时代的对于费城第七区社会状况的研究的第一页上，杜博依斯（W. E. B. DuBois）加了这样一个注释："在此研究中，我会通篇使用'黑人'来指称所有黑人的后裔，尽管这一称号在某种程度上是非逻辑的。更进一步，我要将这个词的首字母大写，因为我相信800万美国人是要有这样一个大写字母的称号的。"在本书中，为着同样的原因，并追随于他，我要将"黑人"（Black）这个词的首字母大写。W. E. B. DuBois, *The Philadelphia Negro* (Philadelphia: University of Pennsylvania Press, 1899), 1.

③ The Pew Center on the States, "One in 100: Behind Bars in America 2008" (Washington, DC: Pew Charitable Trusts), 6.

④ Becky Pettit and Bruce Western, "Mass Imprisonment and the Life-Course: Race and Class Inequality in U.S. Incarceration," *American Sociological Review* 69 (2004): 151, 164.

情、友情，甚至是必需的医疗照顾）中，这就是一种对于一个在逃社区的解释。

* * *

我开始此研究项目是我在宾夕法尼亚大学读书的时候。在我大二那一年，我开始去拜访爱莎，她是一名高中学生，在离学校不远的一个低收入的黑人社区与她的妈妈以及姐妹们居住在一起。夜晚，我们坐在她家有两个房间但没有隔板的屋子的餐桌旁，旧的电视机声音刺耳，她在写英语和数学的家庭作业。之后不久，她的妈妈和姨妈就会聚在这栋楼的门廊那里，或者谈论她们的孩子，或者审视过往的行人。渐渐地，我认识了爱莎的亲戚、朋友以及邻居们。在我房屋的租约快到期的时候，爱莎和她的妈妈建议我在附近租个单间。

爱莎的14岁的表弟罗尼在那年的冬天从少年拘留所里被放了出来。他跟他的祖母住在一起，距离爱莎的住处开车要10分钟的时间。我和爱莎一起乘车去那里造访他。

不久，罗尼介绍我去见他的表哥麦克，他是一名瘦弱的年轻人，有着邋遢的胡须以及深邃的目光。麦克22岁，年龄上长我一岁。麦克很快地解释道，他生活在没钱的窘境之中，住在他叔叔的房子里，没有车开。去年他有了自己的车以及他自己的单元房，他计划靠自己的能力很快地东山再起。在左邻右舍中，麦克似乎可以对其他年轻人发号施令。当一个邻居问他一个白人女子在后廊外面做什么的时候，他回答说："她是住在附近的爱莎的家庭教师。"而在其他时候，他会解释我是爱莎的干姐姐。

在逃：一个美国城市中的逃亡生活

在接下来的数周，麦克介绍我认识了他的妈妈、婶婶、叔叔以及好友阿里克斯。比麦克矮上数寸却是麦克的差不多两倍重，阿里克斯似乎显得乏累且被击垮了一般，就好像他并不试图去避开重大的悲剧而延长生命一样。逐渐地，我了解到，麦克和阿里克斯都是一个亲密朋友组织群体中的成员。这个朋友组织的第三名成员卓克在他高三这一年就待在县拘留所里，等待着为一起在学校广场上的聚众闹事打斗事件负责的审讯。麦克很想念卓克，他解释道，卓克是这个三人朋友组织中的乐天派。正像卓克后来通过监狱话筒告诉我的："我并没有弄得一团糟，我是健康的，我没有看着很糟糕，你理解我吗？我是个快乐之人。"

跟麦克和阿里克斯在一起的第一个月是宁静且相当无聊的。我们会坐在麦克的叔叔家的门廊那里一起喝啤酒，或者在他的各种朋友和邻居那里闲逛。有时，我们晚上会去卓克母亲的房子，这样麦克就能够接到他朋友从拘留所里打来的电话了。

随后便是警察三更半夜到麦克的叔叔的房子实施抓捕。他们为一起枪击案而在寻找麦克，尽管麦克强烈否认有任何参与行为。为躲避逮捕，他在接下来的数周都躲藏在他的朋友和亲戚的家中。随后他去自首，做了保释，并开始了漫长的法庭诉讼。

我以前从未结识过面临一场刑事案件诉讼的男子，并且设想，这在麦克的生活中会是一件严肃和重大的事件。而我很快就知道了，在过去的一年里他曾经历过其他两起刑事案件：一起是私藏毒品，另一起是私藏无照枪支。卓克在县拘留所里等待着审讯，阿里克斯则因毒品而在一年的拘禁之后又加了两年的假释期。麦克的表弟被假释了。麦克的邻居则被软禁在家里。另外一个朋友因为没有支付庭审费而"怀揣"一张逮捕令，无家可归，睡在麦克的车里。

在我大二接近结束时，我问麦克，他对于我在宾夕法尼亚大学社会学系撰写我的毕业论文时以他们为研究群体有什么看法。他爽快地同意了，所附带的提醒就是，要我对于任何他向我所讲的东西加以保密。在那年的春天，卓克从拘留所回到家中时，我得到了他的许可，把他也加了进来。随着时间的推移，我还请了其他的年轻人和他们的家庭加入进来。

在接下来的一年里，我每天大部分的时间是和麦克、卓克以及他们的朋友和邻居在一起的。我跟着他们一起去律师事务所、法庭、缓刑与假释办公室、县拘留所的接待室、中转拘留所、当地医院以及周围的酒吧和派对。

在费城市中心富有的白人街区中长大的我，实际上并不知道最近的十多年美国的监禁率在急剧地攀升。我只有一种关于所谓的"打击犯罪"以及"打击毒品"的大略的感受，但绝无任何关于联邦政府所发动的这些打击对于生活在一个贫困而又被隔离开来的街区中的年轻黑人究竟意味着什么的感受。我挣扎着去理解头顶上盘旋着的警察的直升机以及在街区被搜索和抓捕的年轻男子。我努力去学习基本的法律术语和程序。

在那个春天，麦克的枪击案终结，法官给予他的判决是让他在州监狱中待上三年。不久之后，我获得在普林斯顿大学攻读博士学位的机会。在研究生生活的整个四年里，我都继续住在爱莎的隔壁，乘车去研究生院，并把余下来的大部分时间用在与不管是谁在家的"第六街区男孩们"一起闲逛上了。在周末的时候，我去拜访麦克、卓克以及属于这个街区却在这个州的各个监狱中的年轻男子。随着时间的推移，我在警察追捕的清扫中、参加开庭日期间以及在远郊监狱探视时间之后结识了那些年轻男子的家庭的成员以及他们的女友们。

这里所描述的家庭都同意我为某一天出版这些材料做笔记，并且我们多次详尽地讨论了这一计划。一般而言，我不会去问正式的、访谈形式的问题，并且这里大多数的细节描述来自第一手对于人、事件以及对话的观察。人名和身份特征已经被修改，包括那些邻居的名字。麦克最初曾经建议我在笔记上以及学期论文中称呼他的街区为"第六街区"，因此从项目开始到成书，我都一直在用这一化名。

尽管我在很大程度上收集了一些警察署官员、法官、假释官员以及监狱保卫所提供的访谈信息，但本书所采取的是第六街区居民的视角。这样做提供了一种对于监狱爆棚的说明及更为隐秘的警察与监督实践，这是生活在费城一个相对贫困的黑人街区中的年轻人对它们的体验和理解。也许这些视角在关于现在似乎正在发酵的有关刑法政策的争论中会引起一些麻烦。

导论

在20世纪60—70年代，美国黑人获得了曾经数个世纪都不能享有的完全的公民权。在他们成功地捍卫了选举、自由移动、进入大学以及去做他们的传统行业的权利之时，美国同时开始构建起一种史无前例的或者在国际上没有可比性的刑法体系。

从20世纪70年代中叶开始，联邦与州政府实施了一系列的法律，这些法律包括：对拥有、购买以及销售毒品给予重罚，对于暴力犯罪进行严酷的判决，增加街头警察以及拘捕警官的数目，等等。20世纪60—70年代，在城市地区，街头犯罪率急剧上升，道路两旁的政客们看到的是作为政治的以及实际解决中的对于毒品和暴力的强力镇压。到了20世纪80年代，霹雳可卡因（crack cocaine）①导致了贫穷的少数族裔社区的犯罪风潮，这又进一步激化了数年之前便已开始的惩罚性的犯罪政策。

---

① 又简称"快克"（crack）。其为微小卵石般结晶状，由于盐酸可卡因转制时所掺杂的杂质不易剔除，所以不是纯的可卡因，含量在40%~80%，甚至低于10%。其源自可卡因，由盐酸可卡因合氨水或发酵苏打除去盐酸盐而得。主要吸入方式是鼻吸或加热后吸入烟雾，主要流行于美国。——译者注

在逃：一个美国城市中的逃亡生活

在20世纪90年代，美国的犯罪与暴力开始呈现一种长期下降的趋势，但是强硬的刑罚政策依然如故。1994年，《暴力犯罪控制与法律实施法案》(Violent Crime Control and Law Enforcement Act)向各个州的城市警察局注入了数十亿美元的联邦资金，造就的却是五十种新的联邦寻衅滋事行为。在第二届布什政府时期，警察和民间领袖近乎没有任何疑义地对强硬的犯罪政策表示赞许，相伴而生的则是联邦和州警察机构、专门的联合会及机构的激增。[①]这些政策增进了对于暴力挑衅的审判，也增进了对于卖淫、流浪、赌博以及私藏毒品的审判[②]。

对于犯罪的强硬审判时代导致了美国在管理其城市的少数族裔区上的一场深度变革。在20世纪的大部分时间里，警察当局忽视了像第六街区这样的贫困的以及被隔离的黑人社区。20世纪30年代到80年代，是经历了大迁徙、受到限制的种族住房合同、民权运动、日益增加的失业、日益被蛀蚀的社会服务、日益增多的毒品交易，以及许许多多黑人中产阶级远离了大城市的贫困与隔离区的一个时代[③]。在第一手的观察者的报道中，警察被黑人隔离区的居

---

① Katherine Beckett, *Making Crime Pay* (New York:Oxford University Press,1997),73;Jonathan Simon, *Governing through Crime* (New York:Oxford University Press,2007),241.

② Katherine Beckett and Theodore Sasson, *The Politics of Injustice:Crime and Punishment in America* (Thousand Oaks,CA:Pine Forge Press,2000),5.

③ 有关20世纪70年代以后美国城市中被隔离出来的黑人社区的居民面临日渐增加的经济窘迫以及空间上的隔离这一点，可参阅：Loïc Wacquant and William Julius Wilson, "The Cost of Racial and Class Exclusion in the Inner City," *Annals of the American Academy of Political and Social Science* 501 (1989):8—25.

导论

住者描绘为冷漠、心不在焉和腐败的 ①。

在 20 世纪 60 年代，当被大城市的骚乱、暴力频发和吸毒刺激的美国对于犯罪，特别是在城市区域的犯罪加以关注之时，这种情况发生了改变。在全美的城市范围之内，20 世纪下半叶，警员的数目在急速地增加 ②。费城在 1960 年到 2000 年之间，警员的数量增加了 69%，从每 1 000 个市民有 2.76 个警员增加到了有 4.66 个 ③。20 世纪 80 年代，美国通过了强硬的毒品法以及严苛的判决。在 20 世纪 90 年代，严厉打击犯罪的运动在持续，全美的城市警察署都采取了著名的零容忍警务的做法，随后"计算机统计比照系统"（CompStat）开始跟踪各种案件的进展 ④。

---

① 城市的民族志有着从 19 世纪初到 20 世纪 80 年代的在被隔离出来的黑人区有关放任自由以及腐败警察的档案资料。关于在 20 世纪 30 年代和 40 年代，对于黑人社区的赌博和卖淫，警察睁一只眼闭一只眼的讨论可参阅：St. Clair Drake and Horace R. Cayton, *Black Metropolis: A Study of Negro Life in a Northern City* (Chicago: University of Chicago Press, [1945] 1993), 524. 关于 20 世纪 60 年代城市警察中普遍的腐败可参阅：Jonathan Rubinstein, *City Police* (New York: Farrar, Straus & Giroux, 1973). 关于 20 世纪 70 年代黑人青年男子中出现争端时警察无力介入这一点可参阅：Elijah Anderson, *A Place on the Corner* (Chicago: University of Chicago Press, 1978), 2. 关于 20 世纪 80 年代警察允许光天化日之下在黑人社区进行毒品买卖可参阅：Terry Williams, *Crackhouse* (Reading, MA: Addison Wesley, 1992), 84. 关于 20 世纪 80 年代和 90 年代在芝加哥规划中房屋规划领导者、毒品贩子以及一些腐败的警官所强制实施的真实的法律制度这一点可参阅：Sudhir Venkatesh, *Off the Books: The Underground Economy of the Urban Poor* (Cambridge, MA: Harvard University Press, 2006).

② Albert J. Reiss Jr., "Police Organization in the 20th Century," *Crime and Justice* 15 (1992): 56.

③ 费城警员数目的数据来自联邦调查局《统一犯罪报告（1960—2000 年度）》。费城的人口估算来自美国统计局。

④ 关于严厉打击犯罪的政策的产生和传播以及其与美国的福利缩减和市场放松管制之间的关联的一项详尽研究，可参阅：Loïc Wacquant, *Prisons of Poverty* (Minneapolis: Minnesota University Press, 2009).

在逃：一个美国城市中的逃亡生活

曾经有数十年，费城的警察极为盲目地将注意力转向了在贫困的黑人社区持续存在的卖淫、毒品交易以及赌博。但是到了20世纪80年代后期，他们及其他的城市警力的成员开始拒绝贿赂和回扣。实际上，作为一种日常的活动，腐败似乎已经被铲除掉了，至少在较低层次上的毒品交易中，人们向警察行贿以保自己平安的事不见了。在这期间还出现了许多人因为吸毒或者藏匿毒品而被捕入狱的现象。

一方面是在贫困的黑人居住区对于毒品经济的镇压，而另一方面是贫困家庭所能得到的资助的缩减以及获得资助的等待时间的拉长。随着福利支持化为泡影，"反毒品战争"将那些寻求在大规模的毒品交易中有一份收入的人绳之以法。

到了2000年，美国监狱中的人数比20世纪早期增长了五倍之多。进入监狱的压倒性多数是穷人，而另一个不成比例的多数是黑人。现在，30%没有受过大学教育的黑人在他们35岁左右就进到监狱里去了。每4个出生于1990年的14岁黑人孩子中，就有1个的父亲在监狱。[1]

社会学家大卫·加兰德（David Garland）曾经将此现象称为大众收监（mass imprisonment），即入狱的水平明显地高于历史上的和可比较的尺度，并且集中在了人口的特定群体之上，这样便是"不见犯罪者个人锒铛入狱，而变成整个人群的系统性入狱"[2]。

---

[1] Christopher Wildeman, "Parental Imprisonment, the Prison Boom, and the Concentration of Childhood Disadvantage," *Demography* 46 (2009):270.

[2] David Garland, "Introduction: The Meaning of Mass Imprisonment," in *Mass Imprisonment: Social Causes and Consequences*, ed. David Garland (London: Sage, 2001), 1–2.

导论

社会学家罗伊克·华康德（Loïc Wacquant）以及法律学者米歇尔·亚历山大（Michelle Alexander）就认为，当下的入狱水平代表了美国种族压迫的一个新篇章①。

自20世纪80年代以来，"打击犯罪"以及"打击毒品"已经使得数以百万计的黑人年轻人远离了学校、工作以及家庭生活，被捕入狱，被定重罪（felony convictions），之后再遭返回社会。待在拘留所以及监狱里的时间意味着低工资以及在找工作上的障碍。对他们来说，本该拿学位和结婚的关键时间一去不复返了。许多州的法律拒绝给那些被判有重罪的人以投票权和竞选权，同时这些人还在争取政府部门的工作、公共住房以及其他的好处上受到拒斥。有着犯罪记录的黑人会在劳动力市场上受到如此具有排斥性的歧视，以致他们本可以被合理合法地允许去申请的工作都变得难以获得。②这些限制和不利不仅影响了这些青年男子在监狱体制中的行动，而且影响了他们的家庭和社区。由于有如此之多的黑人男子被关进监狱，然后背负重罪记录返回家中，所以现在监狱扮演了一种在美国社会中生产不平等群体的角

---

① 有关高入狱率的资料可参阅：Loïc Wacquant, "Race, Class, and Hyperincarceration in Revanchist America," *Daedalus* 139, no.3 (2010):74–90. 华康德的有关日益蔓延开来的美国刑法制度、其关于美国政治和种族关系的理论以及经验研究对于本书都具有重要的启示性，并且可以用来作为典范："The New Peculiar Institution:On the Prison as Surrogate Ghetto," *Theoretical Criminology* 4, no.3 (2000):377–388; "Deadly Symbiosis:When Ghetto and Prison Meet and Mesh," *Punishment & Society* 3, no.1 (2001):95–133; *Urban Outcasts:A Comparative Sociology of Advanced Marginality* (Cambridge:Polity Press, 2008); and *Punishing the Poor:The Neoliberal Government of Social Insecurity* (Durham, NC:Duke University Press, 2009).

② Devah Pager, *Marked:Race, Crime, and Finding Work in an Era of Mass Incarceration* (Chicago:University of Chicago Press, 2007), 4–5.

色,这使得黑人在民权运动期间所获得的公民权以及社会经济地位出现了退步。①

* * *

第六街区乃是一条宽阔的商业大道,它南边跟它相连的第五居民区构成了一个与第六街区同名的小区。在20世纪50年代和60年代,第六街区曾经是一个中产阶级的犹太人地区,到了20世纪70年代早期才向黑人居民开放。

当我2002年年初来此居住区的时候,其中的居民93%是黑人。男人和男孩子们站在人潮穿梭的十字路口,拿着禁售的CD和DVD盘、偷来的物品以及向司机和路人兜售的食品。主商业街包括一处防弹的中餐外卖店,卖的是炸鸡翅、烟草、避孕套、婴儿食品以及用于吸食霹雳可卡因的薄玻璃纸。这条街还包括一个网上支票兑现处、一家发廊、一家发薪日贷款店、一家皇冠炸鸡饭店以及一家当铺。在比邻的街区,一个波多黎各人家庭开了一家街角食品店。这一街区的住户大约有1/4获得了住房凭证,但总体上只有两个住户家庭获得了某种类型的政府资助。②

第六街区并不是它作为其中一部分的费城大的黑人区里最穷或者最危险的街区,这里离那儿还是很远的。在对警员的访谈中我发现,第六街区几乎不是他们巡逻的首选,他们也不认为这个街区特别危险或者充斥着犯罪。住在邻近街区的居民说道,第六街区那儿

---

① Bruce Western, *Punishment and Inequality in America* (New York: Russell Sage Foundation, 2006), especially 191.

② 数据来自2007年由卓克和我做的217户的问卷调查。

是安静而平和的——是一个他们若有足够的钱就会乐于搬去那里的街区。

尽管如此,第六街区并没有逃脱于近30年惩治毒品与犯罪的政策。到了2002年,在这个区域范围内,政府对18岁以下的人员实行了警戒宵禁,在主要的街道放置了警察摄像机。在我待在这个街区的最初的18个月里,至少每天一次,我看到警察拦阻行人或车里的人,搜查他们,为了安全而盘问他们的名字,询问他们问题,或者实施抓捕①。同样在那18个月里,我看到警察砸开门、搜查房屋、询问、拘捕,或者是共52次冲进房子抓人。有9次警察的直升机在头顶盘旋并将探照灯照到当地的大街上。我注意到由于警方要搜查证据而造成街区封闭以及交通改道——或者用警方的话说就是保护犯罪现场——有17次。在我最初待在那里的18个月里几乎每天的观察中,我看到了警察的猛拳出击、阻拦、用力去踢、踩踏,或者是用他们的警棍敲击年轻人。

在第六街区这个社区中,毒品与枪械暴力的问题是真实存在的,并且来到这个街区的警察尝试着用他们已经被赋予的一些权力去解决这些问题,这些权力即威慑与抓捕的权力。他们的努力似乎并没有使像麦克和卓克这样的年轻人打消售卖毒品或者卷入暴力冲突的念头;这些努力是否有助于降低整体性的犯罪率便超出本研究的范围了。

不论这些警察对于降低犯罪率的效果如何,仅仅是在贫困的黑人街区的警戒以及收监的范围就在深度和持久性上使得社区的生活

---

① 在这18个月每天的田野工作中,只有5天我观察到没有警察的活动。

方式发生了转化，这不仅是对于作为他们的目标的年轻人而言的，也是对于年轻人的家庭成员、伙伴以及邻居而言的。

干净的人与肮脏的人

由于体面的、挣钱多的工作处于长期性的供给短缺状态，黑人社区中的人长期以来被划分为能够获得体面工作的人以及那些靠做危险的、污秽的工作来挣钱的人这两种。在19世纪90年代，杜博依斯（W. E. B. DuBois）就给予后一个群体以"社会最底层"（the submerged tenth）的称号①。20世纪40年代，芝加哥的社会学家圣卡莱尔·达拉克（St. Clair Drake）以及霍拉斯·凯顿（Horace Cayton）将这些群体中的人看成道貌岸然的阴险者。借用在黑人社区经常使用的术语，社会学家艾利佳·安德森（Elijah Anderson）将这种区分用"体面的"（decent）与"街上的"（street）分别来称谓②。尽管"体面的"与"街上的"之间的划分已经被学者认识到并被予以了精细的研究，但是这些区分最初是作为民俗范畴而涌现出来的，那些被隔离开来的黑人街区用这些范畴来在他们中间进行一种区分。

在当前的时代里，在警察"盘旋于头顶"、街区居民深受入狱威胁的当下，在黑人社区中长久保持的社会区分为法律地位的议题

---

① W. E. B. DuBois, *The Philadelphia Negro* (Philadelphia: University of Pennsylvania Press [1899] 1996).

② 在黑人社区中的这一关键的社会区分可以在安德森的早期著作《街角》中看到。一项更进一步以及更为正式的研究可以在《街区符码》一书第35~65页的第一章"体面的与街上的家庭"中看到。

导论

所激化。

对于生活在第六街区之中的任何一个人而言,一个核心的社会事实就是他或她的法律地位。更为特殊的就是,一个人未来是否可能会吸引警察的注意:他能否通过警察的盘查,或者能否在法庭听证之后回家,或者能否在一次缓刑会谈(a probation meeting)期间通过"尿检"(piss test)。那些没有悬而未决的法律牵连的人,或者能够顺利通过一次警察盘查、一次法庭听证、一次缓刑会谈的人,便是众所周知的干净的人了。而那些会遭到警察盘查,被核对名字,或者是被搜身的可能被拘捕的人,就是众所周知的肮脏的人。

这些称号都是随即出现的,在紧急遭遇到警察或者刚从警局出来时才显现出来。当朋友以及邻居听到一个年轻人遭到盘查之时,他们的第一个问题经常是:"他是肮脏的吗?"这个问题就意味着:他有无一份公开的证明?有无任何因暴力行为而进过警局的有待查验的判决?他有携带任何毒品吗?简言之:若是他遇到了警察,他今晚是能回家睡在自己的床上,还是会遭到扣押?

然而,干净和肮脏的指称并不仅仅出现在估计会与刑事司法系统接触的那个当口。它们也会成为更一般性的标签,与个体或者经历的地点相连。有些人是广为人知的遵纪守法者,而其他的人一般就被看成警局要盘问的可能会被拘捕的人。甚至在警察的盘问尚未来临之时,这些指标已变得很重要,因为它们与特殊种类的行为、态度以及能力连接在一起。比如,一个干净的人能够租一辆车或者一个旅馆的房间,或者仅靠出示身份证件就可以进入许多的楼房。

而一个肮脏的人可能会用很多的方式去获得利益，因为他被认定是不可能去通知警方的。

被刑事法律体系抓住的人，大部分是存在一种性别上的区分的，如在许多对夫妻中，女性是干净的，男性则是肮脏的。并且，女性可能是免于法律的纠缠的——她可能有正式的能赚钱的工作或者获得了政府的资助，相反，男性却在街上去挣零星的钱，去做那些有可能会被抓捕的事情。还有一种年龄区分——陷入法律纠缠的困境之中的多数是年轻人而不是老年人。除此之外，还存在一种阶级的区分，很典型的是大多数没有学校毕业证书、没工作的年轻人在跟警察捉迷藏，他们有未完成的缓刑判决以及参审的法庭案件。

肮脏的人比干净的人更有可能觉知到他们的地位，类似的情况是黑人比白人在种族问题上想得更多，或者说同性恋者会比正常人更有可能想到性取向的问题。但是生活在第六街区以及周围区域的干净的人仍会如此经常地被亲戚、朋友以及邻里小心翼翼地提防，以致不管一个人是站在哪一边的，这些范畴在某种程度上仍旧是突显的。①

这个街区的居民还可以被进一步区分为警局在做一种常规性袭击时可能会拘捕的人以及警局气势汹汹要搜捕的人。警察特别有兴

---

① 在费城，甚至是很可观的中产阶级以及拥有一定地位的黑人在某种程度上也意识到了这些区分。2007 年，我被要求参与一个工作小组去写一份简要的政策报告给国会议员查卡·法塔（Chaka Fattah），由他来提交给市长。这个小组由我和 6 位特别的费城黑人所组成，其中包括 3 名律师、两名历史悠久的社会组织的组织者以及一名为《费城每日新闻》（*Philadelphia Daily News*）写稿的作家。首次会议在城中心的一座高楼大厦中举行。在会议结束之时，电梯停掉了，所以我们就得走楼梯。快到第二层的时候，我们听到砰的一声巨响，在讨论了一阵并仔细听了一下之后，我们判断一定是某个人被关在电梯里了。其中一个律师就建议我们报警。在依此建议去报警之时，那位新闻记者嘲讽说："希望没有人有任何的担保！"大家都抿嘴偷笑。

导论

趣的那些人被称为"热门人物"(hot)。地点也可能是热门的，就像在某个街区最近有很多警察行动，因为有一个被枪打死的年轻人的葬礼正在举行——警察有可能去那里寻找与此案有关的人物或者其他公开的证据。在这些情形中，人们可能会认为不该进入这一区域，或者与这个个体有联系，直到它或他的事情冷却下来。

在干净／肮脏和热／冷的范畴集中在一个人被捕的风险，或集中在一个受到警方注意的地点上的同时，居民也在他们自己中间依照一个人如何去对待其他人的法律纠葛做出一种区分。如果一个人持续地与一个受到通缉的年轻人有联系，在这个人藏匿和逃跑时对他施以援手，或者在警察锁定这个人时支持他，这个人就被称为"游侠"(riders)——一个体现勇敢和承诺的词汇。而如果在逮捕令来的时候暴露了另一个男子，或者在那个人被送进监狱时无力去支持他的伙伴或者家庭成员，这样的人就会被说成"缺少游侠范儿"(not riding right)。而更进一步，那些掌握了法律上所谓危险人物的住所或者行动而向警察通风报信的人，便是为人所熟知的"告密者"(snitches)或者"耗子"(rats)。在警察高度监督的黑人街区，像干净的人、肮脏的人、热门人物、告密者以及游侠这样的名称成为那里的年轻男女的基本社会范畴。

本书第一章关注的是这一肮脏的世界：十几岁以及二十岁出头的年轻男子们逃离警察、进出监狱以及试图去完成缓刑或假释的刑期。我所写下的这些章节反映了我通过麦克、卓克以及他们的朋友——一些生活在被抓捕以及被监禁的日常恐惧之中的年轻人——的眼睛所理解的这个世界。因为刑罚系统的范围是超越了作为主要目标的年轻人的。后面的章节会采纳位于他们生活中的警察和这些男子的女友和母亲的视角，采纳从他们邻居的牢狱之灾中发现获益的新方式的年轻人的视角，最后是试图避开刑罚系统的邻居们以及那些陷入其中的人的视角。附录详细阐述了本书所基于的一项研究，另外还有一些关于一个白人中产阶级女性在报道贫困的黑人年轻人和妇女的经验上的实际的以及伦理的困境的个人反思。

总体而言，这些章节论述了这样一个案例：与历史上高入狱率以及密集的警力和监视相伴而生的是把贫困的黑人街区转化成了疑犯和逃亡的社区。一种恐惧和猜疑的氛围弥漫在日常生活之中，而且有许多的居民生活在对警方会抓捕并带走他们的恐惧之中。在拘禁的威胁之下，一种新的社会构造得以涌现：一个人搅进了猜忌、不信任以及保守秘密、寻求逃脱和没有任何预期可言的偏执性的活动中去。

还有，街区的居民在警察停下来以及缓刑会议之间会为自己雕琢出一种有意义的生活。惩罚与监视的范围并不能够阻止他们去构建一种道德的世界——在这个道德的世界之中，他们发现自己找寻到了尊严与荣耀；并且在一种拘禁的威胁之下，青年男女在这一高度警戒化的区域为协商工作、家庭、爱情以及友谊而挣扎，构建了许多诸如午夜游侠或者彻底搜身之类的故事。

目录

第一章　第六街区男孩及他们的法律纠结　1

第二章　逃跑的艺术　21

第三章　警察敲门进入之时　67

第四章　将法律的困境转化为个人资源　119

第五章　犯罪年轻人的社会生活　145

第六章　保护与特权中的市场　193

第七章　干净的人　223

结论：一个在逃的社区　265

尾声：离开第六街区　281

致谢　285

附录：一个方法论的注解　293

译后记　363

第一章

第六街区男孩及他们的法律纠结

第一章　第六街区男孩及他们的法律纠结

卓克与提姆

在安静的下午，卓克要花一些时间去教他 12 岁大的弟弟提姆如何摆脱警察。他们肩并肩地坐在他们家两层楼后的门廊的铁制台阶上，面朝公共的混凝土过道，此一过道把他们家的篱笆后院与邻居家的院子隔了开来。

"当你听到警报器响的时候你会怎么做？"卓克问。

"我就跑出去。"他的小弟弟回答说。

"你会跑去哪里？"

"到这里来。"

"你不能跑到这里来——他们知道你住在这里。"

"那我就躲在地下室的后屋里。"

"你以为他们不会捣毁那个小门吗？"

提姆耸了耸肩。

"你知道托娅那个女孩吗？"

"知道。"

"你可以到她那里去。"

"但我并不那么熟识她呀。"

"是啊。"

"我为什么不能去简叔那里?"

"因为他们知道那是你的叔叔。你不能跑到任何跟你有关系的人那里去。"

提姆点着头,似乎高兴于不管他说了什么,都会得到哥哥的关心。

卓克是三兄弟中的老大。他跟提姆同住在二层一个小的卧室之中已有七年,而他的二弟雷吉出生在他们中间。雷吉在长到11岁大的时候就去了青少年拘留中心(juvenile detention centers),所以提姆跟他的二哥并不是很熟悉。他几乎是把卓克当成父亲来看待的。

在提姆还是个婴儿时,他的父亲就搬去了南卡罗来纳州(South Carolina),并跟那里的一个女人结了婚;他并没有再保持与父亲的联系。雷吉的父亲处境恶劣:一个没有什么长处或者优点的"街上的"(无价值的)男人,长期被关押在监狱中,放出来之后又醉酒抢劫。雷吉说他在街上见到他父亲是不会认出来的。相反,卓克的父亲在卓克小的时候是陪伴在其身边的,卓克有时提及的一个事实就是,他会试图去解释究竟错在哪里,而他的年幼的弟弟却不能够做到。

这些男孩儿的母亲琳达女士在她怀卓克的时候就已经吸食可卡因五年了,并且她在这些孩子成长之中持续地吸食。随着福利的缩减,这个家庭很少再得到政府的帮助,并且琳达女士未曾有过一份

第一章　第六街区男孩及他们的法律纠结

工作能够持续做上几个月。她父亲的邮局退休金负责支付家庭的账单，但他并不负担食物、衣服或外孙上学的费用。他说这超出了他所能做的，也不再是他的责任了。

在 13 岁大的时候，卓克就开始为当地的一个商人工作，这就意味着他能够给自己和提姆买吃的东西，而不是向他妈妈要她本就没有的钱。他去做这份工作也意味着他能够更好地管控他母亲的毒瘾。现在她需要到他这里获得毒品，这在很大程度上阻止了她在想要吸一口的时候去卖淫以及卖掉家里的东西。在高中时，卓克就多次入狱，但并没有案子缠身，他继续给那个商人做事。

在卓克高一的时候，他的腿就已经伸出了他和提姆共睡的那张床的床沿。他清理了一下未完工的地下室，并把他的床垫和衣物搬去了那里。那个地下室被水淹过，有发霉的味道，有时还会有老鼠来咬他，但他总算有自己的空间了。

当卓克搬出他与提姆共睡的房间时，提姆 8 岁，他试着去勇敢地面对。当他不能入睡时，他就会蹑手蹑脚地走到地下室跟他的哥哥挤在一张床上。

我们见面是在卓克高三那一年，卓克站着有六英尺高，有着他通过喜欢的两项运动，即打棒球和拳击练出来的体格。那年冬天，他在学校的操场上跟一个孩子打了一架，那个孩子称卓克的妈妈为臭婊子。照警察的报告来看，卓克并没有太伤着那个男孩子，只是在推搡中将那个男孩子的脸擦到了雪地上，校方却指控他是严重伤害。卓克说，这倒没有影响到他打棒球以及打 Cs 和 Bs 联赛。因为他刚刚过 18 岁，落在他头上的严重伤害案让他进入了在费城东北州路上的大型的被刷成粉灰两色的州库伦－弗洛德矫正中心(Curran-Fromhold Correctional Facility)。在当地，人们称之为CFCF，或者直接简称它为F。

在卓克入狱大约一个月之后，提姆不再说话了。他会点头或摇头表示是或否，但是不说一个字。当卓克在监狱往家里打电话时，他要他妈妈让提姆接听电话，并且他会跟提姆讲他想象中的等他回到家里时会发生的事情。

"麦克大概不会常来玩了，现在他孩子的妈妈怀着孩子。现在可能生了吧。如果是男孩儿，就会像他爸爸那么瘦，如果是个女孩儿，那就会像她妈妈那么肥。"

提姆从不应答，但有时会微笑。卓克不停地说，直到通话的时间用尽。

在他给家里写的信以及打的电话里，卓克试图说服他的妈妈带提姆来监狱探视几个小时。"他只是需要看到我，他无法承受无人在那里。"

琳达女士并没有探视监狱服刑人员所要求的州身份证明，只有一张社会保障卡以及一张旧的选举登记卡，并且无论如何她都不情愿看到自己的儿子被关押在那里。卓克的朋友麦克以及阿里克斯提议带提姆跟他们一起去探视，但是由于提姆属于未成年人，所以他的父母或者其他监护人也得去才行。

在卓克被拘留8个月之后，法官否认了大多数指控，卓克回到了家，随之而来的是他需要向法院缴纳数百美元的费用。当提姆看到他的哥哥从巷道走来时，他哭了，并紧靠着卓克的腿。提姆试图

第一章 第六街区男孩及他们的法律纠结

在整个庆祝晚宴中都不打盹,但最后还是一头扎在卓克的膝盖上睡着了。

在接下来的数月之中,卓克耐心地哄提姆开口说话。在客厅里,他整夜跟提姆在一起,一起在一台旧电视上玩视频游戏。他甚至回到提姆的房里住了一段时间,这样提姆就不会在夜里孤单了。他用一把折叠椅把他的床加宽,好使腿撑在上面,弄不成时,他便放声咒骂。

"他会重新开口的,"卓克说道,"他只是需要一些 QT[有品质的时间]。"

提姆满怀希望地点了点头。

在那年秋天,卓克想重新注册为高三学生,但高中学校不允许他这样做——他已经 19 岁了。随后,他之前的那个伤害案的法官签署了一份担保,因为他无法在他的伤害案结束数周之后支付 225 美元的开庭费。在跑去位于闹市区的刑事司法中心的担保与自首办公室(The Warrant and Surrender Office of the Criminal Justice Center)看一看他能否跟法官商讨出来一点什么之前,他有数月逃之夭夭。这是一种很大的风险:卓克并不确定他们是否会立刻抓他去拘留。相反,法庭的办事员弄出来一个在一个月内完成的支付计划,而卓克在那天下午喜气洋洋地回了家。

那个秋天,提姆又开始说话了。他仍旧非常安静,宁愿用微笑或者是点一下头来交流。

提姆的初次被捕是在那一年年末,就在他 11 岁那年。卓克开着他女朋友的车带着提姆去学校,而当巡警让他们靠边停车时,发现这是从加利福尼亚偷来的车。卓克本来有很好的主意,想说是他女友的一个亲戚偷的这辆车,但是他最终什么也没说。"不会有什么帮助。"他说。

这名警察将这两兄弟带去拘留,在警察局他们指控卓克接受了偷窃来的财产。他们指控提姆为同谋,后来青少年法庭的一位法官判了提姆三年的假释。

因为这份悬在提姆头上的假释判决——任何有假释判决的人碰到了警察都可能意味着一种冒犯以及要去青少年拘留所走一遭——所以卓克就开始教他的小弟弟如何最快地避开警察:如何去发现藏匿起来的汽车,如何以及在哪里隐藏,如何跟盘问的警察周旋,以使自己或者周围的人不陷入太大的风险之中。

雷吉

卓克和提姆中间的老二雷吉随后回家了数月。他是一个超重的15岁男子,并且锻炼出了令人羡慕的可以用来抢劫的发达肌肉。他的一个旧日玩伴称他为大炮,这个称呼意味着他是一个有勇气的以及讲义气的人。琳达女士把她的二儿子描述为一个呆子,跟她以及她的大儿子卓克都不像。雷吉似乎对于邻居们的闲言碎语毫不在意。他并不关心是否有什么其他的人在那里挣钱或者泡妞——他只关心他自己是否这样。

"他可是无所畏惧的,"琳达女士有一点自豪地说,"一个冰冷如石的恶棍。"

第一章　第六街区男孩及他们的法律纠结

雷吉还有一个不太为人所知的艺术的一面：他在外面时写押韵的诗歌，并且他在监狱里时，写了数部"恐怖"小说。

当雷吉这次回到家里后，他设计了许多大胆的抢劫计划，包括抢劫装甲车或者头号毒贩，但是他很少能够在第六街区周围找到任何一个人与他组队干。"尼格斯在最后退缩了！"他半开玩笑地向我诉苦，"他们根本就没心。"

卓克试图去阻止雷吉的这些抢劫念头，但是雷吉似乎没有耐心去从一手交钱一手交货的毒品买卖中挣慢钱，所以他偶尔会给家里一些补给。"我哥哥才是养家糊口的大人。"雷吉承认道。

在 15 岁之后的 1 个月，雷吉在一次常规的假释会面上测出大麻呈阳性（即小便测试，在你被测出呈阳性时，就被称为"热便"）。假释委员会认定他这是技术性的违规。雷吉逃出了这幢大楼。警察很快签署了一纸逮捕他的法院拘票。

那天晚上，雷吉解释道，没有什么可去自首的，因为在青少年拘留所里要比过这种逃跑的生活更糟。

"你准备逃跑多长时间呢？"我问道。

"直到我自首之时。"

"那是你想要去做的事情吗？"

"不是，那是我可以做，但是没做的事情。"

"好吧。"

"上次我去自首因为什么？时间。"

"上次你身陷狱中是因为你去自首了吗？"

在逃：一个美国城市中的逃亡生活

"是吧。"①

"到你的案子出来之前，你待了多长的时间？"

"好像是 9 个月。"

在雷吉逃避这一违反假释的时间里，他又成了一起武装抢劫案的一个犯罪嫌疑人，因此警察发布了一份人身担保书——一份对于那些承认有新的犯罪事实的起诉的公开担保——对他实施拘捕。这一抢劫被记录在磁带上，甚至有连续的镜头在早上 6 点钟的新闻中播出。巡警开始拿着雷吉的照片在街区周围巡逻并询问人们是否见过他。他们在半夜突袭了雷吉母亲的房间。第二天早上雷吉告诉我：

哟，警察昨晚说他们有一份人身担保书而突袭到我的家里来了。我要是不去抢劫的话就弄不到去年我哥哥的保释金……他们声称会天天晚上过来，直到抓到我为止。现在我妈说要把我交出去，她不想在家里见到警察……我是不同意这么做的。我不想回到监狱里去。我不得已睡到车里去了。

实际上，雷吉确实睡在他的车里，并筹划着在巡警抓到他之前过上几个月的逃亡生活。

* * *

在街区里有一些人说道，卓克和他年轻的弟弟们惹了这么多的麻烦是因为他们的父亲不在身边，而他们的母亲则未能起到一个榜

---

① 表达一种肯定，大约意味着"曾经这样做过"。

样的作用。实际上，就所有这些解释而言，琳达女士确实是一个瘾君子，并且没有很好地照顾她的孩子。一个人只要步入她的房间就可以知道这一点：屋里充斥着尿骚味和呕吐物的气味以及发霉了的烟味，而蟑螂就在台面上四处乱爬，并弄脏客厅里的家具。但是卓克的许多朋友的母亲并没有屈从于霹雳可卡因，她们打两份工，并且还会去教堂。但他的这些朋友们也会花很多的时间去应付警察和法庭。

麦克与罗尼

麦克要比卓克大两岁，他生活在与卓克家只隔一条街道的二层楼的房子里，与他的妈妈和叔叔一起住，这房子是从麦克的爷爷那里继承下来的。他的妈妈例外地占有一间干净的房间，并同时做两份有时是三份工作。

麦克的初次被拘捕发生在他13岁的时候。当警察通过盘查、搜查从他身上搜到少量的大麻时，他就被拘捕了。他得到假释并试图不再去招惹是非。他通过参加夜校学习，最后完成了高中的学业，在他妈妈房间壁炉上面的放大的毕业照足以证明这一点。

麦克的母亲从事着两份工作意味着，麦克会有比其他大多数孩子更多的钱来用于成长——有足够支付新学校的校服以及圣诞礼物的钱。卓克和阿里克斯有时会开玩笑说，这是相对富养的结果：麦克在生活中对于精美的事物，诸如美女和最新的流行，会有一种很强烈的热爱。他早上精心地熨烫衣服、修饰头发、擦润肤露以及给运动鞋抛光这样的常规活动，是他的朋友们消遣他的来源。"从冲澡到出门要用整整两个小时。"卓克嘲讽道。麦克捍卫着这些习惯和喜好，声称这些来自这样一种抱负，那就是让更多的东西来自自己本来的面目，而非由他人所赋予。

在他22岁时，麦克在一家药店打零工，并为了多挣钱而去兜售霹雳可卡因。他的高中女友为他生下了第二个孩子。

在他的女儿出生之后数周，麦克失去了在药店的工作。在女儿出生后的很长时间里，他一个接着一个地丢掉了工作。在女儿出生之后的6个月里，他都在花时间去找工作，但都无果而返，且令他蒙羞；随后他说服了另一个街区的一个朋友赊给他一点霹雳可卡因去卖。

麦克没有兄弟姐妹，但身边总有个叫罗尼的"小弟"，他把罗尼当作兄弟，有时在情感上把罗尼当作教子[①]。罗尼是个短小精悍的男孩子，佩戴着一条头巾，内藏有非洲式短发，套头衫的兜帽被他拉下来遮盖住了他的大半个脸。他的妈妈在他成长的过程中已经因为吸食霹雳可卡因而体力不支，而他早年则在无家可归者避难所之间往来穿梭。他父亲这一边的一位过继过来的伯母抚养罗尼到了12岁。当这位他深爱的伯母过世之后，他的外祖母对他加以照顾。

[①] "小弟"（young boy）以及"大佬"（old head）这样的词汇至少自20世纪70年代起便在非洲裔美国人社区中开始使用了。这些词语表明了一名年长的男子和一名年轻男子之间的良师益友一般的关系，并且隐含着来自大佬的对于小弟福利的一定水准的承诺以及来自小弟这一方的某种程度的顺从和责任。艾利佳·安德森（Elijah Anderson）在《街角》一书第225页的一个注释中首次提到"大佬"这个词，随后又在《街头智慧》一书中对于这种大佬和小弟之间的关系加以精细化界定："大佬和小弟之间的关系实质上是一种师父／徒弟的关系。大佬可能只比小弟年长两岁，也可能年长几十岁，比如相差三十岁，大佬四十岁，小弟通常不过十岁。"

第一章　第六街区男孩及他们的法律纠结

恰是那时成为他犯了错而进拘留中心的开始。

自我标榜为一个捣蛋者，罗尼因为打老师或者试图去偷窃校长的汽车之类的事情接二连三地被从学校赶出来。当他的外祖母要求他好一点时，他笑着噘着嘴说道："我是想，奶奶，但我不能做任何的保证。我甚至都不能说我会尝试着去做。"他外祖母天天威胁他说要送他去一个青少年拘留中心。在 13 岁的时候，罗尼便开始玩枪，当他 15 岁在乘公交车时用枪打到了自己的腿。

罗尼还是一名出色的舞者，而用他的话来说，就是"一个李尔皮条客"（a lil' pimp）。初次见面，我们便有一次实际的对谈，我们开车到这座城市的各个监狱去看麦克是否被关在了那里，因为此前的一个清早麦克被警察拘捕了。我们坐在我的车中，罗尼问我有多大岁数。我告诉他我那时的年龄：21 岁。过了一会儿，他咧嘴一笑并说道："我一直跟比你大的女人在一起。"

在我们相遇之后不久，在邻里之间，罗尼因为一次从费城由西向南逃避警察追捕而出了名——先是开车，之后靠步行通过一个加油站、一家洗衣店以及一个拱廊。他在州北部的费城和马里兰的青少年拘留所里待了接下来近 6 年的时间。

阿里克斯

阿里克斯是在第六街区数条巷子里成长起来的，他差不多自孩提时代起便在那里闲逛，并在中学里与卓克和麦克成了朋友。他跟他的妈妈住在一起，但在他刚到 15 岁时，他的父亲重新回到了这个家里，这在一定程度上改善了他们的生活境遇。他的爸爸在附近拥有两家小店，放学之后阿里克斯便闲逛去那里。

23岁时，阿里克斯成长为一个满脸倦容的胖胖的男子，好像照顾他的两个学步的孩子和孩子的母亲需要付出的已远超他能承受的程度。他在10岁的时候曾在街头卖可卡因和药丸，并因私藏毒品罪而在拘留所里待了一年。他在20出头那年，为了服两年的假释刑期而拼死拼活地工作。他有部分时间在他老爸的供暖与空调修理店里工作，到2004年年底这变成了他的全职工作。有时麦克和卓克不大情愿地指出，如果他们的老爸拥有一份小生意，他们也会有工作可做，但大多数的时候他们似乎只能为阿里克斯感到高兴，并希望他能够好事连连。

安东尼

在我们碰面的时候，安东尼22岁，住在第六街区外的一辆被废弃了的吉普车中。前年他的舅妈把他赶出了家门，原因是她说他偷了她的钱包，尽管安东尼否认了这一点。他偶尔会找到在轻型建筑上白班的活儿，有时会加入一个建筑队干上数个星期。在这期间，麦克有时会给他一点可卡因去卖，尽管他从没有卖掉过这东西，因为当其他人来抢他的时候，他无法设防。"住在外面这里 [车中]，我是不能得罪黑人的，这一点你能理解吧？"安东尼解释道，"每一个人都知道我住在哪儿。我四周是没有围墙的。"

当安东尼跟我见面的时候，他身负一张法院拘捕他的传票，因

第一章　第六街区男孩及他们的法律纠结

为他在那年的年尾没有支付一个案件的 173 美元的法庭费用。此前他在监狱里待的 12 个月中的 9 个月都在等待法院的判决。不久之后，他的两个邻居知道他有法院拘捕的传票，就报警让警察将他抓了起来，因为他们说他从他们那里偷了三双鞋。

"那我会把那三双鞋子放在哪儿呢？"安东尼指着那辆吉普车的后座问道。

"他可能把它们给卖掉了，"麦克说，"为了食物和烟草吧。"

当安东尼因为肺炎而生病时，卓克便让他在他奶奶睡下之后偷偷摸摸地从后门进来，睡在挨着自己地下室床铺的地毯上。卓克的妈妈，即琳达女士，甚至在卓克被关进监狱之后仍让安东尼来住，尽管她说安东尼的租金上涨了。在愤怒的时候，安东尼会略带苦涩地抱怨说，他不再有可能离开琳达女士而找到自己的住处，因为她会接二连三地在他睡着时从他的钱包里偷他要积攒下来的钱。

* * *

卓克和他第六街区的朋友们所抗争的法律问题对我而言是巨大的——若没有大量的笔记，我对其数量和复杂性都是难以直面的。在 22～27 岁之间，麦克有大约 3 年半是在拘留所或者监狱中度过的。在 139 周不在监狱在押的日子里，他有 87 周的时间是花在 5 个叠加在一起的判决的缓刑或者假释上的。签发对他的逮捕令花费了 35 周的时间，警察对他总共签发了 10 张逮捕令。在这 5 年期间，他还至少有 51 次现身法庭，其中的 47 次我都参加了。

最初我认为，卓克、麦克以及他们的朋友所代表的是一个行为不良者的边缘群体：邻里中的害群之马。毕竟，他们中的一些人会不时地向当地的顾客兜售大麻和霹雳可卡因，并且有时甚至会参与暴力性的枪战。我逐渐地理解了第六街区许多的年轻人至少间歇性地通过售卖毒品挣钱，卓克和他的朋友们在刑事司法上的纠葛与这个街区中其他许多未就业的年轻人是一样的。2002年，在卓克进入高中的最后那一年，他班上的年轻女孩子的数目超过了男孩子的数目，比例超过了2∶1。数年之后，在卓克22岁的时候，他在翻看他的新生年刊时，发现他所在的九年级班级中差不多一半的男孩子目前待在拘留所或者监狱之中。①

受到通缉

2007年，卓克和我挨门挨户地去做了第六街区的家户调查。我们访谈了308位年龄在18～30岁之间的男子。这些年轻的男子中有144人表示，他们要么由于违规未交法庭的罚款和费用，要么在近三年由于未能在法庭规定的日期出现而得到过一纸担保书。在

---

① 麦克和卓克有时会争论说，他们的朋友圈不能称为一个帮会，或者甚至连一个小集团都称不上。费城并没有像"跛子帮会"（Crips）和"血红帮会"（Bloods）那样的街坊邻居或者整个城市范围的帮会，而是有着较小的以街区为基础的团体。麦克、卓克以及他们的朋友凭借着对于第六街区的认同而凝聚在一起。他们要么在第六街区交叉路口的街巷里长大，要么有某位至亲搬迁到这个街区而在这里打发时间。他们中有5个在胳膊上刺有"第六街区"的文身，并且他们在出狱之后给我写信时，不会再用绰号，而是改用"第六街区"或者"永远的第六街区"。他们有时称自己为"第六街区的男孩""小分队""小队""小圈子"，或者"第六街区的一分子"。在其他时候，他们强烈否认他们从根本上而言是一个集团或者团体，尽管事实上他们讨论这个可能会支持他们的团体认同而非惹来麻烦。在斯科特·布鲁克斯（Scott Brooks）的关于费城初高中篮球队员的民族志当中，杰迈尼（Jermaine）就对这个城市的帮会体系做了简要的解说："这确实与大道有关。你去D大道，他们代表他们的街巷；H大道代表他们的街巷；还有K大道、J大道，跟P大道没什么两样。我们实际上并不喜欢'血红'和'跛子'帮会。还是与你的大道有关。"参阅：Scott N. Brooks, *Black Men Can't Shoot* [Chicago：University of Chicago Press，2009]，149.

第一章　第六街区男孩及他们的法律纠结

同一期间，有 119 个男子说，他们已经因在缓刑或者假释期间技术上的违规（比如饮酒或者打破宵禁）而被签发了担保书。

依据在费城担保局（Philadelphia Warrant Unit）那里我了解到的，在 2010 年的冬天里，这座城市就有 8 万起公开的担保。这些担保中，有一小部分是给新的犯罪案件的所谓的人身担保。大多数是对于未到庭或者没有向法庭付费的法官担保，或者是由于对缓刑或者假释条例的违反而进行的技术担保。

在 20 世纪 70 年代以前，这一城市的对有突出担保的人的驱赶行动是由两个人进行的——他们夜晚坐在桌子旁依照担保名单叫名字，并敦促他们来签订一个新的法庭日期，或者对于他们尚未支付的法庭费用做个支付计划。这一天当中，这两个男子也负责押送犯人。在 20 世纪 70 年代，费城的法院成立了一个专门的担保局，凭借公开的担保来积极主动地找人。它的新领导为他自己改进并更新了担保局的检测系统并将案例档案输入了电脑而自豪。

到了 20 世纪 90 年代，费城警署的每一个侦查部门都有了自己的担保局。今天，联邦调查局，烟酒、枪械以及暴恐局，以及美国法警（the US Marshals），都在费城势力之外运行着它们自己独立的担保局。

随着警察数目的增加以及负责拿着搜查令抓人的专门机构数量的增长，以搜查令去定位以及确认人的技术得到了改进。电脑被设置进了警车，而市民的法律记录以及进行之中的法律行动得到了同步——首先通过城市的警察力量，随后便是通过这个国家的那些警察署。凭借任何一种担保，从这个国家的管辖区域内分分钟找出一个人的名字成为可能。

一名警察或者一个机构做出的逮捕决定的数目至少自20世纪60年代以来就成了绩效的一个关键指标[①]。当技术改进之时，对警察而言，凭着担保书而抓人成为一种显示他们正在积极主动地打击犯罪的预备途径。那些查明更多的指控或抓捕更多人的警察或机构无形之中会得到奖赏，那些查不到或抓不到人的便受到激励而想要迎头赶上。

在访谈之中，费城的警察解释道，当他们在查找某个特殊的人时，他们会借助社会保险记录、法庭记录、医疗许可记录、供电和煤气账单以及受雇记录等。在某个犯罪嫌疑人有可能在的时候，他们会去造访他经常光顾的地方（比如家里、工作的地方以及他所在的街角），并且会威胁他的家人或朋友如不合作便要将他们拘捕，特别是当他们自己有了较低一级的担保并在假释期间，或者是有一个正在进行中的法庭案件之时。除了这些方法之外，在费城警察署之外运行的担保局使用了一种成熟的电脑定位程序来搜查那些得到缓刑或假释，或者已经得到保释但有逮捕令在身的人。警察追剿那些潜在的信息报道人，如果他们不提供有关警察所寻找的那个人的信息，就会被以抓去坐牢相威逼。一个当地联邦调查局的官员在看了有关斯塔西——东德秘密警察——的文件后受到启发，开发了这套电脑程序。凭着另外一套程序，警察们可以通过追踪手机来实时地跟踪受到通缉的人。

[①] 乔纳森·鲁宾斯坦（Jonathan Rubinstein）在20世纪60年代所写的有关费城的书《城市警察》中讨论了对于警察"活动性"的需求：警察的所作所为能够通过统计的办法去计算，而绩效和德行要使用非正式的方式去判断。

第一章　第六街区男孩及他们的法律纠结

* * *

在第六街区，抓捕与监禁的恐惧，不仅重重压在有拘捕令的年轻人身上，而且重重压在那些想通过法庭审理，或者试图完成缓刑或假释判决的那些人身上。对于缓刑和假释的监视性限制阻挡了这些人夜晚出门、驾车、跨越州界、喝酒、与朋友会面以及去这个城市的特定区域。与一种强烈的警察控制氛围相伴，这些限制意味着只要遇到权威当局，就非常有可能因违反了释放条例而被重新监禁。而监禁的威胁也同样会伴随着在家中被捕，或者生活在临时性的中转拘留所之中的那些人。这些被保释出来的人明白，任何新的抓捕入狱，都会让一位法官取消释放他们的决定，而使他们重归监禁，即便这些指控随后被取消。并且有许多的年轻人，不管有没有法律上的纠缠，都担心会遭到新的指控。在任何瞬间，他们都可能会被警察阻拦，他们些许的对于自由的主张便因此而被取消掉了。

当麦克、卓克以及他们的朋友在半夜聚在一起外出时，对于这一天的第一个话题常常就是，夜晚之前有谁进了警察局，还有就是谁躲过了警察的抓捕逃之夭夭。他们会讨论警察如何确定以及锁定某一个人，可能的指控是什么，当那个人被抓起来之后会受到怎样的身体伤害，警察会拿走什么财产，在追逃期间那个人有什么东西会被损毁或者遗失。

警察、监狱以及法庭的语言渗透进了一般性的谈话。卓克和麦克把他们的女朋友称为 Co-Ds（共同被告），在他们的朋友以及家人因做错事而受到指控时就说抓到了一个案子（被拘捕并指控犯罪）。电话本（call list）指在监狱之中被允许拨打的家人和朋友的电话号码,这个词成了亲密朋友的代名词。

在第六街区的第一周,我看到 5 岁和 7 岁大的两个男孩子玩一种追逐的游戏,在此游戏之中,一个男孩子扮演警察的角色,他必须跑过另外一个人。当这个"警察"抓住另外那个孩子时,他将其推倒,然后用假装的手铐将其铐起来。他随后去摸倒在地上的孩子的口袋,同时问他是否有担保,或者是否携带了枪支或者任何毒品。扮演警察的孩子随后从地上那个孩子的口袋里抽手出来,一阵狂笑并说:"我看到了!"在接下来的月份中,我看到孩子们放弃了奔跑,只是把手放在背后,就好像是被铐上手铐一般;他们身体背靠着车站着,不再被审问;或者平躺在地上,并将他们的手举过头顶。这些孩子狂笑着说:"我要把你给锁起来!我要把你给锁起来,你不再可能回家!"我曾经看到一个六岁大的孩子将另外一个孩子的裤子脱下来做"腹腔检查"。

在卓克和麦克的青少年的早期,他们就已经学会了害怕警察,并在警察接近时逃跑。

第二章

逃跑的艺术

第二章　逃跑的艺术

一个担心会被警察带去托管所的年轻人，会看到平常日子里的所作所为的危险与风险。为了在监狱外生存，他学会了在其他人漫不经心地朝前走时去留意别人没有注意到的事情，会对别人相信的或信以为真的事情报以警惕之心。

这样一个年轻人，他最先学会的一件事情就是对于警察的高度关注——他们长什么样，他们如何行动，他们大约会在什么地点和时间出现，等等。他了解警察卧底时的车型、他们制伏他的方式、他们剪的发型，以及他们经常出现的时间和地点。他对于警察的警觉从来都没有消失：他看见他们穿着便衣与他们的子女坐在商场的美食广场那里；他从后视镜认出了他们隔着十辆车以及三条车道的距离出现在他身后的高速路上。他发现，有时候在他的思想有意识地记录任何他们出现的迹象之前，他的身体就已经通过心跳加快和流汗的方式预感到了他们的到来。

在我第一次遇见麦克时，我意识到对他而言，觉察警察的到来是一项独一无二的、特殊的天赋。后来我意识到，卓克似乎也知道警察会在什么时候出现，阿里克斯同样如此。当他们感觉到警察的靠近时，他们采取的行动和这个社区其他的年轻人一样：逃跑并且

在逃：一个美国城市中的逃亡生活

躲藏起来。

卓克把这个策略简明地同他 12 岁的弟弟提姆说过：

> 如果听到警察来了，那你就得溜之大吉了 [逃离他们]，黑小子。你没时间去思考了，不要想着侥幸，不要想着他们想从你这里得到什么。不，你听到他们来了，这就意味着，你要赶紧跑。如果迟疑的话，不管他们究竟是在找谁，即便不是你，十有八九他们也会控告你。

提姆仍在学习如何从警察那里逃跑，而他作为新手的失误，为他的哥哥和哥哥的朋友们提供了许多的乐趣。

有一天晚上，我的一个白人朋友从学校开车把雷吉和他的一个朋友送到我的公寓来。卓克和麦克打电话通知我，当时已经 11 岁的提姆发现了我朋友的车沿街而行，就叫嚷到："这是卧底车！卧底车！"

"黑鬼，那是爱丽丝的女性朋友，"麦克笑着说道，"昨晚她还在和我们一起喝酒呢。"

如果说一次成功的逃跑意味着要学习怎样去鉴别警察的身份，它也同样要求学会如何逃跑。卓克、麦克以及他们的朋友们花了很多个夜晚通过互相追逐和开车互相追赶来磨炼这种技巧。他们规定的追赶目标是，一个人从另一个人那得到一样东西，如一张 CD、一个口袋里的 5 美元的小费、一小袋大麻。雷吉和他的朋友们也从他们的女友那直接跑或开车逃跑。

第二章 逃跑的艺术

有一天夜晚,我和雷吉以及他的一个朋友,一个 18 岁的住在街对面的年轻男孩一起站在罗尼的屋外。在交谈中,他朋友跳上车走掉了。雷吉解释道,他在躲避他的女友。他女友就是我们当时看见的在他身后上了另一辆车的那个女孩。雷吉解释道,她想让她男友在家里陪她,但她男友拒绝了,他想去泡酒吧。这场追逐持续了整个夜晚,他的女友召集了她的亲友给她提供他的下落,而这个年轻人也是这样做的。在第二天的大约清晨,我听说她在啤酒店里捉住了他,并且把他拖了回去。

我并不清楚这些追逐到底只是游戏还是更为严肃认真的训练,其中一些人看起来比其他人进行得更为认真。无论这些追逐在当时或者后来对于人们来说意味着什么,它们都提高了年轻男孩们的逃跑技能与速度。通过相互地追逐、从女友处逃跑以及少数几次从母亲那里逃跑,雷吉和他的朋友们学会了怎样在小巷里驾驶,怎样在塞车中迂回,并要辨别当地哪些居民愿意收留他们,让他们暂时躲一下[1]。

在最开始的一年半时间里,我都耗在了第六街区那里。我观察到那些男孩躲避警察 111 次,平均下来大约每 5 天 1 次[2]。

那些与警察互动少的人会认为,从警察局里逃走是徒劳的,因

---

[1] 值得指出的是,在包括男性和女性在内的追逐中,女性至少在我所观察的所有案例中都属于猎手,即她们扮演着警察的角色。她们想把某个男性召回的家即象征着拘留所与监狱,而当男性真的回到家中的时候,他们以及其他的人又会提到他们的女朋友把他们给锁起来了。也就是说女性既是警察,又是看门人。这一女性把男性弄回家的带有游戏性的视角,强烈地与女性所扮演的重要角色相对应,在她们的生活之中,捕获以及囚禁男性的事情,既是自愿的同时又是不情愿的,我会在接下来的一章予以论述。

[2] 这 111 个案例并没有分别统计每个男性;在有些案例中,同时有两个或更多的人从警察手里逃跑。

在逃：一个美国城市中的逃亡生活

为这样会招来更多的暴力和控告。但是，后面一句是对的，前面一句是错的。在到第六街区的第 18 个月，我观察到了一个年轻人在 41 种不同的场合中被警察拦住然后开始逃跑。当然，在涉案的人中有 8 个在突击中逃离了他们的房子；有 23 个男人在被拦住后直接撒腿就跑（包括在警察已经靠近包括这个男人在内的一群人之后接着逃跑）；有 6 个人开车逃跑；还有两个人用步行与开车相结合的方式逃跑——这场追逐以车开始，然后这个男人从车中出来，接着跑。

在其中 24 个案件中，某个人成功逃脱了。在这 24 个案件中的 17 个案件中，警察并不清楚那个人到底是谁，他们也不能在他逃跑后进行任何指控。即使在此类案件中，警察随后会以逃跑以及其他罪名来控告他，但与仅仅让警察为他戴上手铐并且将他关进监狱相比，这次成功的逃跑也让这个男人在监狱外待了更长的时间①。

一次成功的逃亡可以是一个单独的行动，但在通常情况下这会是一个集体性的成就。一个年轻人依靠他的朋友、亲戚以及邻居等，让他们在看到警察来时通知他有所警惕，并且给他传递警察的信息，包括警察之前在哪里出现和下次会在哪里出现之类。当警察

---

① 这些从警察手里逃掉的年轻男子的数目和对他们的描述来自我自己的亲眼观察。而我所听到的追捕要远多于我所观察到的，但是我并不把那些叙述作为资料。拿我的观察跟讲述同一事件的人们的描述相比较，我得出的结论是存在一种在报道追捕和逃跑上的熟人包括在内的偏见，包括精心计划的逃跑企图，以及警察在抓捕这个人时的目的。从我的观察来看，在大多数情况下，当人们看到警察就逃跑时，警察根本不会追他们。在有些时候，警察确实在追赶，但这个人基本上能逃脱而非被抓住，并且他的成功逃脱通常并不会显露出任何创造性的以及骁勇无比的努力。相反，他是以相当普通的方式逃脱的，因为抓捕的警察跑得慢一些，或者说放弃得更快一些。抓捕的记录是非常有趣的，但它并非了解人们实际是怎样从警察手里逃脱掉的以及逃脱的成功率的较好数据。

第二章　逃跑的艺术

来做调查时，这些朋友和邻居装作什么都不知道，或者给警察提供假的信息。他们可能会帮忙隐瞒有罪的证据，并给这个年轻人提供安全的住处藏身。从 2006 年 9 月我写的田野笔记中可以看出这些：

上午大约 11 点钟，我在卓克家后面的小巷中醒过来。在我走到门廊之前时，卓克正从铁楼梯上跑下来，并冲着邻居叫喊着什么。雷吉跟在他身后也在大喊大叫。他们的妈妈琳达女士来到二楼顶端的阳台告诉我警察正在赶来，并且她特地跑来确定雷吉在她拿出绿灯之前不会回来。我记得雷吉有无力支付诉讼费的担保，如果警察看见他的名字，他毫无疑问地会被关进监狱。

我看见卓克和雷吉进了小巷，然后卓克转过身大叫着让我过去。我们大约跑了三个街区，穿过了两个后院，还越过了一个小的隔离物。当我们经过时有狗在叫。我落后了半个街区，然后卓克和雷吉在我的视线里消失。我喘着气慢了下来，回头看警察是否跟在我们身后。然后我听见一声"喂"，抬头看见卓克从一个两层房子的二楼窗户探出身来。一个 50 多岁的妇女在我靠近时打开了门，只说了一句"上楼"。我当时立即猜到，她是一个经常去教堂做礼拜的人。

卓克和雷吉藏在她的更衣室里。这个看起来相当保守的妇女把通常看起来空余的楼上起居室变成了一个巨大的可以隐藏不速之客的壁橱。这个她自己购买和安装的壁橱的白色金属架子上有着按颜色整理摆放的鞋、钱包以及衣服。

我们的逃跑使我们产生了一种轻微的欣喜。雷吉从卓克旁边擦身过去检查鞋柜，而卓克戏剧性地蹭了一下雷吉的胳膊，并取笑雷吉出了好多汗。

"看看你自己，黑小子！你带着肩上的那一小片子弹都跑不动了！"雷吉回应道。他指的是一个月前当卓克被击中时正好卡在他脖子后面的那部分子弹。

卓克笑道："我处在一生中最好的状态中。"他解释他的肩只在打篮球时受过伤。

雷吉坐在一个小的豹纹凳子上说道："一个混账东西比我跑得快，不仅仅是在这周围，更是在费城的任何地方。"

"哦，那你走吧。"卓克抱怨道。

卓克对着这里收集的大量的鞋开玩笑，说你永远也想不到托娅女士是这个样子的。雷吉拿出了一双高跟鞋试图把它穿在脚上，并让我帮他把鞋带扣上。他看到托娅女士的电脑并且开始用它来浏览斗牛网，然后在优图网上看街头斗殴的视频。当一个出名的街头斗殴者金波在不停击打对手的眼睛时，这预示着流血和遭受重创。卓克叫道："意大利面和肉丸。"

我问卓克为什么要让我一起跑。那时我本不想跑，逃跑最终把我的运动鞋弄得脏兮兮的。

第二章　逃跑的艺术

"这是一次好的实践。"

雷吉咧嘴一笑说道:"别紧张啊,爱丽丝。"

"你并不是田径明星。"我回应道。

"什么!我曾经是拳击手。"

卓克跟他妈妈通了电话,一个邻居准备弄清楚在他住的街区有多少个警察以及他们来是为了谁。显然,他们是在找一个之前在路边的摩托车边被拦下然后接着拔腿而逃的人。他们没有找到这个人,却从旁边的屋子里带走了两个人:一个有未出席的法院拘票,另一个口袋里有少量的易爆品。在电话里卓克说道:"该死的,他们抓住杰伊了吗?该死的。"

大约过了一个小时,卓克的妈妈打电话过来告诉他,警察已经走了。我们又等了10分钟,然后离开,去街角的一家芭比比萨店。卓克为托娅女士点了打包的火鸡三明治和烧烤薯片作为答谢。然后,我们带着荷兰雪茄和苏打水走回了第六街区。

当警察来时,逃跑并不总是最明智的事,但逃跑的需求又是那么的急切,以至于有时候很难停下来。

当警察来找雷吉时,他们用至少5辆车堵住了小巷的两头,然后闯进了雷吉妈妈的屋子。卓克、安东尼和其他两个人在外面被包围了。卓克和其他两个人是清白的,而安东尼则有未出席的法院拘票。当警察把雷吉从房子里拖出来,放倒在地然后检查时,一个人低声要求安东尼保持安静不要动。当雷吉被戴上手铐并被带上警察巡逻车时,安东尼一直保持着安静。但之后他开始低声说,他认为雷吉把他当成了一个笑柄,并可能会对警察说些什么。

安东尼开始出汗,并且双手抽搐;其他两个人和我又一次小声地说让他冷静下来。一个人说:"放轻松。他并没有在看你。"

我们站在那里,时间一拖再拖。当警察开始检查雷吉在上警察巡逻车前会往哪儿看时,安东尼再也坚持不下去了。他开始呢喃他的忧虑,然后跑出了小巷。一个警察追在他身后,其他的年轻人则失望地摇头。

安东尼的逃跑导致了警察把这两个年轻人抓住并让他们背靠着警车,搜查他们并询问他们的名字。幸运的是,警察没有抓他们。然后又出现了两辆警车,在他们搜查完后大约过了五分钟,其中一个人从站在街上的一个朋友那里收到了短信。他悄悄向我展示了手机,所以我看到:

安东尼刚刚被记录在案了,他们把他打得很惨。

在这次意外发生前,卓克已经开始让安东尼睡在他的房间里了,正好睡在他床旁边的地板上。所以安东尼接到警察局打来的电话时正在卓克家里。琳达女士接了电话立即向他大喊起来:"你真是愚蠢得要命,安东尼。没有人打扰你,没有人在看你,你干吗要跑!你这个疯子,蠢疯子!你应该被关起来,该死的黑鬼!让警察给你姐姐打电话,不要给我打,当你回家时找个其他的地方

第二章 逃跑的艺术

待着！"

* * *

当年轻人躲避警察的技巧失败时，当他们发现自己靠着墙被铐住或者在小胡同里被堵住时，他们还没有失去一切：一旦被抓住，有时候他们会保持已经商定的沉默，分散警察的注意力，主张他们的权利，或者恐吓要控告警察或把他们的行为登到报纸上。我偶然看见过上述方法当中的每一个都能阻止警察在街上不停地搜查每一个人或者向每一个人提问。当一个年轻人被抓进监狱的时候，他有时候会利用警局监禁室里的栅栏把自己手指头皮肤的表面几层组织刮下来，这样警察就无法获得确定他的身份所必需的指纹，从而无法将他与悬而未决的法律案件联系起来。在 4 个独立的案件中，我看到了第六街区的年轻人带着流血的手指被释放。

避开警察以及解决纠纷时的法庭

当警察来时，人们并没有足够的时间逃跑和藏身。当一个人专注于躲避进监狱时，他遇上危险不能报警，也不能利用法庭来解决纠纷。当遇上危险时，他必须放弃向警察和法院求助，只能寻找其他的方法来保护自己。当麦克一年后从北部回来时，他的敏感性已经很迟钝了。并且近两年来，他是作为一个犯人而不是逃犯在生活。当生活中有许多不稳定时，他的朋友没有时间可以浪费在重新认识他上。

麦克得到假释而被转到临时性的拘留所里，他每天在宵禁前必须返回那里。当他的妈妈去度假时,他邀请了一个他在监狱里认识的朋友去他家里玩游戏。接下来,麦克、卓克和我回来时,发现麦克妈妈的立体声收录机、DVD放映机和两台电视都被偷了。随后,一个邻居告诉麦克,他看见一个男人在清晨时从他家里带走了这些东西。

有一次,这个邻居认出了那个小偷,麦克在纠结要不要报警。他不想让小偷逃掉,但他也不想冒着还在假释期间的危险而自行解决。最终,他叫来了警察,并向他们描述了罪犯的样子。当我们返回那个街区时,雷吉和另外一个朋友正在劝诫麦克,告诉他他将要面临的风险:

雷吉:你还在假释期间!就像前天那样你照例回了家!为什么要叫该死的警察来?你们该庆幸他们没抓到[逮捕]你们两个人。

朋友:请记住,他们不会来抓你,就像你他妈的不会吃屎一样,他们不会找出电脑里其他的拘留所[的传票]。没有花花公子不碰苍蝇屎的[通过指控麦克来试图减少对自己的指控],但事实是你提交了申请,你知道我说的是什么,黑鬼,你给了政府你的[真名],现在他们知道了你妈妈的地址并作为你最近的[住址]把它存档。下一次他们来找你,不会再去你叔叔那了,绝对会直接到那里[他妈妈的房子]去。

在这个案例中,他们的忠告是对的。几天之后,麦克在回家的

第二章 逃跑的艺术

途中发现，那里的保卫正在进行酒精测试。他在他们测试他之前就离开了，假设他测试的结果是阳性的，他就会因为违反假释条例而再在州的北部地区待上一年的时间。他曾经计划逃亡一段时间，但在三天后，警察在他妈妈的住处发现了他并把他带走进行了拘留。在我们玩过电子游戏后，他穿过街道去自助洗衣店那里换洗衣物。此时，两辆无牌轿车停了下来，三名警官跑过来追赶他。在跑了两个街区后，他被警察扑倒在了人行道上。然后他意识到警察之所以知道他妈妈的新住处是因为那一次他因为被盗窃而报了警。他为他粗心大意的报警而哀叹不已。

年轻人也学着把法院看成一种危险。一年后卓克因为袭击案而回家，他参加了一个针对没有从高中毕业的人的工作培训项目，希望拿到高中毕业证书，并在机构中拿到文凭。让他很自豪的是，他在22岁拿到了毕业证，并且在航船建设处做学徒。在这段时间里，他和孩子的妈妈争吵过，而她禁止他再来看他们的两个女儿，她们一个1岁半，一个6个月大。在思考犹豫了一段时间后，卓克带他孩子的妈妈去了家庭法院申请部分监护权。他说让一个白人男子插手他的家庭事宜就像是在撕扯他，但是他又能做什么呢？他需要看到他的孩子。与此同时，卓克要因为无证驾驶和没有登记，而每个月为他所收到的城市账单支付35美金的罚款；他想把报告中的记录变为良好，然后申请驾驶资格证。法官说，如果卓克没有准时支付每个月的罚款，他会考虑给他法院拘票[①]。随后，卓克渐渐清除了他在县监狱里得到的交通

[①] 在费城，如果一个人没有缴纳交通违法的罚单或者错过了跟这些违规有关的日期，法庭是有权签署逮捕令的。一个人也可能会因为没有支付这些行车违规的费用而被投入监狱。

罚单（罚款和缴费能够在每天拘留的花费中被扣除掉）。

在争取部分监护权的案件中，卓克用了5个月的时间，他失去了他的工作，并停止了支付罚款。他说他并不确定是否已经收到了传票，他试图去确定但没有成功。总之，下个月他要去法院争取孩子的监护权，但是当他孩子的妈妈告诉法官他是一个贩毒者，不配得到孩子的部分监护权时，法官立即在档案上记上了他的名字，以察看是否有和他有关的传票。但他们没有找到。当我们走出法庭时，卓克这样对我和他妈妈说：

> 我曾经想逃跑[当警察记下他的名字时]，但是我离开这儿是行不通的——这里有这么多的警察和警卫。但是我的记录已经清了，所以我在猜想，他们是否要为了账单而给我传票，但他们还没这么去做。

法官宣布了卓克的裁决结果，并安排他星期天到法院监督下的日托地点看望孩子。卓克说，这些拜访让他疑惑："每次走进门时我就在想，好像，就是今天吗？他们会来抓我吗？恰好就是这一天吗？我只能看着[我女儿的]脸，她好像在说：'爸爸，你要去哪里？'"

过了一个月，卓克的监护条件可以允许他在周末去他孩子的妈妈家里看望他的女儿们了。他对这些看望感到激动，因为他能在无须通报法庭以及没有任何随之而来的传票的风险下去看望孩子们了。

* * *

住在贫困的黑人住宅区的居民不能向警察寻求帮助，或者让警

第二章　逃跑的艺术

察帮助其解决纠纷，过去是因为警察经常忽视他们以及对他们不感兴趣，而现在则似乎是因为居民们面临着一种附加性的阻碍：他们不能向警察求助的原因是他们的法律纠纷阻止了他们这样做。警察到处都是，但是作为公共安全的守护者，他们依然是难以触及的。

这些在法律上不确定的人对向有关机构求助的犹豫中含有许多很重要的暗示。首先，明晰警察和法庭的方向，意味着这个年轻人不打算用一般法律资源来保护自己远离对罪行的指控①。然而，那些在缓刑期间或者获得假释的人可能会暂时利用这些资源（虽然有时候他们会在事后后悔，特别是当警察用他们自己提供的新消息来捕获他们时），而有担保在身的人，则通常会远离这些资源。我在第六街区的头一年半里，注意到有24个例子，人们在受伤、遭遇抢劫和威胁时会联系警方。这些人要么是在法庭上声誉良好，要么没有悬而未决的官司缠身。在这6年的研究中，我没有观察到任何有担保在身的人向警察求助，或者自愿地借助法院的帮助。实际上，这些年轻人似乎把这些权威机构作为威胁他们安全的存在。

43岁的尼德以及他46岁的长期女友珍妮与麦克生活在同一街区。珍妮吸毒很严重，尽管卓克注意到她可以控制毒瘾——这意味着她既可以保有家庭又可以维持吸毒。尼德没有正式的工作，有时候靠举办付美元聚餐来获得额外的收入——家庭聚会，提供酒

---

① 当犯罪活动发生在人们身上而他们不去寻求法律保护时，有许多的原因，有一种不安全的法律身份便是原因之一。对于法律嘲讽的研究可参阅：David S. Kirk and Andrew V. Papachristos, "Cultural Mechanisms and the Persistence of Neighborhood Violence," *American Journal of Sociology* 116, no. 4 (2011): 1197-1205.

水、食物以及游戏，入场费每位一美元。他还会忙于一些欺诈，比如在商场拦截支票和偷信用卡。这对男女友的基本收入来源于代养小孩。当尼德和珍妮发现，他们可能会因欠财产税而被赶出自己的房子时，珍妮便打电话给雷吉的表弟，告诉他到她家里来，因为她有一些和他长期喜爱的兴趣相关的小道消息。当他到达时，一个穿着连帽衫的人拿着枪抢劫了他。雷吉随后察觉到，对于去尼德和珍妮的家里，他的表弟应该更为谨慎一些：作为当时在这个街区唯一一个有针对他的传票的人，对一对处于经济压力下的男女友而言，他是一个容易攻击的靶子。

如果年轻人知道有逮捕令在身会使自己变成那些剥削者和抢劫者的靶子，他们可能会使用暴力以便保护自己或者报复别人。

在一个冬日的清晨，卓克、麦克和我在路边的小饭店里吃早餐，庆祝麦克在当天的早些时候出庭后警察并没有逮捕他。卓克的妈妈打电话告诉卓克，他的车在她屋外被投放了燃烧弹，消防员已经扑灭了大火。据卓克所说，那个放火烧他车的人曾赊账卖给他毒品。因为这些毒品，卓克应该给他钱。然而，由于在那一星期的早些时候，警察在搜查他时已经从他的口袋里拿走了钱，所以卓克没有能力偿还那个人。这是卓克拥有的第一辆合法的车，这辆1994年产的博奈维尔汽车是他一星期前花400美元从费城北部的一个二手车拍卖行买到的。在接下来吃饭的时间里，他并没有说话，当我们走向麦克的车时，他说：

这家伙疯了，伙计。我应该做什么，去找警察吗？

第二章 逃跑的艺术

"哦，不好意思，警官，我认为有人毁了我的鞭子[车]。"他会记下我的名字，然后你会看到有一张关于我的担保；接下来的事情你知道的，我的黑屁股会被牢牢地锁上，你懂吗？我会被关起来，就因为一个黑鬼炸了我的鞭子。真是瞎扯，我该让一个黑鬼占便宜么？

卓克和麦克讨论了卓克是应该自己采取行动还是什么都不做。什么都不做的好处是他不会陷于更多的法律困境中，但是他们都注意到，什么都不做会让那些已经了解到他们是"甜品"的人，继续从他们身上占便宜。

过了几天，卓克载着麦克和另外一个朋友穿过了第八街区，朝他认为的应该为烧毁他的车负责的人家里打了几枪。尽管没有人受伤，但是一个邻居报了警，然后警察为卓克发了一张逮捕令，并指控他试图谋杀。

在为是否向警察或法庭求助而犹豫时，住在第六街区的年轻人很容易遭到那些知道他们不会报警的人的盗窃和暴力行为。由于难以向警察求助，他们有时候会采取更多的暴力行为作为报复别人和保护他们自己的手段[1]。

---

[1] 当一个当事人害怕叫警察而自己来亲手解决纠纷时，这一暴力便是一种"次起的越轨"(secondary deviance)——一个人被认定为犯罪成瘾乃是因为他曾经被标上了一个罪犯的标签，这个标签成为更多地实施犯罪以及陷入麻烦的理由，而非一个人本就有那些理由。有关标签化的次起越轨的文献讨论可参阅：Howard Becker, *Outsiders: Studies in the Sociology of Deviance* (New York: Free Press of Glencoe, 1963), chap.1, and Edwin M. Lemert, *Social Pathology: A Systematic Approach to the Theory of Sociopathic Behavior* (New York: McGraw-Hill, 1951), 75.

诱捕的网络

不难想象，一个担忧会被警察抓进拘留所的年轻男子会学习去避开警察和法庭。但是第六街区周围的年轻人所害怕的不只是法律的权威机构。警察向外所伸张出来的乃是围绕着他们的一张网——波及这个城市的公共场所，波及他们这些人经常会融入其中的社会活动，另外，警察通常能够发现他们的居住点。

在这个贫富混居的黑人社区里有三所医院为其提供服务，第六街区也位于这片社区之内。警察会成群涌进医院的等待室和走廊，特别是在晚上和周末的时候。警车和警用货车就停在医院外面，穿制服或是着便衣的警察站在靠近救护车的地方，还有更多警察在走来走去，或在急诊室里等着。有些警察来医院是为了调查枪击的情况，并询问到达医院的目击者；另一些警察来是因为他们的犯罪嫌疑人在被逮捕的时候受伤，需要先进行医疗救助，然后再被带回拘留所或者城市的监狱。在我坐在急诊等待室里的时候，我经常能够看到警察们和戴着手铐的黑人青年一起走出那扇双层的玻璃门。

据我所访问的警察说，在为黑人社区服务的医院里，警察们通常需要在病人和访客在外面等待的时候过一遍他们的姓名，并对其中已获得逮捕令的人进行拘留，或是拘留那些行为构成新的犯罪、在缓刑或假释期内再次违法的人——这已经成为警察的标准做法。

阿里克斯在他22岁的时候亲身经历了这些。那时候他的女友多娜刚怀上他们的第一个孩子。他陪着她去医院生产，跟她一起度过了14小时的分娩过程。当我在他们的孩子出生的几小时之后到

第二章　逃跑的艺术

达那里时，正好看到两名警察走进多娜的房间，然后给阿里克斯戴上了手铐。在他背着手站起来的时候，多娜一直在尖叫和哭泣。然后就在他们要带他走的时候，多娜从床上下来抓住了阿里克斯，并请求道："请不要带他走，求求你们了！我明天会亲自带他去自首，我保证——就让他今晚和我在一起吧！"那位警察告诉我，他们是和一名被拘留的枪击受害者一起来到这家医院的，然后按照他们的惯例，他们筛查了访客名单中的男性。他们发现其中阿里克斯因为违反假释条例而收到了逮捕令，所以他们和另外两个男人一起在产房那层逮捕了他。

我问阿里克斯的女友有关逮捕令的事情。她提醒我其实他的罪行从圣诞节的时候就开始了。那时阿里克斯正在开车，警察在他在加油站停车的时候截住了他，并吊销了他的驾驶执照，所以自此之后他每次开车都构成了违反他的假释条例的罪行。

当阿里克斯在产房被警察拘留之后，他在第六街区的朋友们更加清楚地认识到，他们应该不计一切后果地避开那家医院。就在卓克刚满21岁的时候，他22岁的女朋友就快要生下他们的第二个孩子了。卓克跟她说虽然他因为在假释期违反宵禁应被拘留，但是他会到医院去的。他在她坐上她姨妈的车去医院之前都一直陪着她，但在最后的关头，他又说不和她一起去医院了，并说他很快就会过去。

后来，卓克和我坐在台阶上讨论这个情况。"我告诉她我正在路上，"他说，"我不在那里她就像疯了一样生气。我现在好像能听到她说话。她会这样说：'你违背了你的誓言！'但是我只是不想落到阿里克斯那个地步 [被拘捕]，你懂吗？"

就在我们说话的时候,他的女友一直在不停地给他打电话。每次第一声铃声响了之后,他都会关掉手机铃声,然后盯着屏幕上出现的他女友的照片看。

如果一个人因为担心被警察抓住而不去医院看他的孩子出生,或在被殴打至重伤之后拒绝寻求专业医疗救助,那么他同样不会去监狱里探望他的朋友和亲人。有些监狱将筛查访客名单作为一项普遍的流程,另一些监狱则会雇用警犬随机搜查访客的汽车,筛查停车场里的车牌号和车主姓名。

对于担心被警察拘捕的人来说,葬礼也是风险很高的活动。在我参加的在第六街区周围被杀的年轻人的葬礼里,9个葬礼中就有1个会有警察在葬礼入口外用一个带三脚架的相机拍下所有进入场地的悼念者。在街对面会有更多的警察,附近的街区也停着警车。我问过一个警察关于他们针对葬礼的拘捕分队的事,他回答说,那是围捕想要拘捕的人的好地方,"但是我们试图站在一两个街区之外的地方,这样我们的照片就不会出现在报纸上"。

就像医院和葬礼一样,工作的场所对于背负逮捕令的人来说也是很危险的。麦克在获得假释到中转拘留所然后被释放之后,他通过一个经营塔可钟餐厅的老朋友找到了一份工作。但两周之后,时年24岁的麦克拒绝在宵禁前回到中转拘留所,并说像在监狱里那样和一群男人关在一起再待上一夜他实在无法忍受。他在女友的住处睡了一晚,然后,第二天早上他发现自己涉及违规,很可能会被法官判定送回监狱拘留。麦克说他是不会回去的,他们随后便会来抓捕他。两位假释官第二天在他走出塔可钟餐厅的时候逮捕了他,当时他去那里是

第二章　逃跑的艺术

为了领取他的薪水。他因为这次违规，又回到监狱待了一年。

当麦克在塔可钟餐厅做笔录时，卓克则彻彻底底地在指责他。难道麦克不记得卓克被捕的情形了吗？

卓克从19岁开始就在当地的麦当劳工作，之后的那年，他因为在缓刑期违规驾驶而被捕，他的驾驶许可在缓刑期间被吊销了。虽然身负逮捕令，但卓克仍继续工作，他说如果警察来了他会直接从后门逃走。

数周之后，一个正式员工与其他三个员工发生了打斗，随后警察在询问目击者和寻找涉事女性期间关闭了那家麦当劳。在打斗开始的时候，卓克正在储藏室里和他的女友打电话。他说当他出来的时候，有6个警察正在盯着他看。然后他当即给我打电话，让我过去拿走他家的钥匙——他很确定他会被拘捕。当我赶到现场的时候，一切都太晚了——卓克已经坐在警车的后座上离开了。

一个人如果担心自己正在被警察追捕，或至少一旦被发现就会被拘留，那对他而言，去探望朋友、邻居甚至家人都是很危险的。首先，他必须避开那些"热门人物"。当时雷吉抢劫了一家便利店，且事发时监控摄像头的画面出现在了晚间新闻上，在那之后，警察们比以往他只背负一纸违反缓刑条例的拘捕令时更加坚定地寻找他。他也因此变得太过于"热门"，以致街区里的其他人都不想被看到和他在一起，他们担心他会给他们带来打击。麦克给了我这个建议：

这些话我只跟你说一次，爱丽丝，不要和雷吉来往。

他现在正是热门人物,正在逃亡。你不要在这件事上被抓住。他们会冲着那个黑鬼去的,而我不希望你在那周围。不要让他坐你的车,连电话都不要跟他打。如果他给你打电话,直接挂了[挂断电话]那个黑鬼!他们八成会追查通话,然后你就完蛋了,再给你个同谋罪、藏匿逃犯罪什么的指控,然后把你抓起来。不要经过这个街区,不要跟人挥手。我已经告诉那个黑鬼不要再给你打电话了,不过以防万一吧。

青年男子们的不信任,已经远远扩大到了警方的目标对象之外。警察会对犯罪嫌疑人的亲戚和伴侣施加极大的压力来获得有关犯罪嫌疑人的信息。犯罪嫌疑人的家庭成员出于对犯罪嫌疑人未能很好地承担作为父亲、配偶、兄弟或是儿子的角色的失望和愤怒,可能会直接打电话给警察举报他,以此来找到他和惩罚他,从他的通缉令中获得好处。

不管犯罪嫌疑人的朋友、亲戚和女友是出于警方的压力,还是出于自己的私心,而将他暴露给警方的,他都需要将这些他最亲近的人看作潜在的信息提供者。和去医院、给警察打电话一样,和朋友、家人以及伴侣在一起也会将他置于危险之中。

规划不可预测的日程安排

麦克、卓克和他们的朋友们在每天的常规日程里发现了危险和

第二章　逃跑的艺术

风险。他们学会了害怕警察，学会了将法院、医院、工作场所、住所，甚至他们自己的家庭成员，都看作存在被拘捕的风险。为了控制这些平常的地点、关系以及人所产生的风险，他们学会了演习躲避——逃离和躲开警察、远离医院、逃脱工作以及继续和他们的家人以及好友保持联系。

第六街区的年轻男子所发明出来的另一个策略就是规划出一个秘密的、不会被侦破的日程。我最初注意到这个策略是在罗尼15岁时用枪击中自己的腿的时候。当他到达医院时，6名警察已经占据了急诊室的大厅；其中有两个人迅速地给这个自己走进来的年轻人戴上了手铐。

罗尼的奶奶、姨妈、表姐和妹妹坐在大厅里等消息。第六街区的一些背负逮捕令的年轻男人根本没有出现，他们跟其他人的解释是，尽管他们很爱那个"病了的黑鬼"，也很想过去看他，但他们不能在这个档口来。那些来了的人，包括麦克，都在医院外面待着，在停车场边上晃悠。他们讨论着哪几个当地的警察正在里面，还有，如果他们进去看望罗尼有多大的可能性不被发现。罗尼的一个朋友在急诊室门外几米远的地方等了几分钟，在听到了关于他情况的报告之后就走了。他整个晚上都隔一段时间就回来一次，向门里面的人打手势，让他们走到门外告诉他最新的情况。麦克让我跟他用手机保持联系：

麦克：唷。在你听到什么消息之前一直都待在那里，我要走了。

在逃：一个美国城市中的逃亡生活

爱丽丝：好。

麦克：我可不想因为罗尼被关起来，然后他们会把我的那些记录都翻一遍。我大概有三个逮捕令吧，你知道吗？

第二年，当罗尼的表兄被枪杀的时候，第六街区的男人们以同样的方式来参加葬礼。就像他们去医院那样，他们都低着头，静悄悄地快进快出：

雷吉：我们真的不能待了，你知道的，像这种葬礼之类的事情，你知道的，他们都在我屁股后面 [警察正在找他]。我们低着头进去又出来，我们看到了他的遗体还有其他所有的事情。虽然我们不会去悼念处，但我们去看了他 [死者] 的奶奶，她给了我们一盘子来自悼念聚会的 [食物]。幸运的是当时有太多人在教堂里，警察肯定走了。①

设计一种行为的不可预测性不仅可以帮助他们避开警察，还可以减少他们的家人和朋友告密的风险。简单来说，就是连一个男人的邻居、女友或者母亲，都无法给警察打电话告诉他们他在哪儿。

当时20岁的卓克跟他13岁的表弟这样解释这种伪装和躲避的能力：

---

① 罗尼的表兄这个夏天死去了，我那时离开了这个城市。雷吉在葬礼那天几次打电话给我，告诉我这些最新消息。

第二章 逃跑的艺术

> 晚上真的是最棒的时间，你可以做任何你想做的事情。如果我想去看我的妈妈、我的女朋友，想穿过整个街区去见我的兄弟们，我不能在大白天出去。我要像一个影子一样移动，你懂的，低头进出。你以为看见了我，然后嘭一下我就不见了，你甚至都看不清我穿了什么衣服或者我去了哪儿。

年轻男人们对于自己的亲人、女友或者邻居可能陷害自己这种事情太过小心谨慎了，以至于他们会将任何被亲近的人叫出去会面的机会当作潜在的威胁。麦克写道：

> 你被抓起来是因为有人叫了警察，十次里面有九次都是这样。这是为什么？比如，如果你接到了女朋友打来的电话，说"唷，你在哪儿呢？你能在某个时候来街上一趟吗"，那就是一个警告标志，你懂吗？那个时候你就会想："好吧，她确实是在等我吗？"

当卓克19岁的邻居因为未出席庭审而收到法院拘票时，他很坚定地说，他永远不会回到监狱里去。他睡过不少地方，在每一个地方都只待几个晚上。当他跟家人、女友以及其他伙伴打电话，说起他现在在哪儿以及接下来去哪里时，他都会撒谎。如果他搭车到他的住处，他会要求别人在距离他的住处几个街区的地方把他放下来，然后等到车子驶出视线后，他才走进屋子。大概在6个月的时间里，这片街区没有任何人知道他睡在哪里。

年轻男子们发现一个公开的、稳定的日程安排会将他们引向被拘捕的道路。一个不变的日程路线会让警察更轻易地直接锁定一个人，也会使他们的亲戚朋友们更容易给警察打电话去告发他们。保持一个秘密的、不可预测的日程安排——比如在不同的地方睡觉，没有规律的工作时间，欺骗想要知道其下落的人，拒绝按照预定的计划办事——是逃跑和躲避的基本技巧，有助于年轻人避免因为上述情况而被拘捕。

为了不被发现而花钱

当麦克、卓克以及他们的朋友手头有一点钱的时候，他们会花一部分钱来保证他们的那一大批秘密货物的安全。他们也会花钱购买一些服务，以保护他们不被警方发现，或延缓他们进监狱的时间。

其中，他们要寻找的一个主要物品，就是一张清白的身份证明。

许多读者不会注意到，在一天当中他们被要求出示身份证明、信用卡以及地址证明的频率有多高。那些拥有这些证件，而且不把警察当作威胁的人，当被要求出示证件的时候不会想到这意味着什么。而对于第六街区被警察追捕的年轻人来说，一个合法的身份证明是个很值得考虑的事情。

一方面，麦克、卓克以及他们的朋友们都很害怕，也不想看到自己的身份被发现。对于要不要携带自己的身份证明，要不要告诉别人自己的真名，或者写下自己的真名，他们都疑虑重重。在第六

第二章　逃跑的艺术

街区这边，甚至好朋友之间互相问对方的姓氏都是不合适的，年轻人为了安全，一般都会告诉别人自己的假名。亲密的男性朋友有时候在一起好几年后，都不知道对方姓什么。年轻人想要隐藏自己的身份，害怕使用它，但他们也就无法得到那些需要身份证明的生活必需品。当他们申请工作的时候，进入一幢有保安的大楼大厅的时候，买手机的时候，或者因为贫穷、居无定所、法律纠葛和恐惧等各种复杂情形而卖车的时候，都需要出示正式的证件。

在我认识雷吉的 11 年里，他曾经蹲过监狱，也面对过未决诉讼案件、逮捕令、假释或者缓刑，或是以上三者的结合。有一个月他刚刚从监狱假释出来，而且少有的没有诉讼案或逮捕令缠身，他请我去帮他领一个州政府签发的身份证明。他要的不是一个驾驶执照，那看起来几乎是一个无法达到的目标，他要的就是一个没有驾驶执照的州政府签发的身份证明。有了身份证明，他就可以找工作，可以探望监狱里的亲戚朋友，还可以入住酒店了。除此之外，当雷吉再次被警察拦住时，他就可以直接报出自己的姓名，然后被证实没有任何针对他的逮捕令。

首先，我们需要申请他的出生证明。雷吉出生之后的头几年，他们全家还住在流浪者之家，而他妈妈对于那段时间只有非常模糊的记忆。要获得这份文件，我们需要去城中心的政府办公室好几趟。我们还需要一张社保卡和两封信（不只是信件，还有一些更正式的，像传票一样的东西）。我们花了 3 周时间集齐这些东西，还花了整整两天去位于城里的人口登记处，但是一无所获。雷吉摇着头，言外之意好像是身份证明基本上是为富人而准备的。"要获得一个身份证明，你需要先有另一个身份证明，"他说，"就像钱一样。"

在无任何进展的情况下，我们在第六街区附近找到了一个人，据说他是申请出生证明和公民身份证明方面的专家。人们给他看他们的身份证明，然后他收 40 美元来帮他们把出生证明办好。最终，这个人对于雷吉的任何申请文件都不满意，他建议我们用一个亲戚的死亡证明来证明雷吉的身份和存在。她的妈妈一开始不允许雷吉将死亡证明带出屋子，所以我们再一次停滞不前了。

经过 6 周的辛苦努力和一笔不菲的经济支出，雷吉终于有了一个出生证明、两封可以证明他的居住地址的信件以及一张社会保障卡。拿着这些珍贵的文件，我们开车去了宾夕法尼亚州交通局。

我们一到达那幢楼的附属停车场，雷吉就开始在座位上动来动去，整理他的着装。我停好车，他没有要出去的意思。我转过去问他需不需要我先进去拿一个排队的号码，他静静地坐了一会儿，然后开始向我解释他的顾虑。如果他出现在那里申请身份证明，那里的工作人员可能会查询他的名字，然后找出几个未解决的传票或逮捕令。他的眼睛小心地看着保安，跟我说有一些便衣警察可能也会在交通局这边出没。"就是，我现在要回家了，你懂吗？我不想第二天就被送回那里去……"

我们在交通局停车场里面坐了十多分钟，期间雷吉一直试图鼓起勇气走进那扇门。最后，他还是不敢，所以我们就开车回去了。

和雷吉一样，有非常多住在第六街区附近的人没有政府签发的身份证明。有些人就算有了，也害怕使用身份证明，因为他们有未

第二章 逃跑的艺术

付的罚款、未解决的逮捕令，或因为他们处于假释条例的诸多限制下。当地的商人们发现了这些穷人的此种需要，并尝试用两种办法来满足他们：一是贩卖假身份证明以及其他文件，二是不加任何询问地提供那些在交易过程中通常需要身份证明的物品和服务。

2000年年初，麦克和他的朋友们买了假的身份证明、社会保障卡、汽车保险、汽车登记卡以及出生证明等。第六街区的商人们会私下提供这些商品，如果客人以合适的方式表达了需求，推销员也会销售这些物品。他们一般会在酒吧、理发店以及街角的商店里完成交易。2000年年初的时候，如果被警察拦下，麦克会把假的汽车登记卡和汽车保险文件给警察看。警察没有查询他的真名，所以没有发现他名下其实并没有驾驶许可和车辆的登记注册。他们同样没有发现麦克正处在缓刑期，而且一开始就被禁止驾驶汽车。卓克有一次甚至用假名字和假身份证明成功通过了一个案件的整个法院庭审过程，那个假身份证明是他从一个站在运动鞋店外面的人那里买到的。有了这个假身份证明，他就可以只应对当下的这个案子，他的前科和之前的其他案子就不会被牵扯进来。

随着执法技术的不断升级，人们越来越难以用假的身份来通过警察的拦截。的确，向警察提供假身份信息已经几乎是不可能的了。因为从2000年中旬开始，每辆警车都配备了可以查询身份信息的计算机。在第六街区附近执勤的费城警察，现在都会拒绝接受驾照或者非本州司机的身份证明，他们现在改成了询问一个人的照片身份号码。这个号码现在会和一个人的首次被捕关联在一起。而且一位警察告诉我说："任何说自己没有这个号码的人都在撒谎。"通过这个照片身份号码，警察就可以在警车上的电脑里调出关于这个人的详细描述，包括他身体和脸的照片。费城的一些警车还配备了指纹扫描和打印的机器，这样一个人的指纹就可以当场被系统查询，而不用费劲把他带到警察局去了。

第六街区的年轻人还有另一个躲避搜查的策略，那就是向那些拥有合法身份的人付钱，来把一些东西（比如公寓租约、公用事业的账单，甚至是事故声明）归到那个人名下。这大大增加了警察搜寻他们的难度。在麦克被判进监狱服刑的一年半之前，他经济上的问题处理得很好。他有两辆车，分别在两个女人名下，他住在朋友名下的公寓里，他的一支枪是注册在他叔叔的一个朋友名下的，他的手机是以他孩子的母亲的名字购买的，他拥有的一辆越野摩托车在车的原主人名下，还有他的家具都是以他母亲的名字租来的。作为借用身份的交换，他给这些亲戚和邻居以现金、食物、毒品和DVD等。这些人有时候也会去使用这些物品。

待在这片街区的6年里，我曾经5次观察到被警察拦下的人用他们知道的"干净的"别人的名字成功脱身。有一次麦克在闯红灯被拦下时报出了他一个朋友的名字，之后当他去法院支付罚单的时候，他用的还是那个朋友的身份。作为补偿，麦克把自己的老鹰牌皮夹克借给那个人穿了一季。

大量类似的街区生意，使得人们可以直接进行交易而不会被问问题。因为以下几个原因被通缉的人们会寻找那些不需要出示任何文件就可以购物的地方：光是一开始申请一个身份证明就会导致被拘捕，而且使用他们的身份证明买东西会便于警察追踪到他们，以

第二章 逃跑的艺术

及因为他们涉及司法刑事案件，他们的身份已经被纳入不可用的名单之列（例如他们的驾照被暂停了）。在这些地方，原本需要出示证明才能买到的东西都可以随意购买，不用出示身份证明、签名，或出示保险单。这些地方也被看作极好的地点。

一个担心自己被拘捕的人，同样也会害怕进入医院，所以他会向社区中在健康中心工作的人购买各种药物和服务。这些人合法地向危险的社区成员提供药物、医疗用具和专业服务。卓克的脚有一次因为在逃脱警察追捕的时候踩到了一些垃圾碎片而感染了，然后他向在当地医院担任监管员的邻居支付了40美元来购买抗生素。在经历了两周严重的牙痛之后，卓克的邻居，一个20岁的男人，用老虎钳拔掉了自己的臼齿，然后向他的在医院办公室工作的表哥支付了80美元，购买了一系列抗生素。雷吉在逃离一个想要用刀子捅他的人的时候被路坎绊倒，摔断了胳膊。他的在退伍人员事务医院工作的邻居带来了一些铸件的材料，放在平底锅里，倒上水，在炉子上加热，然后做出一个硬的夹板，雷吉就这样待了五周。作为补偿，雷吉给了他一大袋大麻。

麦克和卓克，还有他们第六街区附近的朋友们，也会付钱给他们的朋友和邻居们，以换来沉默、合作，以及有关警察的信息。在这样一个充斥着犯罪嫌疑人和逃亡者的社区里，不论是对警察还是对警察追捕的那个人而言，每一个居民都是一个潜在的信息渠道。麦克和卓克试图确保那些有可能向警方报告他们活动和去向的人会反过来帮助他们躲避警察。

就像对性爱的花费会从卖淫到婚姻依次呈现不同的数额一样，

在逃：一个美国城市中的逃亡生活

向社区中的人付钱以避免官方搜捕也分几个等级，从短期的到长期的不等。短期的就是有明确的任务，有补偿地交换，如花一笔钱来换取一条信息或一次拒绝警察的谈话，或是冒充目击者来作证。长期的关系的安排很大程度上是心照不宣的，他们会向法律上不靠谱的团体支付一笔很大数目的金钱，以换取沉默、警惕以及在躲避权威机构上的全面帮助①。

我在第六街区观察到涉及最宽泛的这种关系的是两个卖大麻的兄弟。他俩在这片街区长大，但是早已搬走。在电话里他们从来不提及他们的生意或者任何人的违法行为，他们来去都十分迅速。根据我所知道的，在第六街区的人里面，没有任何人去过他们家，或知道他们家在哪里。

那两兄弟会开着深色的SUV来到这边，送毒品和收取报酬，同时他们也会回馈社区。在我在那边的时间里，他们花钱给三个被枪杀的年轻人办了葬礼，还给一位生病的母亲贡献了食品杂货费，借钱给他们的女性朋友们，给她们的儿子剪头发的钱。他们会给刚出狱回家的人钱，类似启动资金那种。他们还投资了一本书，讲述的是一个邻近街区的男人在县监狱打官司的事情②。

---

① Viviana A. Zelizer, *The Purchase of Intimacy* (Princeton, NJ: Princeton University Press, 2007).

② 监狱和拘留所提供食物、公厕、服装、电话卡、图书以及其他通过小卖部记账的东西。犯人的家人和朋友可以通过美国邮局或者线上转账公司，诸如jpay.com来寄钱到他们所爱之人的账户，此服务是收费的。一个人带到拘留所的口袋里的现金也可以转到这个账户中。由于犯人不被准许拥有或者兑换现金，所以他或她从来看不到这个钱，只可能用它来支付在监狱中购买的东西。在特殊情况下，犯人被允许每周用他们的小卖部账户购物一次。儿童资助以及其他的法院的罚款和费用会自动扣除。在有些管辖区，监狱会要求犯人用这一账户支付他们的大巴车票，因此在他或她获得释放批准之前会从朋友和家里胡乱地弄一些多余的钱来。这一账户被称为书本费，比如他们会说："能给我点钱买书吗？"

第二章 逃跑的艺术

两兄弟在街区训练、辅导比他们年轻的男人的同时,也经常会讨论将赠予作为一项核心义务来面对那些比他们还不幸的人的重要性。但是,他们有时也会提到,他们的慷慨大方能激励其他人保护他们免受当局的伤害。特别是,他们确信他们的那些频繁地与警察交易的邻居不会对他们生气或厌恶他们。两兄弟中的哥哥是这样将这些解释给比他还年轻的男孩的:

> 什么事会让一个黑人去给巡警打电话呢?厌恶[妒忌]。他们看到你的照片,或是你的名字被提出[在警察询问时],这只是个时间问题。你希望他们[通过照片]把你排除掉,你希望他们挑选出其他人,那些从来不为他们做什么的人。

麦克和卓克对此种做法心生羡慕,承认送钱给一个身在监狱之人是一件聪明的事,如果不这样做,你就会看到,他小卖部的账户里的钱很快就一分不剩了。但是就像婚姻一样,这种关系需要稳定的收入。不过此一街区里的大多数男人,只在正式的或非正式的经济关系中有零散的工作和相当不稳定又很低的收入。

麦克和卓克当然无法承担维护长期关系的费用。在这段关系中,现金或其他资源的稳定流动保证了邻里之间的不间断的合作。但是,他们确实偶尔会东拼西凑足够的钱作为短期帮助的费用,多数时候这些钱给了审讯过程中的证人。

根据麦克的叙述,大概在我们认识对方的两年前,当他带着一

在逃：一个美国城市中的逃亡生活

大笔钱从玩骰子的地方回家时，他被一个男人用枪指着头，并且被要求交出身上的钱①。麦克告诉我他拒绝了，并且试图拿出他自己的枪。就在这时，那个男人击中了他。另一种解释是，麦克试图逃跑，并且意外地打中了自己，于是那个男人带走了他的钱，抢走了他的运动鞋和手表。不管这次遭遇的细节是怎样的，结果是有子弹打在了麦克的臀部。因为他无法走路，所以他的妈妈只好照顾了他5个月。为了身体的治疗，他妈妈每两周送他去一次门诊。

在我们遇见的时候，麦克已经能正常走路了，尽管他说当他站久了、跑的时间长了或者天气变化的时候，他的腿还会痛。他本来以为那个男人已经离开这个社区了，但是大约一个月之后，他看到那个男人开着别克车在兜风。麦克告诉我，当他和那个男人对望时，那个男人很紧张，于是麦克开了枪。麦克说："你知道的，在我准备向他走去的时候，我不知道他是否要开始发力[射击]。小心点儿总没错。"

两天后，麦克在与卓克以及另一个朋友开车出去的时候再次看到了那个男人。当时我不在场，卓克在之后马上告诉了我当时的状况：两边车里的人同时开火，他们从相反的方向飞车经过，并同时向对方射击。我没有办法证实麦克、卓克以及另一个朋友被打了多少枪，但是麦克的车的侧车窗以及后车窗的玻璃都被击碎了，而且

---

① 我在那里的时候，在投掷骰子游戏之中或之后的抢劫在第六街区周围相当普遍。这是有意义的，因为男人们此时会带上大量的现金，并且他们都是那种无法向警察寻求帮助的人。卓克描述过一个小团伙抢了骰子游戏的钱作为他们的第一桶金并这样做了好几年，但我私下里没有看到过这些。

第二章 逃跑的艺术

我在侧门上看到了 7 个由子弹造成的洞。麦克快速地拖着车去了一个朋友的车库。他担心警察会在对这次枪击产生警觉之时看到这辆车。这时已经差不多中午了。

这个下午，卓克和他的这个朋友带着致幻药物（PCP）[①]去了我的公寓，他们坐在沙发和地板上，头上盖着遮蔽物。在之后的 24 小时里，他们没有吃，没有喝，也没有站起来，只是偶尔地为他们曾经多么近距离地面对死亡而低声抱怨诅咒麦克。

在两个晚上之后，警察去了麦克的旧房子和他叔叔的房子那里，要用谋杀未遂的罪名逮捕麦克。麦克的叔叔打电话给麦克的妈妈，告诉她警察已经在寻找麦克了。于是麦克离开了他的家。在之后的两周里，他藏在不同的房子里，其中就包括在我的公寓里住了四天。警察突袭了他妈妈的房子两次，然后又突袭了他奶奶的房子和他孩子妈妈的房子。两周之后，他用他所能凑到的所有钱请到了一个律师，并且自首。他不知道是谁报的警，但是律师向我们展示了那个曾经抢劫麦克的男人的证词，并且解释说这个男人将会是法庭上的主要证人。

在麦克被保释之后，那个男人和麦克通过一个共同的熟人见了面。那个男人说他只要 300 美元，因为修理他的车的破碎的玻璃需要 300 美元。麦克觉得这是能让他摆脱谋杀未遂的指控的一笔数目很低的钱，于是很高兴地付了款。他也付了在开审日期到来之前那

[①] 尽管在费城的许多地方毒品很普遍，但斯蒂夫可谓第六街区男孩中惯常携带此物的唯一之人。在第六街区四周，毒品是以带着亮光的黑色结晶叶片的形式出现的，吸食的时候被放在烟袋中或者烟卷的包装纸中（被称为钝器）。虽然我对其化学成分一无所知，但我相信它包含浸泡在防腐剂中的茶或大麻叶并混以致幻药物。

个男人住旅馆的钱，以防警察到那个男人的家里陪同他去法庭[①]。那个男人因此在三次开庭的时候都没有作为证人出庭，法官因此撤销了这个案件。让我十分惊讶的是，麦克和那个男人现在表现得十分冷静。在案子结束的那天晚上，我们和那个男人在一家本地的酒吧一起喝酒、打桌球。

处于法律危险中的人会用钱买通其他人，使其不会作为证人出现在法庭上。他们也会买通邻居，以使邻居在警察来时向他们通风报信；或是买通那些知道他们的行踪、活动或特征的人，以使他们不会将这些信息透露给警察。附近社区有这样数量庞大的受通缉的人（警方想要抓的人，只要这些可能被逮捕的人从事非法行为，这些行为就会引起当局的关注），因此第六街区存在有关这种信息和合作的灵活的交易。

需要指出的是，相对于他们付给律师的报酬，或是直接付给政府的诉讼费、保释金、缓刑费、假释费、罚单等，犯罪嫌疑人因为伪造文件而给予中间人或那些可能告知信息或作证的人的报酬是额外的一笔费用。但这些为了他们以后的自由的费用，只占他们收入的很小一部分而已。

通风报信

如果一个年轻男子用尽了之前讨论过的所有途径仍不见效，他

[①] 为某个证人提供开庭前一晚的旅馆住宿是一种通常的做法，以使某一个人不到场。这是对他或她的一种补偿方式，但更为重要的是，这确保了这个人在警察想要拉他或她去作证的时候不在家。

第二章　逃跑的艺术

可能就会尝试通过告发警察更想抓到的其他人来逃避监禁。相比于逃走、躲避、规划不可预期的行程，或买通一些人以使自己不被警察发现，告密这种策略带着很强的社会价值判断。确实，告密被认为是一种使自己逃脱法律困境的卑劣手段。因此，即使有人使用它，事后也不大会承认。由于年轻的男人或女人的典型的告密都发生在警车内或讯问室内，通常都在紧闭的门后，所以对我而言，研究它是一件很困难的事。

卓克和麦克是一个叫斯蒂夫的年轻人的密友，斯蒂夫比卓克年龄大一点儿，比麦克小一点儿。他住在卓克家的街对面，与他的妈妈和奶奶住在一起，他的父亲在他很小的时候就搬去了南方。斯蒂夫的妈妈在德雷塞尔大学的行政机构工作，因此他家比街区的大部分家庭要富裕一些。有着小个子、浅色皮肤以及浅色眼睛的斯蒂夫看着鬼鬼祟祟的，卓克的妈妈说，对有些人应该留点神。斯蒂夫的鲁莽冲动众所周知，他常常在不适当的时候开枪，就像那次在为麦克的孩子准备的生日宴上开枪一样。

卓克和麦克一直无法想象，有谁会使斯蒂夫放弃单身汉生活，但在高中之后，斯蒂夫与在临近街区长大的塔雅坠入了爱河。他们暴风雨般的浪漫关系持续的时间比任何人想象的都长，也比他们自己想象的长，他们有时也会因此而发笑。据我所知，斯蒂夫和塔雅一直在很努力地利用所有时间想要个孩子。但是，每当斯蒂夫被关起来的时候，塔雅都会流产。这种情况在他们6年的关系中发生了3次。

与其说斯蒂夫是个毒品贩子，还不如说他是一个吸毒者。在我们相遇的时候他19岁，那时他因为持有毒品而在软禁期，正在等待审判的结束。

在春天的时候，警察在斯蒂夫持枪时抓住了他，并因为他无证持枪而处罚了他。他提出保释，但不久后又因为酒驾而被抓了进去，并被拒绝保释。由于开庭的日期被拖延，斯蒂夫一直待在监狱中。

让我们十分惊讶的是，三个月后，虽然仍然没有到他的审判日期，但斯蒂夫回到了家里，并在家里继续他的监禁。斯蒂夫解释说，法庭依照余下的程序释放了他，原因是监狱人满为患，并且法官认为，他不会有逃走的风险。麦克秘密地向我承认，他不相信斯蒂夫，因为他从来没有听说过一个因为持枪案而处于官司中的人能回家并继续在家里被软禁。他怀疑斯蒂夫已经在漫长的法律程序中为了回家而与警方达成了协议，更有可能的是他供出了警察更感兴趣的什么人。

一周以后，一个因为谋杀而站上法庭的人打电话给雷吉，并且告诉雷吉，他的律师已经向他展示了斯蒂夫的陈述。显然，斯蒂夫已经签了有关他在谋杀现场的证言书。接电话的时候，恰好雷吉的一个年轻点的朋友在雷吉家，并且他很快将斯蒂夫是个告密者这个消息传了出去。

面对关于他的背叛的公开的以及私下的耻辱，斯蒂夫用了三天时间暴力威胁了雷吉的这个年轻朋友，然后要求这个年轻男人去他的房子里和他一起讨论这件事。当那个年轻男人进门时，斯蒂夫开始大叫："黑鬼，谁他妈的告诉你我是告密者的？是谁？"

"你只是坐在这儿，表现得像他妈的没说过什么一样，"那个年

第二章 逃跑的艺术

轻男人冷静地说,"他们得到了你的陈述存档。"

斯蒂夫说他要杀了这个年轻男人,年轻男人则移动了一下,躲开了斯蒂夫。麦克试图将这两个人分开,但是斯蒂夫拔出了他的枪,并且用手枪柄砸了年轻男人的脸和后脑勺。

"你才在家里待了不到一周!"卓克劝告他,就在那个年轻男人用他的手挡住了他的流血的脸的时候,"你不能用手枪柄砸一个称你为告密者的兄弟,这样会使你看起来像真的做过这样的事。"

"你的监禁期还没有完全到期。"麦克补充说道。

麦克问那个年轻男人,他能不能自己去医院,男人回答说自己涉入了几个公开的案件,但没有逮捕令在身。我们把他带到了急诊室为他缝合伤口。麦克,这个因为没有出现在法庭上而收到法院传票的人,一直在停车场徘徊,并大约每半个小时通过手机询问一次情况。

据我所知,这个男人再也没有提过斯蒂夫是个告密者。在几天后发生了另一次枪战后,这个事件在当地的流言中便不再占据主要位置了。

很多时候,在告密之后,年轻人不会凭借暴力去重建他们的名誉。相反,他们会尝试重新得到他们冤枉的那个人的信任和善意。

当罗尼 16 岁的时候,他和第六街区的几个年轻人在后半夜开车去了蒙哥马利。他们试图闯入一家摩托车专卖店,但没有成功。于是他们回到了他们的 89 款博纳维尔车上,这时他们发现自己的车不能发动了。罗尼于是打电话给麦克,让他去接他们。

当麦克接到他们的电话的时候,他正与我和卓克在公寓里看电影。这时大概凌晨 2 点。我听到麦克在电话中这样对罗尼说:"你他妈的在哪儿?好,一个小时 [到那儿]。"

麦克转向我说——

麦克:这群黑鬼在偏僻的地方。车子发动不起来。我们还有能把他们的车拖回来的缆绳 [线] 吗?

爱丽丝:没有。他和谁在一起?

麦克:一个叫德鲁的男孩,还有其他几个黑鬼。

爱丽丝:他为什么在那儿?

麦克:我他妈的不知道——可能因为他试图偷些东西。当我看到这个黑鬼的时候我要把他的屁股摔在地上。现在我要出发了。[在穿上他的靴子的同时摇摇头] 他妈的。我想穿长的秋衣秋裤。

爱丽丝:一会儿见。

麦克咒骂着这个男孩,但无论如何麦克还是出门去找他们了,他说他无法在任何事上拒绝这个男孩。卓克和我等到了大约 4 点钟,麦克还没有回来。第二天中午,我接到了蒙哥马利公安局的警察的电话,他问我认不认识一个叫科卓·杰克逊的人。沉默片刻之后,我意识到这好像是麦克的一个曾用来登记的假名,这样就不会留下什么显著的证据了。

显然,当麦克停车的时候,专卖店里的警报响了。警察们在一个斜坡后面等待这些试图再次闯入的男孩。警察们从斜坡后面冲出

第二章 逃跑的艺术

来，越过有遮盖物的水池和沙箱，穿过灌木丛抓住了麦克、罗尼以及其他的男孩。有两个男孩跑掉了；罗尼、麦克还有其他的男孩被抓住并且带到了拘留所。

根据麦克的律师之后读给我们听的证词，罗尼和他的一个朋友（都是16岁）被分别询问，并且承认麦克是那个把他们聚在一起的人。作为交换，警察取消了针对未成年人的指控，并且用车把罗尼和他的朋友送回了家。当时已经21岁的麦克被指控犯有试图强行闯入、破坏他人财产和侵入等罪行。

当罗尼回到家里后，他极力否认他曾经告密，声称他不会像其他男孩那样背叛麦克。但是麦克已经看到了警察的记录。在从狱中打给我的电话中，他说他被罗尼的背叛深深地伤害了，因为他把罗尼当成了小弟：

> 即使他们[警察]告诉他比如"看看吧，只要说出是麦克，我们今天晚上就放你回家"之类的话，他也应该扮演好自己的角色[保持安静，做正确的事]，仅仅看在我为这个黑鬼所做的一切的份上。他拿到的几乎所有东西都是我[给他的]，你懂吗？每次他需要钱的时候，他去找谁？他不会去找他的丰臀老爸，不会去找南娜[他的奶奶]。他只会来找我，会说："喂，麦克，我要拿[借]这个，我要拿那个。"我以前就应该让他破产——若知道会发生这么大的变化。他以为是谁一直养活他的？黑鬼，他无法自己吃饭[挣钱]！这儿不会有其

在逃：一个美国城市中的逃亡生活

他混蛋会照顾他。

麦克将罗尼曾经通风报信的消息传了出去。事情实际上更糟，因为罗尼是为一个麦克没有犯过的罪而指认麦克。在之后的大约两周时间里，除了上学，罗尼没有从他奶奶的房子里出来。之后，他拿着麦克的枪抢劫了费城西南部的一户人家。他卖掉了电视、音响和珠宝，并且支付了麦克的保释金。

麦克回到了家里，但仍然拒绝同罗尼说话。尽管罗尼几次到了麦克的公寓门前，但麦克仍不允许他进入自己居住的公寓。

每当麦克为了初审而开车去蒙哥马利时，他和罗尼的关系就似乎能变得好点。事实上，罗尼为了表现他的支持，在每个法庭开庭的日子都陪着麦克。有一次，在我们走着去法院的时候，麦克对我说：

> 我知你知，他是个告密者，但他是我小弟。我在这黑鬼这么高的时候就开始养他。还有，他并非没有一个真正的家庭。他爹走了，妈妈沦为街头女。这黑鬼不得不自己照顾自己。

在开庭日期间罗尼给麦克的支持以及他冒着生命危险所获得的支付麦克保释金的钱看起来促进了他们之间的和解。尽管在之后的几个月里麦克对罗尼仍有点冷酷，但他不再告诉人们罗尼是个告密者了。

第二章　逃跑的艺术

两年之后，麦克因为一个枪击案被关进州监狱。在探监室的对话中，罗尼的拙劣的摩托车盗窃案被再次提起。我和麦克因为罗尼和他的朋友曾经这么愚蠢地试图闯入摩托车专卖店而大笑。麦克再次提到了他人生中第一次阴沟里翻船的经历。然后麦克又因为告密而咒骂了罗尼的朋友。他说如果他再见到这个人，就会揍得他屁滚尿流。我没有提罗尼曾经也告密过，麦克也没有。

在这次最初的告密事件之后又过了五年，麦克回到了家。罗尼和一个男孩打架，那个男孩在被他彻底揍过了以后提起了很久以前罗尼曾经告发麦克的事情，尽管"很多黑鬼并不知道这件事"。麦克给了罗尼一件自己的T恤，让罗尼自己去洗干净，并对那个莽撞的年轻人说："黑鬼，把事实搞清楚。人人都知道罗尼不会做这烂事儿。"

在告发了麦克之后，罗尼用以修补他的公众形象以及他和麦克的关系的策略是解决麦克的假释，参加麦克的庭审，并且慢慢地获得麦克的原谅和信任。罗尼同时否认他曾经告密过。一段时间之后，麦克和罗尼一起否认了这件事，甚至在其他人试图重提这段历史时去支持罗尼。

* * *

对于第六街区周围担心警察会拘留他们的这些年轻人而言，每天的关系、所处的位置以及因为基本需求所要依赖的其他人，成为一个个诱捕的网。与警察和法庭打交道变得非常危险，出现在工作地点或类似医院这样的地方也变得危险。与找到安全的地方吃饭、睡觉，或是获得收留和支持相比，他们母亲的家变成了在警察要去搜查他们的第一批地方之中的最后一个被知道的地方。至亲、朋友以及邻居成了潜在的通风报信者。

　　而一个处理日常生活中的危险的策略是完全避开危险的地方、人群以及互动。因此，当警察来的时候，年轻人学着逃跑和躲藏：在他们的孩子出生的时候，他们不会出现在医院；当他们被严重打伤的时候，他们也不会去寻求医疗帮助；他们不会去找正式的工作；他们不会去参加亲近朋友的葬礼或去监狱探访亲近朋友；当被伤害或要使用法庭去解决争端时，他们避免报警。另一个策略则是规划不可预测的日程——保持秘密性和躲避。因此，为了保证那些与他们关系近的人不会告发他们，他们会维持难以捉摸的和不可信任的行踪，用不规律的、无法预见的方法活动。他们睡在不同的床上，并且在他们的行踪和计划方面欺骗与他们亲近的人。他们坚定地避免使用自己的名字。同时，他们花费一大笔钱去封那些可能告密的人的口，去购买记录、清除记录。如果一个男人用尽了所有可用的方法，却还是遭遇了警察，那他可能会逃跑、躲藏，或是为了自己的自由而用告发其他他所知道的人的方式与警察讨价还价。

　　在日常生活中的世俗方面，一个警察想要抓获的人能看到的危险，和他所采用的避免或减少这些危险的措施，在很大程度上反映了他看待这个世界的方式、别人看待他的方式以及他的生活因此可能会有的轨迹。在一定程度上，他在受伤时对于是否去警局的犹豫不决，使他成了另一些掠夺者的靶子。他对于医院的恐惧，意味着当他被严重打伤时，他不会去寻求正规的医疗帮助，而会转向名声不好的地下帮助。

第二章　逃跑的艺术

更宽泛地说，一个身处此种境地的男人会看到其他人赖以维持相当好的、受人尊敬的身份的那些活动、关系以及场所，对于他来说就变成了一种警局开始用来逮捕和监禁他的制度。这样的男人会发现，只要他面临被监禁的风险，生活在监狱之外与维持家庭、工作以及朋友的关系就成了相互矛盾的目标：选择一种就会减少另一种实现的机会。一旦一个男人担心他会被警察抓住，他就会发现正是牢固的、公开的关于工作和家庭生活的日常惯例以及与此相关的所有书面的记录能让警察定位他的所在。这时，他对于最近的人、最亲爱的人的信任将导致他被警察拘留。一个处于司法危险中的人会发现，他出狱的努力不是与正直的、受人尊敬的行动相联系的，而是与一种阴暗的以及不被信任的特性相联系的。

第三章
警察敲门进入之时

第三章 警察敲门进入之时

为了围捕足够多的年轻人以凑够他们的非正式逮捕指标来讨好他们的上级,警察们等在为贫困的黑人社区服务的医院外面,并且检查进入医院的人的身份证明。他们让这些年轻人坐在医院大门的台阶上,并且搜查他们口袋里是否有毒品。但同时,警察也使用一种相对不那么直接的策略来完成他们的任务量:他们转向了能提供这些年轻人的行踪和活动消息的年轻人的女友、母亲以及其他亲属。

依赖密友告密,谈不上是一些流氓警察所做的卑劣之事,但也不是一些专业的警官的权限。根据 2007 年我们对于第六街区的入户调查,146 名女性中的 139 人报告说,在过去的 3 年里,她们的伴侣、邻居,或者亲近的男性亲属,是警察想要抓住的对象——令其服缓刑或者假释、经历审判、生活在一个中转拘留所,或是被监禁。在我们访谈的女性中,67% 的人说警察曾经迫使她们提供关于某个人的消息。

由于警察依赖女性帮忙抓捕她们的伴侣、兄弟以及儿子,女性在她们的关系网中以及在自我形象方面面临危机。很多女性帮助警察找到以及证明曾参与她们生活的某个年轻人有罪。由此,必须找到一个方法去处理她们的背叛所带来的公众的以及私人的问题。极少有人会想方设法完全抵抗警方的压力，以获得富有意义的当地人的称赞。她们在告密后，为了重建她们的形象以及互动关系而进行的大量的工作，有时是成功的，有时则不是。这些案例会在结尾之处被提到。

得到消息

从密友到信息提供者（在极少的案子中，是从密友到抵抗者）常常发生在当一个女人发现她生活中的男人变成了警察想要抓住的那个人，或是他在法律上变得比之前更加危险的时候①。

在3月的一个不寻常的温暖的星期天下午，爱莎和我坐在她的四层公寓的宽大的水泥台阶上。她的男友，托米，斜倚在她旁边的栏杆上，与一个回家路过这儿的邻居闲聊。爱莎的姨妈和邻居坐在更远的台阶上，等着街对面的洗衣店洗完衣服。我们分享了一袋墨西哥胡椒葵花籽，并且一直看着街上，以确认爱莎的堂妹是否从街角的商店带着厚纸板箱回来了。时间一点点过去了，托米评论说，爱莎的堂妹可能私吞了我们共同的钱，并且去了酒吧。

---

① 在从事田野工作时，我开始对于特定的瞬间有所关注，那就是女性通过在医院以及医生办公室查阅而得知自己的伴侣或儿子正在被警方通缉。在那里，家里人也可能得知一个自己深爱着的人得了疾病，而不是身负拘捕令，但是这两种震撼和混乱对家人而言是一样的，并且，这些消息对于家庭关系的转化可能会有一种近乎决定性的影响。两份优秀的关于医院病人以及他们的家庭接到生命转变的消息的研究，可参阅：David Sudnow, *Passing On : The Social Organization of Dying* (Englewood Cliffs, NJ : Prentice-Hall, 1967), chap.5; and Doug Maynard, *Bad News, Good News : Conversational Order in Everyday Talk and Clinical Settings* (Chicago : University of Chicago Press, 2003), 9.

第三章　警察敲门进入之时

当我们坐在那儿边看孩子们玩耍边吐瓜子壳的时候，托米展示了一张就在这天他从法院家庭分部接到的通知。通知上说，他必须在法官面前出现，因为他两岁孩子的母亲正在要孩子的抚养费。他告诉我们，如果他空手去法庭，法官就会当场将他拘留。如果他不出现，法庭可能就会因为他对法庭的蔑视而发布逮捕令。

"她只是生气你不再招惹她了。"爱莎说，"她知道你承担了孩子的所有衣服、鞋子的费用。每个人都知道你关心你的孩子。"

"什么时候开庭？"我问道。

"下个月。"托米回答说，没有抬头。

"你打算去吗？"

"他没有600美元！"爱莎哭道。

我们试图计算出在监狱中需要多少天才能解决钱的问题，但是我们不知道他们每天是会抵消5美元还是会抵消10美元。爱莎的姨妈说，她觉得数额会比这个少。爱莎总结道，不论托米待在监狱两个月还是两年，他都会失去他在医院的工作，因此他每天能够抵消的确切的数额是无关紧要的。

托米忧郁地看着爱莎，说："如果我逃跑，你会成为仗义游侠吗？"

"是的，我会。"

邻居一个5岁大的男孩开始哭，他声称一个比他大的男孩推他。爱莎喊他返回到人行道上。

"如果他们来找我，你最好不要告诉他们我在哪儿。"托米轻声说。

"我不会告诉警察的！"

"他们甚至可能不知道你的地址,他们去过我妈妈的家,甚至我孩子妈妈的家。但如果他们来,什么都不要说。"

"来吧,"爱莎说,"让他们来,我正好跟他们打一场赛车游戏。"

"真的吗?"托米咧着嘴笑并轻推爱莎的肩膀。

爱莎的姨妈转身怀疑地看着她,摇了摇头。

"我不会让他们抓住他的,"爱莎反驳道,"为什么他就只能去监狱待四个月并且丢掉他的工作,还不能见他的儿子?"

爱莎和托米刚开始约会是在我第一次见到她之后不久,那时她是个高一的新生。她喜欢他是因为他光彩夺目且皮肤黝黑,甚至比她更黑。她后来说,托米不仅是她的第一次也是她的初恋。后来他们仍多年保持着联系,尽管托米与另一个女人有了孩子,而爱莎也开始认真地与别人交往。当爱莎21岁时,她的第二个男人在俄亥俄州的联邦监狱被判刑15年。大概6个月之后,爱莎和托米重新在一起了。不久之后,托米开始在宾夕法尼亚大学医院从事管理员的工作。当他接到这个工作的电话时,他们哭着在卧室拥抱。爱莎原先从未与一个有真正工作的男人约会过,她成了唯一一个在大家庭中区别于其他女性的人。

* * *

"如果他们把我关起来,你会来看我吗?"托米问爱莎。

"是的,我会去看你,我每周都会去看你。"

"我知道这会是真的,"爱莎的邻居说,"他们的看守会知道你的名字,他们会说:'你总来这里,爱莎!'"[①]

[①] 这段对话是经允许记录在我的苹果手机里的。一些与主题无关的片段被省略掉了。

第三章　警察敲门进入之时

我们安静地笑了。

当晚,爱莎的两个女性朋友来了,她告诉了她们关于她和托米的谈话:"他说:'如果我逃跑了,你会成为仗义游侠吗?'他们不会抓他的,他们会开枪射击,第一个把我给杀了。"

对于爱莎来说,托米可能会被带走的消息是一种致命打击。但这也是一个机会,她可以以此来表达她的奉献,协调他们之间的关系,并考虑他们在一起的未来。

其他女人会用政治的术语去考虑自己家庭成员的监禁等待。麦克的母亲雷吉纳女士,我们见面时她已经快 30 岁了。她是一个谨慎而又正派的人,在高中时她取得了很好的成绩,然后被一所当地的大学录取了。在那个夏天她怀上了麦克。她说,麦克的父亲是她同床共枕过的第一个人,她希望他们可以结婚。但那个男人成了一个重度吸毒者,在麦克的幼年他频繁进出监狱。当麦克 10 岁的时候,雷吉纳女士告诉麦克的父亲不要再来了[①]。

据说,在麦克成长的时候,雷吉纳女士有时候做两份工作,有时候做三份工作,她的父母很少帮助她抚养麦克。麦克在上高中的时候陷入了很多的麻烦,因而无法拿到夜校的文凭。

到了麦克成年之后,他与他两个孩子的母亲的闹剧以及频繁地惹麻烦造成了雷吉纳女士"一生的悲伤"。当麦克 22 岁时,他一直频繁进出县监狱和州立监狱,大多是因为有关毒品的指控。

当我们见面的时候,雷吉纳女士正作为护理员为救世军工作,她负责照顾四位年长的男性和女性,每周去访问这些家庭 3 次,每

[①] 别人谈论的是,麦克的母亲并没有确切地告诉麦克的父亲不要回来了——是他自己想要那样做的。

次12到18个小时不等。在我们相遇之前数月,她搬到了位于费城东北部的这个地方,并注意到第六街区附近已经变得过于危险和破旧了。她所租的房子一尘不染;她甚至有一种特殊的机器,可以用来吸除她抽烟所造成的烟雾。

雷吉纳女士刚下班回家,打开了放在地下室的洗衣机。她的妈妈和我坐在客厅的豪华双人小沙发上看肥皂歌剧《指路灯》(*Guiding Light*),这时电话响了。雷吉纳女士在厨房里喊道:"我不相信!"她把电话递给了我,是麦克,他告诉我他的缓刑官珀尔发布了因为他昨晚在中转拘留所违反宵禁而给他的逮捕令。他从监狱回来还不到一个月,这一违反加上其他的判决会让他重回牢狱。当我们挂断电话后,雷吉纳女士点了一支烟,在客厅里踱着步子,拿着抹布站着擦拭栏杆和电视机表面。

"他会因为打破宵禁而再被监禁两年吗?我不会让他这样的。爱丽丝,他们要带走我们所有人的儿子——我们的年轻人,而且年龄越来越小。"

雷吉纳女士的母亲——一个安静的虔诚的60岁女人——点点头,并小声嘟囔着说,因为在中转拘留所里晚归而送一个人去监狱确实有点不公平。雷吉纳女士继续踱着,并在玻璃桌上喷洒清洗剂。

> 我来问一下你这些东西,爱丽丝。当你在用F(地名)土语写着"库伦-弗洛德矫正中心",也就是县城监狱的地方探访时,为什么在探视间里你没有看见其他人,而只看见黑人穿着号服坐在那里呢?当你去中转拘留所的

第三章 警察敲门进入之时

时候,为什么什么也没有,而只有黑人向外盯视着玻璃呢?他们带走了我们的孩子,爱丽丝。我是一个守法的女人,我的叔叔是一个警察。他们不会那么做的。

在2002年到2010年之间,我共有71次目睹了一个女人发现伴侣或家人变成警察想找到的人的场景。有时候,这种发现来自警察凌晨3点钟来敲门。但通常,警察辨识想找到的人和试图去拘捕该人之间,往往还存在一定的距离。在警察来敲门之前,法庭会寄来一封信解释说,一个女人的未婚夫要么拖欠了太多的诉讼费,要么没有出庭,而且他的逮捕令已经发出。或者一个女人会给她儿子的保释官打电话,了解到她的儿子确实再次错过了尿检,或者没有及时按宵禁时间返回中转拘留所,并且可能会收到一份逮捕令——这要等待法官的决定。在其他时候,女人会发现,他们生命中的男人是被通缉的,因为警方曾试图在另一个地方逮捕他,但未能实现。

在71次中有58次我看到在女人收到了这个消息后,她们承诺保护亲人免于被捕。在当地语言中,这被称为游侠。

广义地说,游侠是为了保护或者为自己或某个亲爱之人报仇以对抗人身或财产上受到的侵害。在这种情况下,游侠意味着保护心爱的人不受警察伤害,如果一个人未能实现使心爱的人自由的第一个目标,就会支持他通过审判和监禁[①]。

[①] "游侠"(rider)一词曾经被杰夫·敦侃-安德拉德(Jeff Duncan-Andrade)讨论过,他用的拼法为 rida。他将此定义为一个"流行的文化术语,指的是那些在极端胁迫下可以被算计的人"。参见:Jeff Duncan-Andrade, "Gangstas, Wankstas, and Ridas: Defining, Developing, and Supporting Effective Teachers in Urban Schools," *International Journal of Qualitative Studies in Education* 20, no.6(2007):623.

在逃：一个美国城市中的逃亡生活

　　这可能会让人大吃一惊：我遇到的大多数女人，当她们得知配偶或其他家庭成员被警察通缉时，起初会对当局而不是对那个人表示愤怒，并承诺在他被追捕时支持他、保护他。在某种程度上，我认为这些女人明白，在第六街区里，你若是黑人年轻人，那获得逮捕令是多么容易；她们也明白，一个人不仅会因为严重罪行，而且会因为技术上违反缓刑或假释的规定，或者没有支付高额罚金和诉讼费，或者在一个月内多次未出庭，而收到逮捕令[①]。女人愤怒的第二个相关原因是，警察在社区中失去了相当大的合法性：他们被发现在社区各处搜查、询问、殴打以及围捕年轻男子。像雷吉纳女士经常说的那样，警察是"占领军"。第三个原因是更基本的：无论女人对警察或男人的行为有何看法，她都爱那个男人，不想与那个男人分手，或看到那个男人受到所谓的牢狱之苦[②]。

　　抽象而言，游侠很容易当成。如果当局不来查看，一个女人相信她能在警方的压力下坚持下去，能尽力隐藏这个男人并保护着他。只要警方的压力和监狱的威胁是真实的但并未实现，女人就可以相信一种最理想化的自己。男人也可以相信她和他们关系的理想版本。

[①] 很少有对人们吃了官司之后的法律与金钱责任的系统性研究。在一项独特的研究中，哈里斯、埃文斯以及贝克特以华盛顿州的人作为样本，对其金钱负担进行了一种量化分析。他们发现，那些被判有轻罪或重罪的人，在其一生中平均要向法院支付超过 11 000 美元的费用，而且由于他们的法律债务所产生的利息，他们可能会支付比这多得多的钱。参考：Alexes Harris, Heather Evans, and Katherine Beckett, "Drawing Blood from Stones: Monetary Sanctions, Punishment and Inequality in the Contemporary United States," *American Journal of Sociology* 115(2010): 1753–1799.

[②] Gresham Sykes, *Society of Captives* (Princeton, NJ: Princeton University Press, [1958] 2007), 63–83.

第三章　警察敲门进入之时

托米几天后从家庭法院收到通知,他去了警察局自首。警察从未询问过爱莎。他们只是为雷吉纳女士的儿子麦克而来的。

当警察来了

我曾在雷吉纳女士的家中度过一夜,这可能是第一百次与麦克和卓克一起看《纽约的黑帮》(*Gangs of New York*)了。我在客厅的沙发上睡着了,所以在梦里听到了敲门声,混合着用 DVD 一遍又一遍播放着的主题音乐。

在门被打开的一刻我完全清醒了。我把自己弄到远离门的另一张沙发上,因为如果门上的铰链一下子折断了,它可能会击中我。两名警察闯进来,两个都是白人,穿着特警制服,腿的两侧绑着枪。第一个警察用枪指着我,问谁在房子里;他上楼时继续用枪指着我。我担心麦克和卓克会藏在房子的什么地方,真希望他们已经逃走了。

第二个警察抓住我的手腕,把我从沙发上拖到地上。我的肩膀和脊椎先落到地上,然后腿又落了下来。他很快地把我翻过来,我的脸撞到了地板上。我无法支撑自己,因为他仍把我的手腕固定在我身后。我怀疑他可能会打我的鼻子或者我的脸。(你能打脸吗?)他的皮靴踩在我的背上,就踩在它撞到地板的地方,我哭着让他停下来。他把我的手腕用手铐铐在我身后,我知道这一点,因为金属感觉很凉。我的肩膀在颤动,手铐也夹得我生疼。我哭着扭动我的手臂,警察把他的靴子向下移动踩住我的手,把我的手指压在一起。我叫了起来,因为周围太安静,声音显得很刺耳,就像我已经放弃了似的。我的髋骨被他沉重的身体压在了薄薄的地毯上,开始疼痛。

后来,第三个警察——更高、更瘦,金色的头发盖住额头——进入了房子,并且走进了厨房。我能听到瓷器被打碎的声音,看到他把冰箱拉离墙角。然后他走进起居室,从他小腿上的鞘里拔出一把小刀。他把沙发上的布料割下来,露出里面的泡沫。然后他转到衣橱里,把棋盘游戏、相册和旧鞋搬到地上。他爬上电视柜,把天花板上的方格推开,让它们一块接一块地落在地板上。

我能听到楼梯上的撞击声和哒哒声,然后就听到雷吉纳女士对警察尖叫道不要向她射击,并祈求他让她穿上衣服。与此同时,踩在我身上的警察大声问我麦克在哪儿藏着。他说,雷吉纳女士的房子被毁是我的错,"我可以说她为她的房子自豪"。

说服的技巧

如果警察决定追捕一个人,他们很可能会去问他的亲戚和伴侣他在哪里。因为这些亲友都有可能成为他们生活里的合法家庭成员和伙伴,往往对他们的活动和惯例有相当的了解。他们知道一个年轻人在哪里购物和睡觉、在哪里保存自己的财物以及与谁有联系。

对于警察来说,要查明可能与他们所追捕的人的下落或犯罪证据有关的家庭成员并不困难、昂贵或费时。警察也不需要通过紧密关系来获得对邻居和居民的直接了解。更准确地说,警察现在可以通过敲击几下键盘而轻松地检索到一名男性的亲戚、孩子、伴侣以

第三章 警察敲门进入之时

及人际关系等历史信息。

当警察逮捕并处理一个人时,他们会要求他提供大量的关于他朋友和亲戚的信息——他们的住址,他们的名字,他们的联系方式。他提供的信息越多,他的保释金就交得越少,因此他有很大的动机这样去做。当一个人被多次逮捕时,警察就会掌握大量关于他女友在哪儿工作、他母亲住在哪儿、他孩子在哪儿上学的信息。

一旦有人被通缉,警察就会拜访他的母亲或女友,并试图劝说她对他予以放弃。用一位前任警官的话说,"我们可以用手机跟踪别人,或者在电脑屏幕上看到每个背负逮捕令的家伙,但当事情发生时,你总是会通过他的女友、祖母了解情况,因为她们知道他在哪里,而且她们知道他做了什么"[①]。

当警察找到想找的人的家人或伴侣后,他们便采用一系列方法来获得女性们的配合。这些从警察搜寻和逮捕一个人时就开始了,并可能会一直持续到这个人的审判和判决结束,因为警察试图搜集信息以促成他的罪名成立。[②]

警察迫使女性开口的最直接的威胁就是蛮力:毁坏她们的财物,在某些情况下,对她们进行身体伤害。从我在第六街区附近和周围地区的所见来看,警察对女性的暴力,多数发生在突击检查之时。在突击检查和审问过程中,他们使用一些没什么身体策略可言

---

① 出自 2010 年对费城侦查局(Philadelphia Warrant Unit)的两名警官的访谈录音。

② 我所描述的这些技术代表了从女性的视角去看警方为了确保合作关系所付出的努力。从警察的角度去看有关当代警察处置工作可参阅:Peter Moskos,*Cop in the Hood:My Year Policing Baltimore's Eastern District* (Princeton,NJ:Princeton University Press,2008).

的手段来迫使不配合的女性坦白。其中主要的三种是拘留的威胁、驱逐的威胁以及失去对子女的监护权的威胁。

拘留的威胁

在突击检查和审讯期间，警察通过安插罪名来威胁要将女性拘留。起初，他们会向女性解释她努力保护这个男人的行为在他们的职权范围内已构成犯罪。当警察掀开卓克的母亲琳达女士家的地毯，并打开顶棚时，她阻止警察进入她家并挥手让他们走开。他们向她威胁说可以以攻击警察、庇护和教唆逃犯、干扰警方逮捕为由来定她的罪。他们还告诉她，他们可以以在她家中发现枪支为由定她的罪，因为她无权拥有它。（事实上，在费城仅仅携带枪支是被允许的。）当爱莎的邻居说她拒绝给她自己儿子的罪行作证时，警察告诉她，她将会因为蔑视警察而坐牢。一旦她同意合作，他们便告知她，如果她改变证词，她将因伪证罪而被拘留。

当一个女性超出她的能力范围去保护那个男人时，警察会向该女性明确表明，她的许多日常活动和行为可以作为被拘留的理由。在突击检查和审讯期间，警官使女性意识到她的日常生活充满了犯罪，对于这些犯罪，警察是知道的，而且这些犯罪会带来严厉的惩罚，警方可以对它们进行深究。当警察在寻找麦克的表弟时，他们告诉麦克的姑母，她未交财产税和长期拖欠交通罚款构成偷税漏税罪和对法庭的蔑视。她从隔两户的邻居家里接过来的电，即用三条合在一起的延长线通过后街拉过来的电（因为她自己的用电早被切断了，而她通过一星期三次照顾邻居的两个孩子来换取邻居的电使

第三章 警察敲门进入之时

用),已经构成偷窃、公共危害以及违反城市法的罪责。

警察还会向一个女人解释道,她也能因为这个男人的罪而受到控告。麦克的女朋友告诉我,如果她不举报麦克,她确信将会因为拥有枪支或毒品而被控告,因为警察在她家和车里都找到了这些东西。警察还威胁将她的罪名上升到共谋罪,声称他们已经在她的手机里装了一个芯片,因此有证据证明她知道麦克的活动。

警察的突击检查也会让一个女人的其他男性亲戚受到威胁。当麦克被通缉时,警察出现在他母亲的家中,她开始担心她的未婚夫会受到监视——他无照驾驶,并且贩卖少量大麻给他所工作的医院,作为工作之余的收入。这就像在一个女人生活中的其他男人也会有一些涉嫌犯法或悬而未决的违法活动(或参与毒品交易,或进行其他非法工作),警察对一个男人的搜捕会给女性所珍视的其他男性带来相当直接的威胁。

最后,警察会告诉一个女人,如果她目前和过去的行为不足以对她实施拘留,他们将随意使用各种手段去监视她未来的活动。她所犯下的任何新的罪行,也包括她最亲近的人未来犯下的罪行,都会被立即证实和检举。如果她酒后驾车,如果她抽大麻,如果她的儿子从商店里偷糖果,他们都会知道,而她将会去坐牢。

拘捕和监禁的威胁是一项强有力的说服技能,而且或许更多地用于女性身上。相比男性,女性很少进监狱或拘留所,这使进监狱或拘留所成为一种令人害怕的展望。女性不能取得像男性一样的来自家庭的有力支持,因为探监被视为女性的工作,女性朋友和亲属会为男人而探监，而男人则很少能够去探监①。在第六街区，人们倾向于认为，监禁更多为对女人的性格与生活方式的一种控诉，而非对男性的。在这样的背景下，为了吸引警察的注意，女人得做出一些更为极端的行为，此时警察往往就会停止搜查男性了。

驱逐的威胁

除了拘捕和监禁的威胁之外，警察还以驱逐威胁那些不合作的女人②。他们告诉我的隔壁邻居，如果她不举证她的外甥，他们将叫来许可证授权局以及监管局对她的破房子进行违规处理。当警方到斯蒂夫的祖母家搜寻他时，他们留意到电和气没有开，水龙头没有水，浴缸被当作屋外厕所。这些做法违反城市健康和建筑规范法则，极易构成犯罪，因而城市能重新占有她的财产。警官还告知她，屋里的蟑螂、老鼠和跳蚤，也是房东收回租赁的有效证据。此外，由于她把给斯蒂夫的保释金放在了自己的名下，那他的逃跑意味着市政府可以向她索取全额保释金——不仅包括她提供的10%，也意味着市政府可以拿走她的车以及她未来的全部收入。当警察到爱莎邻居家里搜捕邻居的在逃男友时，他们告诉她，如果不交出她

---

① 在费城，一个人在被囚禁六个月后，他出狱后不能访问该监狱。事实上，这一条款用了相当长的时间才得以通过，因此一个曾经在县监狱做过囚犯的人，往往会被剥夺任何进当地监狱探视的权利。监狱也会查阅这些探视者的名字，那些身负逮捕令或其他官司的人来这里探视是危险的。第三个探视障碍便是警犬队，他们有时候就驻扎在监狱之中或在监狱停车场那里。虽然探视者可以拒绝让狗来搜索他们的车辆，但他们可能会因此而被拒绝进入监狱。

② 有关美国贫困家庭被驱逐的详细说明可参阅：Matthew Desmond, "Disposable Ties and the Urban Poor," *American Journal of Sociology* 117(2012):1295-1335;and Matthew Desmond, "Eviction and the Reproduction of Urban Poverty," *American Journal of Sociology* 118(2012):88-133.

男友，他们晚上就会来一次全面的突击检查。因为她的公寓是政府资助的，她会因窝藏逃犯和置邻居于威胁之中而立即被驱逐出去。她将失去现有的住房以及未来获得任何住房补贴的机会。

失去对子女的监护权的威胁

警方使用的另一种说服女性的方法就是恐吓要带走她们的子女。当警察突击检查麦克邻居家时，他们告诉麦克邻居的妻子，如果不立即报告她丈夫的行踪，他们会打电话给儿童保护服务部门，并说屋内窗户都被贴上了垃圾袋，暖气被停掉了，露天火炉被用作取暖壁炉，而且她的孩子睡在沙发上。警方还在屋内发现大麻和烟斗。如果她继续不合作，这些证据就会构成一个针对儿童生活条件不合格和儿童被忽视的强有力的案子。那天傍晚，一名女性给自己的三个孩子打包行李，并把他们送到了特拉华州姨母的家中，直到警方活动渐渐平息下来之后才把他们接回来。

在每次突击检查、拘留和审讯期间，警察对女人的大多数威胁从未被意识到。当一个女人因试图保护一个男人躲避警察而确实遭到拘留、被驱逐或丧失子女监护权时，这消息很快会被传播出去。安东尼有个表妹住在弗吉尼亚州，她因拒绝指证她孩子的父亲而被指控犯合谋贩卖毒品罪以及非法拥有枪支罪，由此遭到五年的监禁。由于双亲都在狱中，他们四岁大的女儿被送到了费城，不断寄住在一个又一个的亲戚家中。当警察到琳达女士的两个邻居家去搜寻一名抢劫银行的罪犯时，他们因窝藏逃犯和干扰警方被逮捕，后被从政府资助的住房中驱逐出来。住在第六街区附近的人们，在他们预想到会有一次突击检查时，或者在与警察有些交涉之后，常会想起这些故事。

呈现毁谤的证据

为了让女人提供信息，警察可能会伤害她或毁坏她的财产。如果她坚持保护这个男人，他们便威胁将要拘捕她，公开告发她，没收和占有她的财产，驱逐她或带走她的孩子。我们可以称暴力和威胁为外在攻击力（external forces of attack），因为它们将从外部削弱女人跟警察正搜捕的男人的情感纽带。

警方还可以从内部削弱女人和男人之间的感情，通过给她看关于那个男人的一些信息而打破她对他的良好评价，并破坏他们感情中积极美好的印象。我们可以称之为一种内在攻击力（internal attack），因为它会从内部破坏女人和男人之间的情感纽带。

警方表示，提供毁谤的证据是一种复杂的双向操作。首先，他们会向女人证明，那个她试图保护的男人在欺骗她。他们向她展示那个男人的通话记录、手机短信发送记录以及他的女邻居的证词。改进的跟踪技术意味着，不需要更大的力气去提供那些零散的证据——它们可以被快速地汇集到一台电脑上来。如果警察们没有具体的证据，就会去启发和暗示她这个男人不可信，或者至少他并不是真正地关心她，而只是简单地利用她。在这一点上，警察们解释说，在第一次审讯中，如果这个男人真的不爱她就会牺牲她，会让她为他顶罪而保全自己。可能，他早就已经这么做了。

第三章　警察敲门进入之时

正像警察们向女子解释她的伴侣对她有多么不诚实和会搞两面派一样——这会很容易让她对他的犯罪信以为真，他们还会给男人展示女人背叛的证据。他们会给男人看有女人签字的关于这一男人活动的报告，或者给他看填在侦查处的通话记录——在他们翻来覆去突击检查她的家之后，她在那里打电话告诉了警察这个男人现在的藏身地点。他们也会给男人看女人对他们不忠的证据，这些证据是他们通过跟踪女人的电话、账单、购买的东西，或者从其他曾经与她们在一个圈子的人那里收集到的。

简而言之，警察诋毁这个男人以及这一关系，直到一个女人不再能够保护这个男人，并因此而去持续思考她自己作为一个人的价值所在为止。在愤怒和受伤，并要面对这个男人不爱她、要将罪行归咎于她，并且还要离开她，让她在监狱中苟延残喘等等新的恐惧之时，女人会变得越来越热心地去帮助警察。

道德诉求

之前说的通过技巧性的说服来弱化男人与女人之间团结的方法，警察还在继续使用着。对于监禁价值的道德诉求则向相反的原则发展：警察利用女人依恋性的力量，并耍弄她的要去帮助和保护男人的决心。具体来说，道德诉求包含了调整女人的信念，即怎样做才是真正关心她所钟爱的男人。

在警察找上门之前，女人可能认为，她生命中的男人最好远离监狱。在牢房里，他会变得疯狂，会被刺伤，会染上艾滋病，或者会有一种不健康的饮食习惯。监狱不会注意他医疗上的需求，例如他的糖尿病,或埋在他身体里的令人担忧的子弹①。如果他已经有了工作,他将失去他的工作,或者在回家之后找工作更加艰难。他日复一日地待在牢房中,与社会脱节。狱警会很严厉地命令他,他将失去人权,对他而言,正常的生活也会变得陌生。为了让他远离这种命运,女人必须做出牺牲。

　　警察向女人解释说,这一逻辑是有瑕疵的。事实上,男人会在蹲监狱期间获益。他需要和他那些坏伙伴一刀两断。继续放任他在社会上也并非能让他安全。如果他继续他的行为,继续贩卖毒品,或者吸食毒品上瘾,他就可能会因此而被杀害,至少会在危险的行为里越陷越深。监狱对他来说将是一个安全的天堂。去监狱将会给他一个教训,他将会成为一个有能力照顾她和孩子的更加优秀的人。警察告诉她,这场关于他或由他而引起的警察的所有活动的闹剧必须结束。他有太多的法律纠纷、诉讼案件、拘捕令以及缓刑的宣判。如果没有拘捕令,他将更容易找到工作。这个男人如果结束这一切并开始新的生活,就会变得更好。她能够帮助他,在这一切都不算太晚之前,她能够去拯救他,总会有那么一天,他会感谢她的这种严厉的爱。

　　让男人去坐牢的这种说服路线的转变虽然对男人来说不是最好的,但对于整个家庭来说是最好的。保护男人意味着女人可能会失

---

① 研究表明,这些都是非常现实的担忧。监禁增加了感染性疾病以及与压力有关的疾病的发生率,参阅:Michael Massoglia, "Incarceration as Exposure:The Prison, Infectious Disease,and Other Stress-Related Illnesses," *Journal of Health and Social Behavior* 49(2008):56-71.同样的研究表明,监禁会导致长期的负面健康影响,参阅:Michael Massoglia, "Incarceration,Health,and Racial Disparities in Health," *Law and Society Review* 42(2008):275-306.

第三章 警察敲门进入之时

去她的孩子和她的家庭，保释金会让她背负债务，她如果没有钱还清，也会去坐牢。他的行动也会使孩子们接触到坏人坏事。作为一个负责任的母亲、妹妹或女儿，她应该拯救她的其他家人，而将他送到监狱去。

保密协议与其他保护措施

警方的说服技巧，常常以承诺不与男人，或者其他和他们两个都熟悉的人分享她所提供的信息来作为支撑。我目睹了在 24 次的突袭中有 21 次，警察告诉他们搜寻的那个男人的家庭成员们，那个男人永远不会知道，他们把他给抛弃了。在我参加的两次审讯中，警察也向我保证了审讯的保密性原则。当女性在叙述自己的审讯时，她们中的大多数提到了警方所承诺的这个保密协议。

多管齐下

暴力、威胁、呈现毁谤的证据、道德诉求以及保密协议，在分析上是可以分离开来的，但警察经常串联使用这些技术，使每个技术得到加强和巩固。

去观察女性审讯对我来说是困难的，因为她们在警察局的关着门的房间里被审讯。并且她们一旦回到家，就不再愿意叙述她们的这种经历了。因为这些原因，我只好以我自己的审讯为例。

这个审讯是值得注意的，因为警察使用了上面描述的许多技巧，尽管它们之中起作用的较少。这是因为，他们不知道我与他们所感兴趣的人之间的关系。我不住在公共住房中，我没有孩子，在

在逃：一个美国城市中的逃亡生活

我的直系亲属中，也不存在有被逮捕历史或有未决的法律问题的人。

  我把麦克和卓克放在第六街区之后，前往机场去接一个朋友。两辆无标志的警车出现在我的车后，在第一辆车车顶上的便携式警笛紧接着响了一声后，我便把车停到了路边。一个警察走到了我的窗前，手电筒的光打到了我的脸上，他命令我从汽车里走出来，并给他看我的驾照，然后其中一个警察让我跟他们走一趟。

  我把汽车停在第二街区后，上了他们的绿色林肯车的后座。白人警察和我一起坐在了后座，如果没有穿防弹背心，带着皮套、枪、警棍，或者别在腰带上的其他东西，他就和我一样瘦。他噗的一声吹破了泡泡糖，那味道闻起来像麦克和卓克用来清洁他们枪支的那种东西。在去他们管辖区的路上，开着车的白人警察和我说，如果我是在找某个黑人侦探，那我就不用去第六街区了，可以直接去第八街区。过道旁的黑人警察一笑，并摇着头说，他宁愿去抓屎，也不希望得到我的任何东西。

  在管辖区，另一个白人警察拍了我一下，并摸了我的臀部和大腿。这含有一定的蔑视和厌恶的意思，白人男人有时候会这样对他们认为已经和黑人男子——特别是被捕的黑人男子发生了性关系的白人女性。

  他们带我上楼梯到了二楼的侦查部。在我坐在一个小房间里一段时间后，两个白人警察走了进来。他们穿着有

第三章 警察敲门进入之时

着深绿色大口袋的裤子和黑色的军靴,大型手枪被绑在他们的腿上。他们把枪取下,并放在面向我的桌子上。一个警察迅速翻阅文件夹,并把麦克、卓克以及雷吉的照片放到了我的面前。照片大部分拍摄于第六街区,还有一些在我公寓前面。除此之外,还有一些面部照片。在他向我展示的40张左右的照片中,我知道10个人的名字,能认出另外10个人。他们询问了我接近一个半小时。在过了许多小时之后,我还记得的内容如下:

"麦克是供货商吗?你认为他会在他被抓的时候保护你吗?他不会的。在你看来,在麦克和斯蒂夫之间,谁的货最好?我们知道上周当所有人蹲下时你在附近。我们看到你在第二街区,而且我们知道你熟悉第四街区。你在第四街区做什么?我很讨厌看到一个年轻漂亮的女孩多次在附近经过。你的父母知道你每天晚上和不同的黑人做爱吗?"

唱红脸的警察这样说:"我们所做的都是为了保护你!我们正在努力帮助你。我们不会告诉他任何你给我们的信息。这些信息仅限于我们这几个人知道,我们之间不会有任何的书面记录。你进来的时候签署过任何的东西吗?放心,没人知道你来过。"

唱白脸的警察说:"如果你不与我们合作,那么当他用枪指着你的头的时候,你找得了谁?你不能向我们求救,你知道他杀你就像捏死蚂蚁一样,你他妈的最好希望和你做过爱的男孩都不在你刚才看过的照片之中，因为照片里的所有男孩——看到他们了吗——到周一早上，他们都将在监狱里。当他坐在这把椅子上的时候，他会第一个说出你的名字。你是个共犯，你犯了妨碍司法公正、窝藏逃犯、隐瞒毒品枪支等罪。你认为我们首先把你抓起来是谁告的密？当你从车站打电话给他，要他保释你的时候，你爸爸会说什么？我打赌，他会喜欢听到你现在所做的事。你那张嘴吻过他吗？"

* * *

要完全了解这些说服技巧对女性的影响，我们必须理解警察所采取的暴力行为发生的广义情境。

2002年11月至2003年4月期间，我每天大部分时间跟爱莎、她的朋友及亲戚待在一起，他们住在离第六街区有15个街区远的地方。当我们在她的房子周围或在附近的街区散步时，我们看到了14起警察在逮捕时殴打要抓的人的情景，这种情况每个月都会发生两次以上。下面是发生在2007年秋天的一次：

> 那是一个黄昏，爱莎和我坐在门廊上与她的姨妈以及表哥聊天，爱莎的母亲坐在我们旁边，等着爱莎的男友回来给她5美元，她才能去做她的衣服。
>
> 一个白人警察笨拙地跑过来，他的喘气声大得我们都能够听见。我注意到一个年轻人在他的前面跑，也跑得上气不接下气，看起来他已经跑了很长一段时间。这个年轻

第三章　警察敲门进入之时

男人减速下来改成了走，弯下腰去，双手撑在膝盖上。一个警察接近他，用一只手抓住他的脖子生硬地把他放倒在地上。警察拖着警棍跨坐在半蹲着的人身上，用警棍打他的后背和脖子。

爱莎的两个邻居站了起来，并且靠近了现场。爱莎、她的姨妈以及表哥都没有站起来，但我们都伸长了脖子去看。

警车开向角落，鸣着警笛，闪着警灯，一辆接一辆，逐渐占据了整个街区。警察们给那个年轻人戴上手铐。那个年轻人的脸上现在满是血，尤其是他被撞在水泥地上的那半边脸。

一个警察将他带到警车旁，另一个警察熟练地将他的手举过头顶，将他带到了警车后座上。然后，他们用目光搜寻着地上，明显在寻找着什么。两个警察开始对着对讲机说话。

爱莎的姨妈说："他一定有过一把枪或毒品。"

一个邻居说："我什么也没看见。"

在警车开始巡逻的时候，一个邻居说，她看见一个警察在犯罪嫌疑人被铐着的时候还在打他的脸。

爱莎的表哥，一个胖胖的19岁年轻人，站起来并走过来说：

"哟，我出去了，爱莎。你这里太热了。"

"好的，"爱莎笑着说，"代我向你妈问好。"

一位老妇人几分钟后出来，把一桶漂白剂和水倒在了人行道上，清理地面上的血迹。爱莎回来了，谈起了她的男友，她说他刚刚收到来自联邦监狱的判决——被监禁15年。爱莎和她的家人没有提我们刚刚看到的一切。也许是因为她们私下里并不熟悉这个人，也许这件事没有那么重要，不值得向没有看到的人详述。

那个夏天不时被很多重大的警察行动打断。在7月的一个炎热的下午，爱莎和我站在一条主要商业街的一个拥挤的角落，看到4个警察追捕到了她姐姐的男朋友并勒死了他。他手无寸铁，且并未还击。但是报纸在报道他的死讯时说，他是由于心脏衰竭而死。8月里，我们探视了爱莎的前男友，他不久将被送进县监狱。深深的伤口覆盖着他的脸颊，他的眼睛已经肿得睁不开了。他是在被追捕时遭到殴打的，接下来感染的伤口在隔离期未得到治疗，右眼近乎失明了。

在采访中，侦查局的人员向我解释说，这种暴力代表官方（恐怕是不公开的）政策，而不是一些警察做过头了。我采访了一个费城的警察，问他如何理解正当的武力。他告诉我，他们有上级的命令，命令上说，任何胆敢冒犯警察的人"最好都被送到医院里去"。

总之，警方会用一些暴力让女性罪犯说话，但更多是在追捕男性的时候使用暴力。女性在看见和听到这些暴力时，在她们的头脑中固化了对警察所能够坚定去做的事情的认识。这一认识可能刺激她们按照警察所要求的那样去跟他们展开合作。

第三章 警察敲门进入之时

成为一名告密者或者遗弃者

当警察施展他们的说服术,当他们突袭一个女人的房子,并开始讯问她时,针对这个女人的公开审讯就开始了。亲戚、邻居和朋友都会围观她是如何抵抗警察的要拘捕她、驱逐她,或者带走她的孩子等威胁的。

当突袭和审讯开始时,许多女性发现,她们不能寄希望于其他人。相较成为与那个男人"同生共死的女人",她们还是会恳求男人去自首。相比于藏匿并帮助他,她们更倾向于把他赶出这个房子,并切断与他的所有联系,尽管这样做也许会让他没有食物和避难所。她们没有在面对警察时保持沉默,相反,她们给出了所有能给出的关于这个男人的信息。

就在麦克孩子的母亲玛丽生下他们的第二个孩子不久之后,警察因为一个持枪指控而到麦克母亲的房子里去搜查玛丽。当玛丽听到这个消息时,她打电话给我。在她的尖叫声和哭声中,我感觉到她在为他而担忧:

> 你还记得上次吗?他绝食了!然后他们毫无道理地把他推到了号房里去[单独监禁]。还记得他在号房里的情形吗?我不再能和他通话了。他真正地失去了一切,没有阳光,没有人说话。而且,他有可能被刺伤,或者感染上艾滋病。我怎么照顾孩子啊?他们不关心还留在他屁股里的那颗子弹。没有一个看守会注意到这些的。我可以告诉

你,它是怎样自己出来的[从皮肤里被拽出来的]。

玛丽坚信,麦克将会在监狱里遭受折磨。因此,玛丽决定和她的家庭站在一起,她承诺会做她所能做的一切来让他免受当局的指控。

随后,警察造访了玛丽的家。他们一大清早来,吵醒了婴儿。他们没有搜查房子,而是坐下来跟她谈了把麦克送进监狱的必要性。

那天下午我过来了。玛丽看起来明显动摇了,似乎接受了一种相当不同的对事情的看法:

玛丽:他需要远离这些烂黑人,爱丽丝。他在大街上是不安全的,他可能会被杀死。他需要进去,这会让他的想法端正,然后才能再回到这里来。

玛丽的妈妈:并且表现得像个人样。

玛丽:是的。因为这场闹剧必须停止,爱丽丝。他有太多的东西[法律上的纠葛]。她需要进去把它们抵消掉。他有两条犯罪记录,如何能找到一份工作呢?他需要一个全新的开始。他不喜欢,但他还是同意了进去。在我见到他后不久[她打电话给了那个给她名片的警察]。

实际上,玛丽没有马上报警,她试着去劝他自首。麦克拒绝了。在接下来的几天里,玛丽继续试着劝他清醒些。她在警察第二次访问后的第五天拨打了警察名片上的号码报了警。当警察用手铐把麦克带走之后,我们坐在门廊上,然后交谈。

第三章　警察敲门进入之时

玛丽：我知道他不会马上见我，但我不在意，我只能这么去做，爱丽丝。这太戏剧化了。他可以叫我告密者。我心里清楚得很。

玛丽的妈妈：这是正确的做法。

在玛丽使得麦克被带走之后，他天天从监狱捎话来，厉声责骂她是告密者。玛丽说，这与她内心所感受到的背叛了她的两个孩子的父亲还有她最信任的朋友的痛苦相比，不值一提。她解释说，麦克被抓的苦痛全部都落在了她的肩上：

每当他饥饿、孤独，或者受监狱的看守侮辱的时候，每当他想念他的儿子的时候，我都心如刀绞。

真正的游侠

绝大多数犯罪嫌疑人背后的女性无法抵抗来自警察的压力，最后不得不去背叛她们曾承诺要保护的人，或者与警方合作把那个人逮捕和定罪。当这种情况发生时，女性不仅要忍受公开的羞辱以及自己的羞愧之心，而且要面临在背叛她们的亲人后拯救内心道德价值的艰巨任务。

我曾亲眼见过，在许多情形下，警方的施压无法实现。在一个男人去自首，或没有被抓住，或很快被警察追上这三种情况下，警方没办法去给他的女朋友或者亲戚施加压力。在这些情况下，女人没有必要去重塑她被破坏的身份，或重建她的关系，因为她不必通过背叛她的男朋友、兄弟或者儿子的方式来求助。

在其他情况下，如果一个女人能够支持和保护男人，使警察没办法通过她找到他，她或她的家人就不会因此被警察直接施压。因为一个人主要的女友和近亲通常会为警察所熟知，并且，信息目标很精准明确，因此他经常会发现内部圈子不值得信任，相反，一些跟他有一种较弱关系的人——某位新朋友、前女友，或某个远房表亲——反而是真正勇敢的游侠。

多数时候，女人在陷入警察的圈套后，很快就屈服于其压力了。但在第六街区的少数女性则表现出了一种非凡的抗压力。琳达女士抵抗警察压力的做法在第六街区受到了普遍的认可。在一次突袭之后，在她家的台阶上，麦克曾经对着聚起来的一小群人说："她可能是一个小偷，而且她的屋子脏得跟狗窝差不多，但是琳达女士就是不说话。她不在乎警察突然闯进她的房间，她一点儿都不在乎。"

琳达女士常常说，她为了她的三个儿子而十分坚定地成了游侠，这是因为她比其他女人更有勇气。但实际情况是，她做了许多练习。在我在第六街区的6年里，卓克、雷吉、提姆以及他们的朋友和同事们至少有23次往她家中招来了警察①。

---

① 虽然琳达女士善于保护卓克、雷吉以及提姆不被警方逮捕，但是她坚定的保护主义立场，可能导致警察搜捕的频率增加，也可能鼓励她的儿子们持续不断地住在这所房子里。而其他邻居们解释她成为游侠的原因则是，与其他女性相比，她没有什么可以损失的。由于她的父亲拥有房子，警方确实不容易驱逐她。虽然房子已经算是条件比较差的，但她并不像其他女性那样害怕突袭带来的损毁。而且，由于她没有工作，因此警方无法用通知她的雇主来威胁她。

第三章　警察敲门进入之时

她的二儿子雷吉 17 岁那年在街区角落里游荡时，被警察拦住并搜身。警察发现他的牛仔裤口袋里有 3 小袋可卡因，雷吉开始逃跑。在雷吉摆脱了警察的追捕后，警察以雷吉意图散布毒品的罪名而发出了通缉令。

那天晚上，琳达女士预感到自己的房子会被突袭检查，便做好了警察要来的准备。她找到雷吉和卓克藏在天花板上的两把枪，并把它们藏在了邻居那里。她同样把卓克的防弹背心、子弹以及在那个时期销售的装有少量可卡因的小塑料袋都藏了起来。她把大麻，连同她的各种吸食毒品的用具，都藏到了她第三街区的男友家里。做了准备之后，她去了安东尼那里，安东尼曾睡在她的地下室里，他有住宿担保，而且没有收到过法院传票。琳达女士让邻居知道警察要来了，让邻居的儿子和兄弟去别处过夜。（这是为了防止警察搞错房间——这在以前发生过——或者防止警察决定要去搜查其他附近的房间。）在警察照例拿走了所有他们看到的钱之后，她挖出了雷吉藏在墙壁里的 60 美元。她说服她的父亲乔治先生晚上睡在他女朋友那里，以防"警察让他心肌梗死"。

虽然琳达女士已经让雷吉在午夜之前离开家，但是他不小心在家里睡着了。在凌晨 4 点的时候，三个特警队员破门而入（门是破碎的，并且没有锁），琳达女士正准备在沙发上睡觉。由于不确定雷吉是否还在房子里，琳达女士与警察进行了激烈的争论，以拖延他们上楼的时间。这个策略被证明是成功的。依照雷吉的说法，在警察抓住他之前，他便能够从卧室的一扇窗户逃走并穿过这条巷子。

在逃：一个美国城市中的逃亡生活

　　第二天晚上，三个警察又返回来，在搜查房子时，命令雷吉的弟弟提姆以及乔治先生趴在地上，双手放在头上。照提姆所说，一名警察向琳达女士承诺说，如果她交出雷吉，他们不会告诉他是她背叛了他；如果她不交出她的儿子，他们就会打电话给儿童保护服务中心，并把她最小的儿子带走（因为房子里到处都是蟑螂、猫屎，并不适合孩子生活）。但她还是坚定地拒绝告诉警察雷吉在哪里。

　　尽管内心有过动摇，但琳达女士最终还是战胜了自己。琳达女士在第二天一大早就出去将这件事告诉了她的朋友与邻居们，那个时候，我们坐在能够看到彼此的同一条巷子的铁质后门廊上。

　　　　琳达女士：是我的错。我第一次这样做。一些人说我是一个坏妈妈。你可以随便怎么说我，但是每个人都知道，我是在保护我的儿子，三个孩子一个都不落下。这里出去的那些女孩会说出他们想要的全部，在他妈的警察敲门进来的时候，都只会在一旁观看。那些女孩之中没有一个懂这个的。她们只会说，没有一个会像我一样做游侠。只有一些女人才是真正的游侠，我就是其中之一。[她深吸了一口烟，咬着牙，自信地点了点头。]他们每晚都可以返回这里来。

　　当她的堂兄妹和我们在一起时，琳达女士又重复了这件事。并补充说，为了这次搜捕，她故意穿了一件她最性感的贴身内衣裤，

第三章　警察敲门进入之时

她在警察一巴掌把她打得朝向墙时,骄傲地挺起了胸与臀部。她再次表演了这个情景,并不时发出尖利的笑声。她说她和一个非常帅气的警察说:"亲爱的,你这么帅,你可以随时来搜查我!"

在那天稍晚的时候,更多警察来搜查这个房子。当他们再次在屋里翻找东西的时候,雷吉正好打电话来看一下警察是否还在以及他妈妈是否还好。坐在距离一个警察不足两英尺的位置,琳达女士很酷地回答道:"是的,妈妈,我一会儿给您回电话,现在警察来这里寻找雷吉,您没有看到他是吗?好吧,我一会儿给您打电话,我买吃的东西时候会顺便买尿布的。"

当警察离开时,琳达女士告诉我:"老乔治[她的父亲]告诉我,在他过来之前尽快把它[指雷吉的问题]解决掉。但直到下周我也解决不了,警察会持续过来的,每一个早上我他妈的都要收拾这乱糟糟的房子。"

两个晚上之后,在警察第三次搜查琳达女士的房间时,我也在场,三名警察把塑料手铐铐在我们手上,让我们面向起居室,同时他们对房间进行了搜查。她之前向警方自夸并且提到:"我有三个洞,选一个。"当他们将琳达女士放倒在地面上时,她尖叫并大哭。一个警察提到,这个家庭很幸运,因为乔治是这座房子的主人;而如果它在救助大楼八区,琳达女士和她的儿子就可能会即刻因为给邻居带来危险并包庇逃亡者而被驱逐。(确实,最近我在其他两个家庭中看到了这种现象。)在楼上,警察发现了一把琳达女士无法提供其许可证的枪,于是将她逮捕并带到了警局。当我和提姆下午去看她时,她说除非她告诉警察怎样找到雷吉,否则她将被判非法持有枪支。尽管她说她不相信他们,但他们还是向她做了举报匿名的承诺。

据她自己以及提姆所述,琳达女士一直很坚定,但是第三次搜查以及长时间的审讯削弱了她的决心。当雷吉带着精心准备的意大利细面条看望她时,她祈求他自首,但雷吉拒绝了。

一周后,当琳达女士从男朋友家回到自己家时,发现她的电视机与衣物被丢弃在走廊中。她的父亲乔治先生告诉她,如果她继续让雷吉逃避警方的逮捕,他就不再允许她和提姆住在这里了:

> 这不是他妈的狂欢节!管他是谁,我不会再让任何被警察追捕的人进入我的房间,砸烂我的东西,把我的房间弄得乱七八糟,把我吵醒了。那些人在深夜里大叫和逃跑,我可不想掺和进去。我可不想一睁开眼,就看到一个黑人跳过我的床,打算从窗户逃走。哦,绝对不想!就像我告诉雷吉的那样,如果法律再不管管这种事,我下次一定会中风的。雷吉是成年人了[他17岁了]。他不能再躲在我的房子里了。再这样瞎胡闹下去,我们最终都会因为这件事进监狱的。警察们总是来找我,他们总是想找点理由来找我的麻烦。

当乔治先生在房间内看到雷吉并报警时,琳达女士告诉雷吉,他不能再待在这儿了。于是,雷吉在附近胡同中的废弃的汽车里住了两个月。

第三章 警察敲门进入之时

在严酷的监禁中,琳达女士仍然拒绝告诉警方雷吉的位置。尽管最后她祈求他自首,在她的父亲威胁要将她逐出门的时候,她把他赶出了房间,但她没有把她的儿子送去警察那里。当雷吉睡在汽车里时,她一直跟他保持联系,每晚都给他提供吃的。她的邻居与家人都认为她做得非常好。在一个晚上,当警察来把雷吉带走的时候,我正与琳达女士还有一些邻居坐在一起,她在我们的小塑料杯子中倒上了爱尔兰红玫瑰葡萄酒。

> 琳达女士:好吧,他至少不会再一直担心被逮捕,不会担心警察会来家里了。他在车里会睡出病来的。还有就是,你知道的,外面天气渐渐凉了。虽然雷吉是一个大男孩,但他的颈部开始抽筋了。他以前常走到房子后面的窗子,说"妈,给我点儿吃的",然后他会在 20 分钟后回来,而我会从窗子里把食物给他。

卓克的女朋友布莲娜回应说:"你比外面任何一个人做得都辛苦,雷吉知道这一点。"

游侠重生

维罗妮卡在 18 岁的时候遇到了雷吉,当时雷吉 19 岁。维罗妮卡当时已经在与雷吉的一个朋友约会了(尽管不是那么严肃认真的),但那个人实际上没多少时间陪她。在他非常忙的时候,他会将她留给雷吉,正如雷吉所说的那样,一件事情总会引发另一件事。很快,维罗妮卡在多个晚上与雷吉同住在了一起,连卓克和提姆都开始叫她姐姐了。

"一开始我无法入睡,"数周前维罗妮卡告诉我她已经陷入了感情漩涡,"我害怕晚上会有虫子爬到我身上来。你真的无法体会在那种房子里入睡的感觉。"确实,厨房里到处是蟑螂、蚂蚁和苍蝇,它们在地板上走动,就好像你在迷幻虫梦中一样。

一天夜里,维罗妮卡因为梦到蟑螂爬到了自己床上而被惊醒。她只看到雷吉一边把它们弄到窗户外面,一边叫喊着让她帮他爬过窗户。这很不容易,因为雷吉是一个膀大腰圆的年轻人。跟随其后的两个警察闯进了卧室,把维罗妮卡从床上拽了下来,将她的手铐在床架上整整一个钟头,并在此期间搜查了她的房子。第二天她告诉我,尽管对那两个警察来说,抓住雷吉很简单,但雷吉还是从那扇开着的窗户逃走了,而这扇窗户历来都会在2月关闭。她还说,警察告诉她,他们将查清她做过的一切违法的事情,无论以后她在何时抽大麻,或是酒后驾车,只要他们碰到她,就会将她逮捕。他们在她的文件中做了一个特别的星号,写上了她的名字,对与她有所接触的人都进行了审问。他们还告诉她,他们窃听了她的手机,她可能会因为涉嫌共谋罪而被起诉。尽管有这些威胁,但维罗妮卡仍然没有告诉他们雷吉逃到了哪里,因为她根本就不知道。

那天以后,雷吉在费城南部用公用电话给她打了个电话。维罗妮卡劝雷吉自首,但他拒绝了,她就告诉他说,警察已经走了。

雷吉将维罗妮卡推到了风口浪尖。当警察开始搜寻雷吉时,他

第三章 警察敲门进入之时

告诉他的朋友、亲人和邻居们,是维罗妮卡毁了他的自由。后来他开始去找夏奇拉,夏奇拉是雷吉在高中约会过的女性。

第二天,维罗妮卡在电话里哭着对我说:"雷吉已经告诉了每一个人我不靠谱,一点儿也不为他考虑,而且一有什么麻烦就逃之夭夭。"雷吉告诉她,他从来没有想到她会是这样的人,他一直认为她真的不错。

当维罗妮卡从第六街区退出后,夏奇拉站出来帮雷吉躲藏起来。在雷吉朋友的家里,夏奇拉遇见了雷吉,并和雷吉在地下室一起度过了好几日。在此期间,夏奇拉安排她的一个朋友为他们送饭。与此同时,警察搜查了琳达女士、维罗妮卡以及雷吉叔叔的房子。但是他们没有搜查夏奇拉的房子或怀疑她的家人,这似乎使她能够保持一个勇敢而忠诚的角色。我在第三天去看了她和雷吉。

夏奇拉:我一直都在这儿,寸步不离。当他们 [警察] 闯入他母亲房子的时候,我们都在那里,但他从后门逃走了。之后我一直待在这里。

雷吉:他妈的她做得太辛苦了。

爱丽丝:还不错。

雷吉:还记得维罗妮卡吗?当她发现那些男的 [警察] 在找我的时候,她就会这样——嘀嘀嘀 [模拟电话铃声]。她会说:"后会有期吧。"夏奇拉不会那样,尽管她也在很辛苦地做着。她也很担心我。

在逃：一个美国城市中的逃亡生活

我们有几个星期没有听到关于维罗妮卡的消息，但后来警察还是发现雷吉躲在附近的棚屋里。他们驾驶警车和直升机，将附近街道封锁，并用大木槌撞开了棚屋。

当雷吉能够打电话时，他让维罗妮卡知道他再也没有和夏奇拉见过面了。维罗妮卡给他写了一封信，然后开始去探望他。由于对路线不太熟悉，维罗妮卡花了3个小时才抵达位于费城东北部的县监狱。维罗妮卡之前从未探过监，我们时常讨论她穿什么衣服既看起来好看，又符合监狱的规定。

维罗妮卡每周都会长途跋涉，沿着国道去县监狱那里，雷吉的朋友们却待在家里。他们不跟他通信，也没有往他的账户中打过一分钱。

每天，雷吉都会就他和他那帮哥们儿在电话里向我倾吐苦水：

那些黑鬼们不是真正的游侠！他们不会得到尊重。你可能会去做这件事[把钱打进雷吉的账上]，但斯蒂夫在胡说，在撒谎。当我回到家时，我他妈的不会把这帮黑鬼中的任何一个放在眼里。他妈的他们都在哪儿啊？他们以为回到家时我收到的全部是爱，类似：没什么事吧，雷吉，欢迎回来……这帮黑鬼混蛋们！他们对我而言，没有游侠风度。当我到家时，我跟他们没什么好说的了。听我说，爱丽丝，当我他妈的回家的时候，我要让他们好看。我他妈的就是个难以对付的人。尤其是布兰登，我每天都和这个黑鬼在一起，现在他会说："惨了，我完蛋了！"

第三章 警察敲门进入之时

黑鬼，当我从这儿出去的时候，你他妈的不要乱来！我栽在那些黑鬼身上了，爱丽丝 [挂断电话]。

尽管雷吉那帮哥们儿一直承诺要来看望他并送些钱来，但是3个月以来，他们没有一个人来探望过他。只有维罗妮卡来探望了雷吉，而且她每周都会给雷吉写两封信，而雷吉会回两到三封信给她。有时，我会与维罗妮卡一块儿去探望雷吉。记得在雷吉的生日那天，维罗妮卡用了一张面值20美元的钞票包了一小包大麻，并在接待室里偷偷给了他。

一天下午，维罗妮卡与我坐在琳达女士房子二楼的门廊里，并和琳达女士一起玩黑桃纸牌。虽然维罗妮卡通常很安静，但她今天说了我听到过的她所说的最多的话：

他的那帮哥儿们确实没有一个去看过他，一个都没有……只有我和爱丽丝去看过他，就是这样，这会让他明白一些事情。他的兄弟并不是真正的兄弟——我才是他唯一的游侠，我才是他唯一值得拥有的朋友。是谁将钱打进他的账户中的？他们说将钱打进账户里了，但是实际上他们并没有这样做。他的账户中的钱都是从我和你这里来的。

看起来好像是维罗妮卡在雷吉逃跑的时候阻止了他并被认为是懦弱又不忠的一个人，而现在她通过探望并写信给雷吉，重新创造了一种忠实且坚定的伙伴关系。

在逃：一个美国城市中的逃亡生活

一个女人能够通过慢慢地让男人的被监禁感消退的方式来拯救她的关系和自我价值，并且通过加入他的生活来以更为积极阳光的方式描绘她的行为。我注意到有8次，一个女子探望正在被监禁的男人，她与他一起改善现状，从而弥补自己使他被捕的过失。

当麦克24岁，他的两个孩子一个3岁，另一个6岁之时，他开始与一个来自费城北部叫米歇尔的女人约起会来。在1个月的时间内，他们的关系变得非常紧密：米歇尔3岁的儿子开始管麦克叫爸爸，米歇尔的照片也被挂在了麦克母亲的壁炉台上，她的照片紧挨着麦克的毕业照和他儿子与女儿在学校的合影，他开始在米歇尔的房子里留宿。

米歇尔是麦克交往的第一个波多黎各人，他对米歇尔寄予了很大的期望，希望她能以其民族所显示的那种忠诚来对待他。"与西班牙小姐在一起，"他说道，"这与她们的家庭相关。黑人小姐不像她们那样，黑人小姐热爱警察。"

米歇尔和麦克均向我解释，米歇尔和麦克的前妻玛丽是完全不同的，玛丽会迫不及待地打电话让警察过来。自从米歇尔的父亲和弟弟贩卖毒品以来，她就已经习惯了警察和法院，而且她不会屈服于警察和法院的压力。米歇尔想起她母亲为解决父亲的法律纠纷而苦苦挣扎的经历，这深刻的记忆贯穿在她的整个童年之中。她告诉我她是第二代的游侠。她还说她非常喜欢麦克，胜过她以前见过的任何男人，包括她前夫，而她的前夫目前被关在联邦监狱，有10年刑期。

当他们的关系到了第3个月时，考验米歇尔的忠诚度的时刻来

第三章 警察敲门进入之时

临了。麦克错过了出庭作证,然后就收到了逮捕他的法院拘票。听到这个消息时,米歇尔向我保证不管是什么——警察、法官,或者是蠢笨的监狱看守——都无法让她和麦克分开。

在接下来的星期五的凌晨4点左右,米歇尔哭着在电话里跟我说:警察撞开了门,把麦克带走了。麦克想逃走,但警察追到人行道上用警棍将他制服了。她说警察狠狠地打他,使他不住地尖叫。他们为什么还要打他?他们已经把他的手铐起来了。

在管辖区内,警察将麦克的手铐在了桌子上整整18个小时。第二天早上,警察将米歇尔带到车站并审讯了她3个小时。之后他们向麦克出示了米歇尔的供词,在供词中米歇尔详细介绍了麦克的犯罪活动、同伙以及贩卖毒品的位置。当麦克被押送到县监狱后,他给她写了一封信,她将这封信展示给我看:

> 不要来这里,不要写信,也不要汇钱过来。把你所有的垃圾东西都从我母亲的房子里拿出去,也罢,我会让别人将你所有的东西都扔出去。你以为我没发现你是只老鼠吗?他们把一切都跟我说了。去你妈的!我从来没有在乎过你。对我而言,你只是没用的东西,没用到像臭狗屎。

麦克散布谣言说,米歇尔是告密者,数天之后,这一谣言成为街坊邻居和狱中罪犯们热议的话题。

米歇尔满腔愤怒和屈辱地对我解释说,麦克没有权利对她生气。他明显就不关心她。实际上,尽管与他的所有要求相反,警方还是向米歇尔展示了一些短信和电话,这些短信和电话能证明麦克还在关注着玛丽。不仅如此,麦克曾经试图给她注射毒品,并且声称公寓中的枪支是她父亲的。米歇尔写了一封针锋相对的回信给他:

> 我早该知道你仍和你孩子的母亲厮混在一起。当他们告诉我,你在凌晨两三点仍在与你的前妻打电话发短信时,我感觉自己就是一个傻瓜。不要告诉我你正在给你的孩子打电话,你是不是认为我不会发现你的丑行,并且打算将屎盆子扣在我的头上?我一字不落地读完了。只有贱人才能容忍你。

在发现麦克不忠的确实证据之前,米歇尔已经发现麦克对她表现出不尊重:他们的关系是虚假的。她一想到过去自己与他的亲密关系,就感到如此肮脏与丢人,而且,她也为以前为保护他而做出的努力感到不值得。与此同时,警察还向麦克说明是米歇尔出卖了他。他感到很伤心,于是他断然拒绝并看不起米歇尔,就像米歇尔面对他的无可争辩而又口是心非的证据一样。同样也有这样的可能性,这个不爱米歇尔的男人可能会让她为他的罪行买单。

两天后,警察把米歇尔带到了郊区。警方声称,米歇尔已经供出了她知道的关于他所有毒品的存放地点、走私对象以及客户的信息①。

---

① 米歇尔从未承认过这一点,麦克的律师给我和他的母亲看了传讯记录。

第三章 警察敲门进入之时

据麦克的一个朋友透露说：

> 这个女孩说："妈的。我只认识他三个月，我想保护我的孩子。"此外，她的母亲在疗养院，而且，她对她的两个小妹妹拥有监护权。因此，你知道当他们告诉她，他们将把她（从第8单元楼）踢出去，并将不会善待她的儿子和她的妹妹们时，这个泼妇脑子不会转弯。她只会这样问："您想知道什么？"

在开庭审问麦克的那几日，麦克的母亲、祖母和我去了审讯法庭。在看到了米歇尔的供词之后，麦克声称她是告密者，并且好长时间都不理她。信息很快扩散到麦克的哥们儿那儿——那些人也在这个街区，并且很快也被警方锁定。

刚开始的时候，尽管米歇尔能指出警方曾经通过威胁她说要将她的孩子带走以及向她指出麦克实际上欺骗了她的方式而误导了她的行为，但这些细节在拖了几个星期后似乎都已经被忘了，她逐渐感觉到自己背叛了一个好男人。当麦克的审判日期快到来时，她更加频繁地去探望他，并且给他汇钱和写信。慢慢地，米歇尔与麦克和好如初。

数个月后，麦克与我正在接待室聊天。他提到他一个朋友的女友最近在法庭上证明已经和他朋友闹翻了。"他妈的她就是只大老鼠，"麦克说，"他妈的她根本不在乎他。"我们为这件事进行了争论，我说，当警察威胁说要驱逐你或带走你的孩子时，你知道要保持沉默有多么困难吗。我指出，举例来说，尽管米歇尔深爱着麦克，但在警方的此种施压之下，她还是告发了他。

就这一点，我们每周的八卦转变为一场激烈的争论。当麦克极力向我解释说，米歇尔并未告过密时，房间里的其他拜访者开始盯着麦克看。但实际上，正是这个女人告发了他，而且就是在他租的房子里告发的。

"你应该保持警惕！怎么样，这就是你的工作。你正在变傻。你曾记得每一件糟糕的事情。"

"我真的认为这就是米歇尔。"我无力地回答道。

"如果你他妈的都不能获得基本的权利，那你的生活会有什么好呢？"

我的作为记录者的自信心受到了动摇，为此我真诚地向麦克道了歉。1个月后，在麦克的开庭审讯日，我要求麦克的律师再次将麦克所做的陈述给我看。在检查完冗长的警方报告后，我意识到我的说明准确无误。米歇尔曾经告发过麦克，我不确定是她说服了麦克让他保持沉默，还是他们一起要使之深藏于心，但我决定，最好还是不要再次提及这个了。

在我们下一次去探望麦克时，麦克叹息说，其中一个男孩还坚称米歇尔为告密者呢。

"黑鬼要遭人恨了，"他说，"这就是我自高中以来的全部生活。每个人都想得到我已经获得的。"

我点了点头表示赞同。

第三章　警察敲门进入之时

从游侠到告密者的转变

住在第六街区的许多女性会有男友、兄弟或儿子被强制性地突然带走的事情发生，就像麦克的女朋友曾经说的那样："一切都完了。"当一名女性获知警方正在寻找一名与其有关的男性时，她会尽力去帮助他避开警察并隐藏起来。在整个帮助他的过程中，她会称自己为忠诚的女友、一位好的母亲或一位受人尊敬并有道德的人。

如果警察从未来搜查过这个男人，她就会坚信，她能够尽其全力去帮助他逃过警察的逮捕，并且会有勇敢与牺牲的状况出现。但如果警察真的来了，他们一般会对她施加压力，从而让她提供一些相关的信息。

对于警察与州地方检察官而言，将游侠转变为告密者，这是一个技术性的问题。这是在围剿与处理足够多的年轻人以满足非正式逮捕指标以及在取悦他们上级的工作中所涌现出来的一个问题。警方要求女性在识别、逮捕和定罪的过程中发挥作用，但这同时给女性带来了一个深层次的问题，即自我感受的问题。

的确，我所认识的一些居住在第六街区的女性，她们并不关心她们的家庭成员或邻居是否被监禁的问题。甚至有些人认为，将这些问题青年监禁起来，而不是任其留在外面，是对待他们的最佳方式。但是，持有这种观点的这些人倾向于与这些年轻人保持距离，因此她们并不了解对于警方十分有用的这些年轻人的行踪。恰恰是积极主动地参与到在法律上有嫌疑的男子的日常事务中去的那些女性，被认为是在抓捕他们中最有帮助的人，因此，这些女性把她们的儿子或男朋友可能被监禁看作一件很沉重的事情，看作与自己日常生活的痛苦的分离，同样，她们也是警察在抓捕和监禁那些年轻人时可以去求助的群体。

当警察开始对她们施加压力——突然搜捕一名女性的家，并强迫她回答问题的时候，这名女性的人际关系以及她对自己的想象就面临着这样一种危机：警察要求她帮忙送去监狱的正是她有一种神圣的责任感要去保护的男人。警察不仅会询问她，而且会逼着她在自己的人身安全和这个男人的人身自由之间做出选择。据我所知，对于大多数我所熟知的住在第六街区的女性来说，她们被迫做了一次又一次这样的选择。这样的策略是警方和监狱采取的持久战术的一部分。

从外面去看这场危机中的亲戚和邻居们，我们可以看到，一名女性面临的是多么残酷的选择：她可以使她自己足够勇敢去面对来自警察的威胁和暴力来保护那个男人，也可以屈服于警察的权威，背叛她的男人而向警察提供线索。如果她对抗警察的权威，她会得到游侠的美誉。如果她屈服于警察的权威，则会被视为背叛者或告密者，而受到羞辱。

但是，当一名女性在警察日益施压的情形之下时，她的是非观念会发生一种改变。当警察对这些女性施展盘问和劝说的技巧后，她们自己会越来越希望和她所爱的那个男人断绝关系，并且越来越信任权威当局。警察用来获得女性合作的谈话技巧，会打乱这些女性对她们自身的基本理解以及对另一半的感知。她知道她的孩子以

第三章　警察敲门进入之时

及她的家庭都会不安全,甚至她所亲近的那些人都会有危险。她开始看到她的日常生活将会处在一种近乎无穷无尽的系列犯罪之中,而她自己也可能会被警察在某个适当时机逮捕。她知道了这个她所爱的男人并不关心她,反而会让她随着他一起陷入肮脏的、羞耻的以及绝望的生活中。

当警察向这名女性展示,她的男友已经欺骗了她,或者她的孩子会因为父亲的罪行而责怪她的时候,她就会意识到帮助她爱人逃避法律的惩罚根本就不是明智之举。受到驱逐、失去她的孩子、失去车子或者失去将来住房收益的威胁,使她想要包庇他的心思减弱了。等到警察向她保证这次谈话的保密性之后,她就会开始看到和权威当局合作的好处了。

* * *

被通缉的男人周围总会有些刺激的事情发生。从某种程度上来说,他们在哪里,哪里就会不安分[①]。但是,受到通缉的男人也会停止频繁的或依照惯例的来访。他们对一个家庭的贡献,虽然一开始有一些,但可能因此而终止。他们在流浪逃跑中的生活可能是令人兴奋不已的,但这也形成了一个固定的模式,即在某种程度上,他们只在某个时刻需要女人,而不会有更进一步的发展,而这个时刻,往往也只是表面绚烂,实际却是非常不可靠的。

由于这样的困境,警察给女性提供了一条不确定的道路:她可以背叛她的男人,可以站在警方这一边。当她开始用警察的思维方

[①] 一项有关触犯法律所引发的兴奋和愉悦感的细致解说可参阅:Jack Katz,*Seductions of Crime:Moral and Sensual Attractions in Doing Evil* (New York:Basic Books,1990).

式来指引自己的时候,她就找到了一条摆脱这种由这个男人的逃避以及警察的施压所制造出来的使人混乱不堪的固化模式的出路。她开始能够给自己铺设一条光明的道路,并且摆脱由于突然搜查和审讯所造成的混乱状态。也许男人会恨她,并且她也会内疚,但起码她的生活是一直向前的。

当警察使女性坚定地站在那个男人一边的立场很难维持的时候,他们会给这名女性构建出关于如果没有那个男人的话,她的生活会是怎样的一幅图景——她不再会被卷入并远离他所可能的犯罪以及随之而来的警察。他们为这名女性创造出了一条独特的道路,包括她在如何判断自己以及他人上的转变。

当一名女性经过深思熟虑改变了自己的立场之后,她就会发现,有许多条路可以选择。她可以敦促这个男人回来自首,或者,如果压力再持续下去,她可以给这个男人下一个最后通牒:或者我放弃你,或者你放弃我。她还有可能公开地请警察把男人捉拿归案,并且告知他们彼此的亲朋好友。或许,她可以偷偷地把她的男人叫回来,然后再尝试对警察隐瞒此事。反过来,她也可以和她的男人从此断绝关系,拒绝再和他交谈,或者把他赶出家门。

在此过程之中,警察所施加的压力使得这名女性认同这一行为,而警察的说服术,正好成为她选择行为最为方便的理由。但是当这个男人被拘押,来自警察的压力消散之后,这名女性以及此社区里的其他人变得日益难以接受这种所作所为。她现在必须直面来自社区的羞辱以及私下里自己的羞耻之心,因为她放弃并且告发了那个她曾经公开承认要去照顾的男人。

第三章　警察敲门进入之时

这恰是警察制度的本质,即警察更倾向于跟那些他们发现其有过失行为的人往来互动,就像那名女性刚开始的时候是拒绝顺从警方的,到后来却站到了警方那一边。也就是说,她与权威当局之间的富有激情且亲密的联系,仅仅持续到他们诋毁以及她抵抗的这段时间。而一旦下定决心合作,并交出了这个男人,警察对她也就不再有兴趣了。而恰在此时,她转变了立场,发现自己为她的邻居以及家人的嘲弄和鄙视所包围,他们认为她的行为是不道德的,且是一种背叛。

在这个过程中,女性经历了一个情感矛盾不断变化的历程。她生活中的男人成为通缉犯的消息,增进了她的依恋之心的复苏,乃至由此而强化了她对他的一种承诺,这恰恰发生在当他在她的日常生活中不再扮演一种积极的角色,不再为她勾画任何具体的未来,或者在经济上对她有所帮助之时。当一个男人被逮捕入狱,而女性承受的告发自家男人的压力渐渐消失后,她可以再次向她的男人许下充满爱意的誓言,并且对其做出补偿。与在逃的生活不同,他受到的判决和审讯,都会有明确的终结时间。她会把探监安排进她的生活,会在早上或晚上和她的男人通电话。她可以为这个男人的归来制订计划[①]。但由于是她导致了他的被捕,所以当她尝试修复他们之间关系的时候,也是她要去面对男人的愤怒、怨恨情绪的时候。即使他尚未原谅她,她也会重新对他许下诺言,并会重新认为,他是不错的并且是值得骄傲的,这种情况也仅仅

---

① 对女性看待一个心爱之人入狱的复杂心态,包括一些令人惊讶的与狱中男子的浪漫之爱的解说,可参阅: Megan Comfort, *Doing Time Together:Love and Family irt the Shadow of the Prison* (Chicago:University of Chicago Press,2007),chap.5,especially 126-127,174.

发生在男人蹲监狱的时候,即在完完全全离开了女性的日常生活之后。

一旦一名女性的儿子,或者儿子的同伙被追捕,她又要周而复始地去面对这种情况了。像过去一样,当她最初知道权威当局可能要来她家搜查的消息时,她会反过来思考警察、法院和监狱的种种不公,并且,她会去做任何可以保护和支持她所爱的这个男人的事情。

少数有经验的游侠,不会按照警察所铺设的道路往前走,这是由于她们能够在最初的地方去对这种压力加以抵制。她们学会了预估可能会有的一次抓捕行动,并且会努力减轻此次抓捕所可能带来的危害。她们通过言语上要求她们的权利,通过吸引到大量的观众,或者通过威胁去起诉或者登报,而学会了去制造一种场景,并使这种场景成为警察的一个问题。她们保持着一种事先商议过的缄默,学着尽可能少地透露信息和线索。她们或把警察引到与这个男人的逃跑方向不同的方向上去,或阻挠警察进入可能留有犯罪证据的房间。她们甚至跟警察讨价还价,比如提议提供性服务,或提供别的警方感兴趣的人的信息。她们拒绝向警察所施加的压力屈服,这也意味着她们的行动不需要什么解释,并且,即使经历了这样的变故,她们与自己男人的关系也不需要什么修补。

尽管有些女性在和警察合作后尝试去挽回她们与那个男人的关系、她们的声誉以及她们的自我感受,并且极少有人能够承受住警方施加的压力而获得一种荣耀和赞许,但必须说明的

第三章 警察敲门进入之时

则是,警察通过转变大量年轻人的母亲以及女友的看法来告发并逮捕他们的策略,走到极端就是创造出了一种恐惧和怀疑的文化,由此而推翻了女性对她们自己作为良民以及她们安定有序的生活的基本理解,还摧毁了一开始就很脆弱的家庭关系以及浪漫关系。

第四章

将法律的困境转化为个人资源

第四章　将法律的困境转化为个人资源

警察和法院给住在第六街区的居民们的生活增加了不少麻烦：使恋人分离、播下怀疑和不信任的种子。但居民们并不都是听任当局摆布的棋子。无论是男人们还是女人们，都会在非常时刻充分利用警察和法院的这种干预方式，恰当地利用他们在法律上的纠纷来达到自己的目的。在年轻的男性和女性协商如何从家里以及工作场所逃脱抓捕的过程中，他们把自己塑造成值得尊敬的人，而把警方、法院以及监狱塑造成手握重权、谋取私利的一方。这不是当局打算做的，也不是当局所期望的[①]。

监狱乃安全的天堂

监狱被设计得让人如此不愉快，以至于那些在监狱高墙外居住

[①] 维克多·里奥斯（Victor Rios）正在书写有关加利福尼亚州奥克兰市的内容，记录了年轻人努力去推动与一个范围广泛的以及公认的刑事司法系统相抗衡的努力，并介绍了年轻男子对他们的犯罪控诉的抗拒。参阅维克多·里奥斯的《受到惩罚：对黑人和拉美裔男孩生活的警察治理》一书。在奥克兰，年轻人不那么抵抗，因为他们可以利用警察、法庭和监狱来达到自己的目的——他们为着自己的目的而挪用和操纵刑事司法的人事和过程。这也许更类似于从从事种植的农奴而来的有着长期记录的在压制性政体下的微型犯罪与隐秘的抵制，可参阅约翰·卜拉辛贾姆（John Blassingame）的《奴隶社区：南北战争前的种植园生活》。对于威权国家下的农民的研究可参阅詹姆斯·斯科特（James C. Scott）的《弱者的武器：农民抵抗的日常形式》。

在逃：一个美国城市中的逃亡生活

条件非常不好的人都不敢去犯罪了①。诚然，第六街区的年轻人通常都是煞费苦心地想要逃脱警察的追捕而避免进入监狱的。但是，监禁在持久的暴力冲突中变得越来越有吸引力了。当第六街区的年轻男人们发现自己会受到来自临近街区的其他年轻男人群体的暴力威胁时，他们又会巧妙地操纵自己的犯罪牵连，使得他们可以自动地被请入监狱里去，而监狱也成了相对于有着不可控的暴力威胁的街道来说的一处安全的天堂。

在一个晚上的掷骰子游戏中，提诺用枪指着杰伊的脑袋，并且威胁他交出所有的钱。提诺刚刚搬来第六街区几个月，所以卓克和麦克也仅仅把他当作他们这个小团体的成员的候选人——处在一种刚迁移到这个街区，还有待观察的状态之中。而杰伊是在第四街区土生土长的本地人，而且是第六街区的常客，他根本不相信提诺会真的想要抢劫他，他告诉提诺停下来，别再逗他了。提诺整个周末一直都"运气不好"[即遇到了警察]，这会又见杰伊把他的抢劫当作玩笑，便恼羞成怒。他再次叫杰伊把身上的钱放进他的口袋里，杰伊当然拒绝了。②在这个时候，卓克和雷吉都向提诺大喊，让他把枪放下。斯蒂夫这天晚上也去了，他当时哈哈大笑——因为他根

---

① 乔治·鲁舍（Georg Rusche）和奥托·基希海默（Otto Kirchheimer）讨论了早期政治家和监狱设计师所面临的一个带有紧迫性的问题，那就是如何使监狱成为一个阻止社会最低阶层犯罪的足够不愉快的地方。参阅《惩罚与社会结构》一书的第105~106页。对于他们工作的一个彻底研究，参阅：David Garland, *Punishment and Modern Society: A Study in Social Theory* (University of Chicago Press, 1990), 94.

② 杰克·卡茨（Jack Katz）讨论到成为一名劫匪的风险就是受害者可能会还击。兰德尔·柯林斯（Randall Collins）将此称为劫匪在建立一种情景性支配上的失败。参阅：Jack Katz, *Seductions of Crime: Moral and Sensual Attractions in Doing Evil* (New York: Basic Books, 1990); Randall Collins, *Violence: A Micro-Sociological Theory* (Princeton, NJ: Princeton University Press, 2008), 185.

第四章　将法律的困境转化为个人资源

本不相信提诺会真的想要抢劫杰伊，或者射死杰伊，他也说过这样的话。可是结果就是，提诺扣动了扳机，然后，杰伊倒地身亡。

之后，提诺颤抖着抱着膝盖，与卓克、雷吉、斯蒂夫还有我失落地坐在台阶上。他不断地摇头，嘴里不住地说着："我真的不是想开枪打死他，我真的不是想开枪打死他。"

斯蒂夫回击他说："你错了，毫无疑问，你错了。"

那天晚上，雷吉的手机响了三次，并且收到了来自第四街区的短信："对抗开始了。"

杰伊的死触发了一场战争，那是两个街区成员之间的一系列的枪战。在此种情况下，和杰伊一样来自第四街区的男孩们在与第五街区的男孩们会师后，开车直达第六街区，并向第六街区的年轻男孩们开枪射击。

一开始，第六街区的男孩们还在犹豫，要不要去第四街区向那些曾经枪击自己的男孩们复仇。尽管斯蒂夫强调过很多次，自从杰伊被打死后，第四街区的男孩们有十万个理由枪击第六街区的年轻男孩，但是，斯蒂夫和卓克的家庭也陷入了危机：斯蒂夫的弟弟不能再去参加棒球训练，他的在靠窗户的长沙发上睡觉的妹妹也不得不搬去地下室。当提姆在看电视的时候，一颗子弹从他的右膝边飞过。这些受害的第六街区的男孩们认为，除非他们反击，不然第四街区的男孩们是不会停止的。

大部分第六街区的男孩还没有做好准备去应对这场战争。麦克、罗尼和安东尼还在监狱里，阿里克斯搬出了街区，在他父亲的空调维修铺工作。在骰子游戏中杀死杰伊之后，提诺搬去了费城北边,并躲了3个月。也就是说,只剩下卓克、雷吉、斯蒂夫和斯蒂夫的一个堂弟面对着来自第四、第五街区的男孩们的枪击复仇战。几个星期过去后,卓克和斯蒂夫都被射中了,卓克被子弹擦到了脖子,斯蒂夫被射中了大腿。在卓克住的那条街上,有五栋房子留下了很多枪战后的小圆孔。

又过了几星期之后,我观察到,剩下的第六街区年轻男孩群体的成员们都进了监狱,却并不是因为这次枪战案,而是因为一些微不足道的罪行或者违反假释条例,又或者是因为违反法官的通知,没有按时出现在法院,甚至是因为没有按时缴纳保释金和罚款。

在杰伊被杀的几天后,斯蒂夫去拜访了他的假释官请求做吸毒测试。他的尿检显示阳性,这表明他吸食了大麻。这种结果曾是他在之前的药物测试里能很轻易地做手脚而避免的。这位警官警告他,如果他下次再被检查出阳性,就要重新回到监狱里去。两个星期后,斯蒂夫回来再做检查时,他的尿检又呈阳性,法官就把他重新投入狱中6个月。

斯蒂夫年轻的表弟也因为10个月之前没有交保释金而又被法官重新签署逮捕令,抓进监狱里去了。相关的警官后来告诉我,法官曾经提出,只要他按约定补缴保释金就释放他,但是他表示他永远也不会交。警官们只好把他关在监狱里,直到他缴纳出庭费和在监狱里的花费。(法官表示,他的保释金将会随着他在监狱里待的天数而每天减少10美元。)卓克没有需要支付的保释金,那时他也并不在缓刑期,所以他只好在斯蒂夫和斯蒂夫的表弟进监狱后还在街区待了几个星期。后来,他驾驶着他朋友的越野摩托车经过警

第四章 将法律的困境转化为个人资源

察局,在他最后停下摩托车束手就擒之前,他还开了有两个街区之远。最后,警察把他抓了起来,因为他违反交通法规,在城市里飙越野摩托车,而且无视警察的警告和追捕。剩下的雷吉之前曾经因为抢劫而在警察的逮捕之列,他在独立对抗两个街区的男孩一个星期后,向当地警方自首了他曾经抢劫的罪行,并且主动入狱。

第六街区男孩团体中的这四个成员,都在这场枪战中使自己因为某些原因而被关进了监狱,从而不再牵涉因杰伊的死而引发的街区冲突。当然,他们不是主动选择进监狱,而是被逮捕,这种情况也是有可能的,但是从他们有着自主性的解释来说,事情并不是这样的。斯蒂夫的表弟主动使他自己被判处一个低额度的保释金,并且拒绝接受法官的可以使他不用蹲监狱的提议。这是我所知道的斯蒂夫的表弟第一次主动让自己蹲监狱的情况。斯蒂夫自己在没有被他的假释官通知的情况下主动出现在假释官面前,还主动要求做吸毒测试,这也是自我认识他3年以来的头一遭。在8个月前,他曾经设法通过所有吸毒测试,而且坚持缓刑保释。卓克在城市里驾驶越野摩托车,还故意经过了警察局,这确实可能是因一时兴奋而违反了交通规则。麦克是一个只要在邻里、家人或者女人面前成功逃避开警察就很快乐的人。卓克却从来没有在警察面前飙越野摩托车的历史,更不用说经过警察局了。

我相信,雷吉是一个最不愿意使自己暴露在警察面前的人了,因为他之前因为抢劫罪已经在警察的逮捕之列;他担心如果他去自首,就可能要在监狱里服刑多年。卓克、斯蒂夫,还有斯蒂夫的表弟在发生枪战后,很快地让自己进了监狱,几个月的牢狱生活,对他们来说是最轻微的伤害了，因为街区中发生的事情需要有足够的时间来平息。雷吉试着在监狱之外待尽可能长的时间。但是，随着留在第六街区的男孩数量的减少，独自面对另外两个街区的男孩们的挑战变得越来越危险。这样看来，在监狱待几年可能是一个更不错的选择。

已经在监狱中的三个团体成员对我承认，他们对于被关在监狱里是很开心的，这样就不必参与这场争斗了。这也让我去思考卓克、雷吉、斯蒂夫以及斯蒂夫的表弟的有意被逮捕——用他们想要的方式去躲避可能受到的伤害。

* * *

有些时候，女性也会把监狱当作一处安全的天堂。当她们认为街区现在的形势过于危险时，她们也会叫来警察，让警察把她们的儿子或伴侣抓走。

当斯蒂夫跟第四街区的某个家伙发生过节时，她的女朋友塔雅就把警察找来，并且告诉了警察在哪里可以找到斯蒂夫。斯蒂夫因为违背了他的假释条例而被逮捕。塔雅告诉我，她曾经想找警察逮捕那个试着枪袭斯蒂夫的男人，但是又怕被报复。所以塔雅换了种办法，她让警察去逮捕斯蒂夫。在塔雅妈妈的厨房里，塔雅和她的妹妹及我谈论了她关于斯蒂夫的决定：

> 塔雅：尽管他被关进监狱，我会非常思念他，但这总比我接到"是斯蒂夫的亲属吗？请你来医院一趟"这种电话好得多，是不是？

第四章　将法律的困境转化为个人资源

> 塔雅的妹妹：黑鬼想要弄掉[杀掉]斯蒂夫。塔雅，你做得对。你做了你应该做的一切。

尽管斯蒂夫的女朋友拯救了斯蒂夫的生命，但他曾在刚进监狱的第一个月拒绝与她通电话，也不让她来探监，甚至退回她的信件。塔雅说，斯蒂夫的这些行为曾经深深地伤害了她。而她始终坚持认为，她做的是对的。斯蒂夫在监狱里待了几个月之后，就慢慢原谅了塔雅。

当男人开始慢慢地转变自己的观念，从致命的危险中拯救自己时，女人们会发现，在保住她们生命中的男人免遭杀害上，监狱也并不是一个轻而易举的选择。即使一个男人也许在内心里比起面对一场街头的枪战更愿意被监禁，他也不愿意公开承认这一点，所以他们会悄悄地进行一场公开的作秀，来表现他对使他入狱的那个女人的埋怨。对于女人来说，把监狱作为一个用来保护她们的伴侣或者亲人的安全的天堂，也是要付出沉重代价的。

把保释办公室当作银行

在一个男人的审判结束时，他或者他的家庭就要支付80%左右的保释金。在案子结束的6个月后，保释金可以取回，但必须在一年内认领，否则的话，这笔钱就会进入城市政府的财政系统。

比起立马领取保释金，人们有时会把这笔钱留在保释办公室，当他们有特殊需要时，才去领取。他们把保释办公室有效地利用起来,当作了一个短期银行。

像大多数在第六街区的年轻男人一样,卓克并没有银行账户。他试图把钱存在他妈妈的账户里,但就像每堵墙都有不同的漏洞一样,在他身上,他妈妈经常能发现一些现金,并且卓克会用这些现金来买毒品。在他的女朋友布莲娜怀他们的第一个孩子的时候,卓克有三件重要的事要在几个月内完成。他没有选择把保释金立刻取出来,相反,他将这些保释金存在了保释金办公室并定期去检查一下。当布莲娜产下他们的宝贝女儿的时候,卓克把这些钱取出来,并将这1 200美元中的大部分用来购买折叠式婴儿车、吸乳器、婴儿服以及一些生活用品。

住在第六街区的年轻人们也用他们的保释金去进行非正式的资金借贷。麦克曾经从当地一个大麻经销商那里获得了一笔1 000美元的贷款,前提是当麦克在几个月后成功拿出他的保释金时,他要连本带息地偿还这笔贷款。麦克把他的保释金凭据当作一个可以表明这笔钱确实可以到他手中的证据,在这笔钱可以被取出的时候,他和借给他钱的人一起去保释金办公室取出了这笔钱。

被放在保释办公室的时候,保释金不会产生任何利息,甚至,原始金额的20%也不可再取回了。虽然如此,但考虑到将保释金安全保存以及控制个人消费的难度,与取出保释金相比,将保释金留在保释办公室通常来说是一种更好的选择。通过这种方式,保释金为那些没有传统银行账户的人提供了一些银行服务的特权,甚至是一些非正式信用。

第四章　将法律的困境转化为个人资源

被通缉是一种说明失败处境的手段

当一个人发现他正处于法律上的危险地位时，做一个可信赖的朋友，一个定期要与伴侣以及家人一起生活的人，一个要去工作的人，或者在处于受到威胁或伤害之时叫警察，就不再是一种安全的选择了。这些行为都可能使他暴露在掌权者的目光之下，并使他受到监禁。然而，那些被通缉的人（或者就此而言的社会分析者）暗示被警局通缉正是他们不能找到稳定工作、不能定期去看孩子、不信任警察或者不能住属于自己的公寓的根源，我认为这可能没有抓住事情的真相。在监禁率上升的很久以前，黑人就不信任警察，而且在找工作和参与家庭生活中面临大量的实质性问题[1]。然而，一个无抵抗力的法律地位可能会使他们的困难恶化，被通缉反而成为一种保全面子和解释个人不足的方式。

城市人类学家埃利奥特·列伯（Elliot Liebow）写道，在19世纪60年代后期与他一起生活的那些失业的人，用男子汉的缺点来解释他们的失败[2]。他们并不承认他们婚姻失败是因为他们无力供养他们的配偶，而把失败归结于他们太具有男子汉气概了，因

---

[1] W. E. B. DuBois, The Philadelphia Negro (Philadelphia: University of Pennsylvania Press [1899] 1996); St. Clair Drake and Horace R. Cayton, *Black Metropolis: A Study of Negro Life in a Northern City* (Chicago: University of Chicago Press, [1945] 1993); Elliot Liebow, *Tally's Corner* (Boston, MA: Little, Brown, 1967); Carol Stack, *All Our Kin: Strategies for Survival in a Black Community* (New York: Harper & Row, 1974); Kathryn Edin and Laura Lein, *Making Ends Meet* (New York: Russell Sage Foundation, 1997); Katherine Newman, *No Shame in My Game* (New York: Vintage and Russell Sage Foundation, 1999); Mitchell Duneier, *Sidewalk* (New York: Farrar, Straus and Giroux, 1999); and Elijah Anderson, *Code of the Street* (New York: W. W. Norton, 1999).

[2] 参见埃利奥特·列伯的《泰利的街角》一书第116~119页。

此无法成为一个好丈夫：他们天天偷窃、酗酒或者夜不归宿。根据这些事实，他们能够在无法找到一份工作以及无法供养妻子和孩子这些事情上保全自己的面子。对于这些住在第六街区的年轻人来说，他们也发现自己无法找到一份体面的工作，而在逃就替代了列伯所描述的那些面对失败时保有自尊的一种手段或者至少与之相呼应。基于这样的方式，一份通缉令便成了约束之外的一种资源。

* * *

在我和斯蒂夫相识期间，斯蒂夫有 7 份通缉令，大多数是因为在缓刑期犯罪、没有支付诉讼费以及缺席开庭之类。当他因为没有支付 141 美元的诉讼费和罚款而得到一张通缉令时，他一再提及他是因为这个而找不到工作的：

> 如果我有条鞭 [一辆车]，我就会在普鲁士王 [邻县的一个购物中心] 有个工作。但是我在费城找不到工作。那里他妈的到处是黑鬼。你还记得卓克在麦当劳的时候吧？他整天生活在那样的情境中："不，他们 [警察] 看不到我，我一直在背地里工作。"但是你不可能总是在背地里工作，就像有时候他们会将你送上法庭，就像其他人突然不出现了一样，你明白我的意思吗？在他们 [警察] 到来并带走他之前，他工作了多长时间？大概，一周。他们就像在说："嗯，我买一大包炸薯条，但你的双手要背过去，因为你的黑屁股被预定了！"他也想该死地逃走，但饭店外面有四个钉子 [外面的四个警察] 等着他这该死的呢。

第四章　将法律的困境转化为个人资源

尽管斯蒂夫经常把他被通缉的证明当作失业的借口，但我所知道的事实是，在过去的六年里，他并没有去寻求获得一份稳定的工作，包括在他没有被通缉的那段时间里。

18岁的扎马尔和他的舅妈一起搬来了第六街区，不久后他就成了雷吉的朋友。就像其他的小伙子一样，扎马尔也经常说起他在法庭的经历，或者提起他不得不去见他的缓刑官。一天中午，斯蒂夫、麦克、卓克和我一起坐在卓克家的后门廊台阶上，雷吉开车赶到小巷，并且大声说："哟！扎马尔这伙计！他干净啊！他没有通缉令，没有拘留！他甚至都没有一张在他名下的违规停车罚单。"雷吉告诉我们，他刚穿过整个镇子去看望了扎马尔的母亲，她向雷吉抱怨说她的儿子还没找到工作。她对雷吉说，扎马尔没有未决的案件在身，或别的"在这个社会中可能会拘留他"的东西，所以他要找到工作应该是没有什么问题的。

随之，雷吉谈起了如果他的通缉令被解除了他会做什么，就像这些小伙子怀疑扎马尔拥有的一样：

> 我希望我的臭狗屎[通缉令]可以除掉。我会有J-O（工作），会有A-P（住所），我会径直走进银行，会这样说："喂，混账东西，查一下我的存款，看有几个钱。我的账户干净。让我取些钱。"我会有胳膊肘[拿到驾照]以及其他每一样东西。

在这里雷吉解释了，他被通缉的状况是如何阻碍他获得工作、

在逃：一个美国城市中的逃亡生活

取得银行贷款、获得驾驶证以及租公寓的。然而，在我认识他的这些年里，他即使在处于一个好的状况时，也没有做这些他认为一个"干净"的人会做的事情，更别说其他那些住在这个街区中的大部分人会做这些事情了。阿里克斯、麦克和卓克有时候会在他们没有被通缉的时候找到工作，而卓克甚至在被通缉的时候也能找到一份工作。但是其他人，比如雷吉和斯蒂夫，不管有没有被通缉都找不到工作。在我从事这项研究的六年之中，他们当中没有任何一个人拿到过有效的驾照①。只有麦克和阿里克斯拥有过自己的公寓，但是也只有短短三个月的时间。就我所知，他们之中没有一个人在银行开过户。

※　※　※

被通缉可以成为很多义务没有履行和很多期望没有得到实现的借口。被通缉可能不是像斯蒂夫这样的人找不到工作的原因，但警察确实会去逮捕他们，而且他们中的有些人，比如卓克首当其冲。在这些年轻人的奋斗环境中，他们为无法找到工作、不能看望家人、找不到一间公寓、不能申请驾照，或者不能在银行开户等失败找的解释，不管在他们自己看来，还是在其他任何可以看到他们生活环境的人看来，都构成了可以令人信服地解释他们的失败的原因之一②。

---

① 在宾夕法尼亚，取得驾驶执照需要出生证明或护照、社会保障卡以及居住的两个证明（如租约或含有该人姓名和地址的账单）。要获得这些项目，需要识别和处理费。申请人必须通过医生的体检，支付并通过书面许可测试，并找到或在测试场地租任何一辆有保险及注册过的能参加驾驶考试的车。当人们在缺少恰当的证件的情况下开车并得到了罚单时，他们必须在申请执照之前先支付罚款。

② 关于这一点，请参阅埃利奥特·列伯的《泰利的街角》一书第113页。

第四章 将法律的困境转化为个人资源

作为社会控制的一种工具的入狱威胁

很多第六街区的女人把自己的一生奉献给了在情感以及物质上支持她们的在法律上进行了妥协的伴侣和亲属。她们把从警察手里保护她们的伴侣和男性亲属当作自己作为母亲、姐妹、伴侣以及朋友等的神圣职责的一部分。但是这些关系并不总能进展顺利。男人有时候会打破他们的承诺；有时候会不顾邻居们的闲言碎语而进行偷窃，给他们的伴侣带来耻辱；有时候会变得很暴力。在这种时刻，女人们可能会发现，男人在法律上面临的危险就是一件放在她们手边的对抗他们的武器。在由于男人们的不良行为而感到愤怒和挫折时，女人有时会把男人的通缉令以及缓刑判决作为社会控制的一种工具，她们用这种工具去使男人听话或惩罚男人的诸多错误。

当我遇到阿里克斯的时候，他22岁，和他的女友多娜住在一起，多娜在后来孕育了阿里克斯的第二个孩子。阿里克斯那时正在他的两年假释期内，并在他父亲的热冷空调维修店内找到了一份工作。和以前他失业并兜售大麻时相比，他在街区内混的时间少了许多。

这个维修店下午五点关门，多娜在一家关门时间稍晚的酒铺工作。在周四和周六的晚上，她也会去尼普茶吧。这意味着在多娜有机会把他拉回家之前，阿里克斯可以工作一结束就去第六街区看望他的老朋友。他有时候会在第六街区喝酒、聊天到深夜。

多娜经常因为阿里克斯的晚归和醉酒与他吵架。在这些争吵中，多娜偶尔会威胁着要去叫阿里克斯的假释官，并声称阿里克斯

在逃：一个美国城市中的逃亡生活

违反了他的假释规定。她也威胁说，如果他结束和她的关系或者欺骗她，或者他没有拿出足够的钱给这个家，她就去告发他。第六街区的男孩们总是嘲笑阿里克斯不能待在外面超过八点钟，否则多娜就会打电话给警察并告发他打破宵禁令①。夜里，麦克会说："阿里克斯，在你老婆拿起电话之前赶紧回家吧！"

除了给假释办公室打电话说阿里克斯违反规定这种可以轻易把阿里克斯送进监狱的能力外，多娜还有一个优势，就是阿里克斯是被假释到她的公寓的。这意味着她可以打电话给假释办公室说，她不想再让阿里克斯住下去了。如果这样的话，阿里克斯就会被安置在一个中转拘留所里②。

在一个派对结束后的清晨，麦克和我一起开车把阿里克斯送回了多娜的公寓。此时多娜正在台阶上等着他。

  多娜：你在哪儿鬼混？

  阿里克斯：别担心啦。

  多娜：你一定是不想在这儿待下去了！

  阿里克斯：不，多娜，别这样！

  多娜：哼，我给你一个选择。要么睡在监狱里，要么住在中转拘留所里。

---

① 那些从县监狱缓刑或假释的人一般是没有所谓宵禁的。从国家的强制监禁下获得假释（最少一年）的人则往往面临更为严格的要求，其中可能包括遵守宵禁、找工作、完成高中学业、夜间从指定的房子打电话给假释官、远离那些犯有罪行的其他人等等。

② 在宾夕法尼亚，假释的人必须到一个特定的房子里去，房子必须被提前检查过，并满足一系列要求。在大多数情况下，一个人不能被假释到自己独立的住处。那些获得假释的人倘若确实没有在假释期间可住的房子，就可能会被假释到中转拘留所中去。

第四章　将法律的困境转化为个人资源

　　麦克：你疯了吧[发疯一般的行为]，多娜，真可恶！

　　多娜[对麦克说]：没人愿同你说话，黑鬼！

　　阿里克斯：好了，多娜。

　　多娜[对阿里克斯说]：哼，你不能再待在这里了。我要给你的假释官打电话，你现在还是好好想想你要去哪儿吧[监狱或中转拘留所]。

　　阿里克斯：我累了，来，开个门吧。

　　多娜：黑鬼，下次再让我独自一人躺在床上的话，那就打包走人吧[结束]。

　　阿里克斯：好，明白了。

那天之后，多娜打电话给我发泄了一通。她列出了很多这样威胁阿里克斯的理由。如果她不把阿里克斯紧紧束缚住，他就会把所有的钱花在跳大腿舞、吸毒以及酗酒上。她还解释说，他可能会违反他的假释条例并在监狱里度过下一年：

　　我不能让这个黑鬼因为一些说不出的原因被逮捕，就像他会因为酒醉驾车而被逮捕，或者因为偷车而被逮捕或者其他什么鬼事情一样。我他妈的想要做什么呢？让那个黑鬼四处闲逛？那么你知道，接下来的事情就是他被逮捕，而我在这儿为奥马尔[他们的儿子]问"爸爸在哪儿"的事而烦恼。

在逃：一个美国城市中的逃亡生活

多娜似乎把她的威胁看作控制阿里克斯的必要手段。威胁要打电话给警局给了她把阿里克斯控制在家而非容忍他到街上闲逛的可能，在街上阿里克斯就可能会陷入麻烦。阿里克斯在家也意味着他可以帮忙照顾两岁的儿子。而且，阿里克斯待在家陪她的时间越多，他花在啤酒、大麻以及其他女人上的钱就会越少。如果阿里克斯把钱花在别的事情上，多娜支付账单可能就会有困难。多娜也暗示她思念阿里克斯，希望可以多和阿里克斯待在一起。

对于阿里克斯来说，她的威胁似乎带有一种操纵性，并且强化了不公平：

> 我他妈的恨死这个骚娘们了[他孩子的母亲]。就因为她可以打电话到局子里去，她就认为可以把我玩弄于股掌之间，就像她只能围着我转一样。总有一天她会失去我。不久她就会看到[她会为这样糟糕地对待我而失去我的，并为此而后悔]。

阿里克斯最终还是决定完成他的缓刑期，并且认为为了实现这个目标，他必须遵从多娜的命令。他谈道："对于我来说，被关在多娜的屋子里比被关在那间屋子[监狱]里要好。"由于多娜有给警局打电话和把他送进监狱的权力，阿里克斯认为当多娜收走他的钥匙，把他的轮胎扎破，或把他的衣服从二楼窗户扔出去时，他无法做出任何反抗："我什么事也做不了，你懂吗？我只能等待。"

第四章　将法律的困境转化为个人资源

麦克和卓克很确信，阿里克斯即使在假释期结束后也仍会和多娜住在一起，但是阿里克斯证明了他们是错的。在他的两年假释期结束后的一周，阿里克斯离开了多娜的房子，并且租了他自己的公寓。

玛丽和她的母亲、祖母以及另外五个亲属一起住在卓克的街区，是麦克的两个孩子的母亲。她和多娜一样，也曾经通过威胁打电话给警局的方式来控制她的伴侣。玛丽与麦克在高中时就开始约会了，他们的儿子在她高三那年出生，两年后，女儿也出生了。

在他们的第二个孩子出生数年后，麦克开始公然地去见一个叫恰特丽的女人。他声称他和玛丽完了，而且他已经照玛丽想的去做了。然而玛丽却不同意这种分离，并且坚称他们仍在一起，声称麦克是在欺骗大家。"他和我一起躺在床上的时候，并没有跟我说我们不在一起了！"她愤恨地说道。

麦克用他的沙滩摩托车载着恰特丽经过玛丽所居住的街区。玛丽被她孩子的父亲在所有家人和邻里面前载着另一个女人经过她的街区的这种侮辱激怒了。玛丽对麦克说，他再也不能来看望两个孩子了。他们俩在电话里花了很多时间争论这件事。麦克恳求见那两个孩子，而玛丽说，他必须跟恰特丽说清楚，并跟她结束。

恰特丽想和玛丽打一架，而且她确实也在某个下午这样做了。玛丽和她的七位亲戚一起站在房屋前，挥动着棒球棒并叫喊着："拿出你的孩子来呀，婊子！我已经有两个孩子了。"（这意味着玛丽比恰特丽更能要挟到麦克，因为他们共同拥有两个孩子。）我和恰特丽的一个女性朋友在恰特丽要扯下耳环的时候阻止了她，恰特丽大叫

在逃：一个美国城市中的逃亡生活

道："你就是个婊子，婊子！"①"我非揍你这个混账婊子不可！"

玛丽威胁麦克说，如果他再继续见恰特丽，她就会给警察打电话（因为他有一张法院传票）。在一段时间里，玛丽和麦克在电话里的对话都是下面这样的：

> 玛丽：好了，黑鬼！警察还有5分钟就来了。
>
> 麦克：你没有叫警察。
>
> 玛丽：你还在和她鬼混吗？
>
> 麦克：我正在做事。
>
> 玛丽：你看见窗外的 [警] 车了吗？现在应该到了吧。

除了威胁之外，在真正给警察打电话之前，玛丽还用了很多策略去阻止麦克和恰特丽睡在一起。她在家的时候把漂白剂倒在麦克的衣服上，这样的话当麦克出门见别的女人的时候就不能穿好的衣服了。她用她的房屋的钥匙在麦克的车上划出一道白色的线，并且往车窗里扔砖头。她企图在麦克进厨房的时候往他身上泼油，但被躲开了，大部分的油没泼在他的身上。为了弄清麦克和恰特丽进展到什么程度了以及恰特丽和麦克的妈妈是什么关系，她开始假装恰特丽给麦克的妈妈雷吉纳女士打恶作剧电话。

在一次泼油和恶作剧电话事件后，麦克向他的妈妈和朋友卓克、斯蒂夫咨询。所有人都认同玛丽应该被教训一下——包括雷吉

---

① 对一种言语侮辱的回应，意思大致是："你现在觉得我是个婊子？你还什么都没看见呢。"

第四章　将法律的困境转化为个人资源

纳女士,用麦克的话说,"雷吉纳女士并非一个喜欢暴力之人"。

麦克支付给住在街边的一个女人一大袋大麻,让她去暴打玛丽一顿。他说,他和那个女人开车去巴士站等玛丽出现。然后,那个女人就出去和玛丽在一个篱笆边打了起来。麦克坐在车里不断打电话让那个女人去打玛丽。麦克说玛丽没有还手,只是用手臂护住了脸。

在玛丽眼睛和脸颊上的红肿消失了几天后,麦克和我坐在一个邻居的门廊前的台阶上。这时,一辆警车停了下来,两个警察用传票带走了麦克。他后来告诉我说,他没有想过逃跑,因为他只有一张法庭传票,并且他还以为他们是为另外两个坐在我们旁边的年轻人来的,因为他们抢劫了一家便利店。

当麦克坐在警车上时,玛丽冲出房子,以一种大到我们都可以听见的声音对麦克说:"你他妈的羞辱我 [公开的欺骗或者羞辱我]!他以为你他妈的是谁?让这个黑鬼坐一阵吧 [待在监狱一段时间]。不要让我 [去监狱] 接这个烂货,我连看他一眼都不想。"①

在麦克进监狱的头几周,他拒绝和玛丽说话,或同意她来看望他。在一封给他母亲的信中,他写道:"我爱玛丽,但她那么爱警察,我想我应该离开她和恰特丽在一起。"

然而,随着审讯的拖延,麦克开始问我,玛丽是否知道开庭的日子以及她会不会来。开庭的那天,麦克没有被带出牢房进入法庭,他之后打电话问我玛丽是否出现了。在他被判刑一年半后的某

---

① 一位前费城缓刑官告诉我,正如他所说,每天他都会接到来自"孩子妈妈们"的"无数电话",他说,她们会打电话,并试图让自己的男朋友进监狱,然后当这些人都在监狱里的时候,她们又会给他们打电话,并试图让她们的男朋友从监狱出去。

一天，玛丽穿着低胸衫，露出一个文在胸部的他的名字的新文身出现在了接待室。当麦克进入接待室，他们对视后都哭了出来。在法院外的路上，雷吉纳女士说："我简直不明白，今天我为什么要费心来看他，我应该去工作的。他只想见那个可恶的玛丽。"

所以，麦克原谅了玛丽在他被通缉的时候叫来警察的行为，尽管在以后的日子里，当他们打架的时候，他还会提起这件背叛的事情。

* * *

玛丽通过一张通缉令取得了在麦克取保候审时期对他的监护权，但是我观察到，有时候女性走得更远：利用一些个人的错误制造新罪名来跟男人对抗。

三十几岁的丽萨和她的两个侄女一起住在麦克所在的街区。她的儿子是一个偷车贼，并且在多次入狱的间隙也很少和邻里们待在一起。丽萨有一个糟糕的习惯，她有时候允许麦克和他的朋友挂出或卖出她的房子来获得钱和毒品。她也是天普大学的在职学生，尽管那些人嘲笑她已经在学校待了20年了。

丽萨和琳达女士是非常好的朋友，琳达女士的儿子卓克和雷吉在长大后，把丽萨视作伯母，并且常常彻夜待在丽萨的家里。后来，在雷吉18岁的时候，丽萨16岁的侄女怀了他的孩子。但是雷吉拒绝支付堕胎的费用，甚至不承认他让她怀孕了。丽萨宣称"她不会再理雷吉了"，这意味着她切断了这两个家庭长期建立起来的感情。她的两个侄女威胁说要请一些人来打雷吉一顿。因为雷吉经常在两个房子附近闲逛，所以这成为一个经常发生的冲突。

第四章　将法律的困境转化为个人资源

同样在那个春天,和第四街区的战争也在进行中。为了对付雷吉和他的哥哥卓克,第四街区的男孩们和桥对面(第五街区)的男孩们联合起来与第六街区的男孩们对抗。有一次,雷吉在车子开走的时候向后开了两枪。这些子弹射到了丽萨家的房子里,击破了前窗嵌在了客厅的墙上。虽然没人受伤,但当时丽萨的两个侄女都在家里。她们给丽萨打了电话,随即丽萨报了警并和警察说,雷吉袭击了她们家,于是警察以谋杀罪出具了逮捕令。

五个星期之后,警察在一个棚子里找到了雷吉,并把他带到了监管所。琳达女士和卓克尝试说服丽萨和她的侄女不要出现在法庭上,这样的话法庭的控告就会被撤销,雷吉就可以回家了①。雷吉从监狱里给安东尼、他母亲以及我打电话,以四方会谈的模式讨论了这件事②:

> 雷吉:那个婊子[丽萨]知道我不是在向她们[她的侄女]射击。她知道我们只是正好经过那儿[与其他街区的年轻人的一系列枪战]。我为什么要射杀自己街区的两名女性呢?她明明知道我不是要射杀她们。
>
> 安东尼:你也许应该给她些钱,然后让她住在宾馆

---

① 这是一件相当普遍的事情。事实上,有些人报警拘捕其他人仅仅是为了从他们那里敲诈钱,这是他们所提出的在审判中不作为证人出现的交换条件。

② 由于打电话的时间相当有限,在县监狱的犯人只允许进行本地呼叫,所以对三方通话的实质性需求便出现了。那些在监狱里的人便有了更大的需求,因为他们通常只被允许拨打他们所预先安排好的名单上的电话号码。在2005年前后,抵制三方通话的规定被认为可通过拨打电话来克服,这是为了无论谁在监控电话,都不能辨认出在三方通话时按压数字的声响。

在逃：一个美国城市中的逃亡生活

[确保她不在家以免警察强行带她来作证]。

雷吉：她之所以如此愤怒，只是因为她儿子还被关着，她现在很伤心，所以她打算把这种情绪发泄在我身上。

琳达：你现在真正需要做的就是，给那个婊子打电话道歉[为之前没有承担怀孕的责任而道歉]。

雷吉：对，对。

在审判日之前，雷吉的确向丽萨和她侄女道歉了，而且向外界说明，他要为让丽萨的侄女怀孕负责。丽萨和她侄女连续三次审判都没出席，紧接着五个月后，雷吉从监狱回到了家中。丽萨似乎对这个结果很满意：

他不仅让我侄女怀孕了，还对外宣称那不是他的孩子，你知道我在说什么吗？这小子在他还是个孩子的时候就每天来我们家[意思是说他已经认识她们那么久了，他应该表现出更多的尊重才对]。滚蛋吧。不，我的意思是，我只想看着那个小子为他的攻击付出代价[一次尝试性的谋杀罪]，他确实需要坐更长时间的牢。这些都是他罪有应得。他需要一些时间坐下来好好想想自己的行为，我喜欢这样。他确实已经受到了该受的惩罚。

* * *

从这些例子中，我们可以看到的是第六街区的年轻男女有时

第四章 将法律的困境转化为个人资源

会为了自己的目的而重新解释这些紧张的监管和被关进监狱的迫在眉睫的威胁。甚至于女性们偶尔也会在面对警察的突然袭击和询问时，忍受背叛自己原本想保护的男性的痛苦，把男性送进监狱，以免他受到致命的伤害。在因为男性的行为愤怒和沮丧的同时，女性有时可以利用男性危险的法律地位来控制他们、挽回他们，或是就他们做的任何违法行为而惩罚他们。她们让男性进监管所，却并不是因为警察所关心的罪行或是违规，而是因为警察毫不关心甚至都不知道的某些个人错误。

或者说，更引人注目的是，这些本为监管与警察管理体系的目标群体的年轻男子，有时会为了个人目的成功地利用警察、法庭和监狱的力量。当觉得街区变得太过危险时，他们会把自己弄进监狱，把监狱转化为一个安全的天堂。而当他们回家之后，又会把保释办公室转化为一个银行，把在之后有其他特定用处的钱存在那儿，或是把这些钱作为正式贷款的抵押物。年轻男子甚至会把自己逃命者的身份转化成优势，把逮捕令当作他们未履行各种各样的义务和个人失败的借口。

通过这种方法，街区中的男女将警察、法庭以及监狱的存在转化成他们可以利用的资源，尤其在权威当局既无法制裁又无法预防的方面。总体而言，这些策略体现出不同于下述看法——认为第六街区的居民不过是权威当局的马前卒，由此才被卷入那些约束和压制他们的法律纠葛之中——的另类的观点。

第五章
犯罪年轻人的社会生活

第五章　犯罪年轻人的社会生活

在第六街区，或其他像这样的社区中，男孩子们在学校接受教育，但很多人在他们的青春期前期或青少年时期就被转送到了青少年法庭和拘留中心。在大多数年轻男子进入青春期晚期或20岁出头时，刑事司法系统在很大程度上替代了教育系统，成为他们所处的主要环境。这些男孩子和年轻男子不是低年级或高年级学生，而是被告人和囚犯，在审讯室而不是教室度过他们的生活，参加刑事宣判或缓刑宣判会议而不是入学或毕业仪式。

当刑事司法系统已经在他们的生活之中占据了一个核心的位置，并影响到他们的伴侣和家庭之时，围绕着司法系统构建起一种有意义的社会生活就变成了一件基础的事情。正是通过与警察、法庭、假释委员会以及监狱的交锋，年轻人们才弄清楚了谁是亲近之人以及谁是可交往的。

孩子们的牢狱之灾成了母亲的负担

在我初识琳达女士之时，她的大儿子卓克18岁，二儿子雷吉15岁，小儿子提姆9岁。卓克和雷吉早就分别进过青少年拘留中心了,我却有机会看着提姆在由12岁进入13岁时从中学进入青少年法庭。至此,琳达女士将她作为母亲的大部分精力转移到了这个新的环境中。以下情景是我的田野笔记的节选:

> 我们坐在位于费城第十八号大街上的一个青少年法院的K房间里排成行的小木椅上。房间很高,有凹形的天花板和镶了装饰板的墙壁。早上9点10分左右,房间里开始被前来的母亲或其他监护人以及男孩子们填满。琳达女士的小儿子提姆已经13岁了,正坐在我的左边,把肘部放在膝盖上,用手把杯子举得高过自己的头顶。他在入口处把手机上交了,以至于现在除了看着别人或努力不睡着,他没什么可做的。
>
> 琳达女士坐在提姆的另一侧,显得坐立不安,迅速地抖动她的腿。
>
> 提姆问琳达女士还有没有口香糖,琳达女士说:"没了,除非你想要我刚刚放进嘴里的一半。"他断然摇了摇头。琳达女士又说:"不要因为爱丽丝在这儿你就装作你不要我从嘴里吐出的一半口香糖。"
>
> 我的肚子开始咕咕作响,提姆转向我问:"是你吗?"我点头承认。琳达女士和我在等提姆洗澡和熨衣服的时候吃了包25美分的爆米花,然而那已经是几个小时前的事了。
>
> 我们看着其他男孩子鱼贯而入。他们看上去大概10

第五章　犯罪年轻人的社会生活

岁、11岁或者12岁，少数一些看上去和提姆一样，刚刚进入青春期。他们中的一些是和他们的母亲一块儿来的——从家中赶来参加缓刑听证会或者因为各种各样的罪行来接受审判。还有一些则是在社会工作者的陪伴下从青少年拘留中心来到这儿的。这些男孩子希望能够在今天被释放，所以他们背着很大的白色布包，里面装着他们的衣物和其他一些个人物品。到九点半左右时，房间里有大概50个男孩子和5个女孩子。有两个男孩子看上去像是拉美裔的，其他的都是黑人。一大帮沉默的黑人男孩在等待着被审讯。

一位身着白色制服的看守从过道走下来，让两个男孩子把他们的棒球帽脱下来，于是他们极不情愿地脱下了帽子。其中一个男孩子的头发大概是在好几个月之前编成了辫子，现在急需重新梳理；他尝试着用他的手掌心抚平他乱蓬蓬的头发。

这位看守和坐在我们背后的女士说，审判室里面不允许吃薄饼。她回答道："这里不是审判室啊，只是等候室。"她的儿子则说："妈妈，出去吃这些薄饼或者你先把它们放到一边。"她把饼干放进了自己的口袋里，当看守在我们背后离我们只有几排远的时候，她咕哝着说，她是一名糖尿病患者，所以她必须在特定时间吃东西。

母亲们向着一位身穿卡其色裤子坐在房间前面桌子旁的中年白人男子靠近。她们在询问着，然而我不能在我

在逃：一个美国城市中的逃亡生活

们坐的地方听清楚他们在说什么。过了一会儿，那名男子站起来说："如果你今天有官司，过来排队登记。"男子手拿一厚沓打印出来的长长的名单迅速翻阅着，告诉队伍中的男孩子们他们应该去哪个审判室。男子停下来听一位站在离他很近的桌子旁的母亲说话，那位母亲说她的儿子今天不能来法庭。她还说了些别的，然后那名男子大声回答说，他没法决定谁可以获得特殊许可以及这不是一个正当理由之类。白人男子在纸上找到了那位母亲儿子的名字，并告诉她应该去哪个审判室。在队伍中，有个男孩戴着沉重的脚镣，以至于他走起来像个跛子，他的每一步都好像是在拽着地板前行。另一个男孩则带着一个由白色的塑料环做成的手铐。

我们一同走进一间小审判室，坐在长椅上等着法官出现，然后开始听有关案子的描述。在我们旁边坐着的全是母亲们和她们的儿子们，还有母亲带着自己的年幼的孩子。一位坐在我们前排的母亲认出了和我们同一排的另一位母亲，她们俩越过椅子打招呼，并谈论着共同的朋友和人际关系。其中一位母亲说道："是啊，他五月份去世的。"另一位回应道："听到这个消息我很难过。"

两名看守站在前面，紧接着公设辩护律师和案例管理人坐在了第一排。一位瘦瘦的白人女子，我猜她应该是一名公辩人，她站起来转向我们叫了一个名字，但没人回应。她又叫了另一个名字，接着一个男孩和他母亲或监

第五章　犯罪年轻人的社会生活

护人走近了她，用别人听不清的声音说着话。琳达女士指出，公设辩护律师队伍中的一人几年前曾经是她第二个儿子雷吉的辩护律师。法官从长椅背后的一扇门走了出来，紧接着看守让我们站起来又坐下。

提姆去年的某一天中午因为想从学校离开而惹上了这个案子。他的老师一直追着他跑出了学校，跑到了街上。提姆边跑边朝着他老师扔石头，尽管石头都没有砸到他老师，但老师在追他的过程中拉伤了，于是学校的警卫抓到了提姆，并且以故意伤害罪指控了他。①

最终，提姆被叫到了名字，他和他母亲一起走到桌子前。法官询问道，有没有确定的证人在场，我猜应该是指那个老师。公诉人说："尊敬的法官大人，我想他应该不在这儿，但我昨晚确实联系了他，他也和我说会过来。"公设辩护律师、法官以及公诉人全都盯着日程表犹豫了一会儿，直到他们找到一个合适的日期来继续审判这个案子。法庭职员传给琳达女士一张纸，审判终于就这样结束了。提姆和母亲向门口走去，示意我赶紧起身。

我们迅速地穿过房间和整幢建筑，穿过看守，似乎只要再多待一会儿法官就会改变他的心意，或者从文件中发现能够证明提姆应该被拘留的证据。当你还停留在法庭

---

① 凯瑟琳·诺兰 (Kathleen Nolan) 提供了一个关于服务于纽约贫困黑人学生的用强大警力来管理的一所公立学校的细致入微的报道。在那里，学生的任何行为问题，比如戴帽子，或者顶撞老师或警察，都将成为指控他们并使他们受到刑事审判的罪责，他们将被扣押在拘留中心。Kathleen Nolan, *Police in the Hallways: Discipline in an Urban High School* (Minneapolis: University of Minnesota Press, 2011), 53—64.

时，他们总会找到机会逮捕你，我们会在回家之后再庆祝提姆依旧自由这件事。

在我们从青少年法庭大楼开车回家的路上，琳达女士一直在大笑。她用我的手机给她男朋友打了个电话说道："我们正在回家的路上了，我早就知道他不会来。"如果提姆的老师在接下来两次审判时都不到场，这个案子就会因为缺少目击证人而被撤销。我们都知道这回事，这确实是令人激动的事情。

我把车开到屋后的小巷中，停在了琳达女士与邻居共用的车位上。琳达女士和提姆一起走上车库后的铁质楼梯，从厨房后的入口进了屋子。太阳已经出来了，我坐在铁制的台阶上。从这儿我可以看到另一个街区的所有房子，这两个街区共享着一条窄窄的巷子。

琳达女士微笑着拿着一杯爱尔兰玫瑰酒走出来。"为今天而干杯！"她大叫着。琳达女士朝着一个开着后门的邻居叫喊着："你想不想来一杯？"他点了点头，接着琳达女士说，他得给她一美元，一美元一杯。他大笑着，而琳达女士则说她不是在开玩笑。

琳达女士听到屋内电话铃声响起，跳起来大叫说那肯定是卓克。然而，那不是卓克，我可以清楚地听到她和别人分享她的喜悦，因为至少到目前为止，她还能继续和她儿子在一块儿。"要让它成真，"她说道，"只要有一个儿子在家就够了。就算卓克和雷吉被关了起来，我至少还能

第五章 犯罪年轻人的社会生活

知道他们过得不错。当我三个儿子都在家时,我总是没法睡觉。当街道冷清下来的时候,我希望他们都能回家,你能理解我吗?"

天气转暖了,琳达女士那只叫作拉特的猫从车库里走出来,在小巷子中的一堆密密麻麻的罐子、鸡骨头和烟蒂旁找了个有太阳的地方躺下了。

提姆走出厨房,拿着两个纸杯走下楼梯,递给我一个,顺带哼了一声以吸引我的注意力。

琳达女士又听到了电话铃响,她又马上跳起来去接电话,然而对我而言,那个声音基本是听不见的。这次她终于得到了奖赏,似乎这次真是卓克从库伦-弗洛德矫正中心,也就是县监狱打来的电话。琳达女士和卓克聊了几分钟就叫提姆去和他哥哥说话。卓克正在等候他因为财产分配而惹上的审讯。

提姆冲上了楼梯。我能听到提姆大笑,我猜测他肯定在和卓克讲今天在法庭上的好消息。

提姆在和他哥哥聊了几分钟之后,让我去接电话。我走上台阶穿过厨房,厨房混合着烟味、油味以及动物尿液的味道。在卧室里,琳达女士躺在双人沙发上,喝着饮料观看审判实况的电视转播。提姆在把电话给我之前对卓克说了句"我爱你"。

琳达女士有着严重的毒瘾并且酗酒,从很多方面来说她不是一个好母亲。但她着实为自己了解儿子们的官司的最新情况而骄傲。这不是一件容易的事情，因为在我和他们这家人一起居住的六年时间里，她的儿子们总有一个会在少管所、拘留所或者监狱里，而在2007年，仅有两个月的时间，她的三个儿子同时在家。

和琳达女士相反，麦克的母亲雷吉纳女士同时做两份工作，并且将房子保持得格外干净。她把大量的时间用在处理她儿子的法律事务上。在麦克20岁出头的时候，他惹上了与毒品以及非法持械有关的案子。除了参加麦克的审判以及申请假释和缓刑之外，雷吉纳女士还会去拘留所和监狱里看望麦克，同时安排麦克的两个孩子去看望他，定期给他寄一些物品和钱，给他打电话和写信[①]。在麦克的宣判日期越来越近的时候，雷吉纳女士也组织了麦克的朋友、亲戚以及过去的雇主写信为麦克辩护，同时去参加审讯：

> 到了麦克在联邦法院被宣判的那天了。麦克已经在联邦法院拘留所待了很长一段时间了，而在此之前他在县监狱也待了一年。
>
> 那天早上，雷吉纳女士开车带着麦克的叔叔和侄子以及麦克孩子们的妈妈玛丽一同前往镇上的法庭。此外，她让麦克的外祖母去接麦克住在东北角的女性朋友及其母亲。我自己则开车前往。
>
> 在宣判前的一个星期，雷吉纳女士成功说服了九个朋

[①] 对于女性通过做一些事情来建立并维系与坐牢男性的关系的一份详细说明，可参阅：Megan Comfort, *Doing Time Together: Love and Family in the Shadow of the Prison* (Chicago: University of Chicago Press, 2007).

友及亲戚写信为麦克辩护。她给我们每个人一个贴了邮票的信封,同时把麦克的叔叔和外祖母手写的信打印了出来。

在进法院之前,雷吉纳女士接到麦克辩护律师的电话,说开庭时间变了,改成了下午三点宣判。雷吉纳女士有点失望但同时很放松,告知参加的人去她在费城北部的家里等。她给我们做了米饭、鸡肉和沙拉,还放娱乐节目给我们看。她练习着她要在法官面前所说的话。

在宣判时,麦克身着雷吉纳女士寄给他的衣服。雷吉纳女士夸赞着衣服有多合身以及幸亏自己没按照麦克说的那样做小一码。麦克微笑着看着他这些聚集在一起的家人。因为只有直系亲属可以去联邦法院的拘留所看望犯人,所以过去整整一年我都没见过麦克。他看上去老了许多,胡子也长了不少。

那个看上去很严肃的中年黑人法官让那位假释官站起来。他询问假释官是否已经告诉过麦克的家人麦克即将被假释的事情。因为麦克等待宣判的时间也是被列入他的服刑时间的,所以麦克只需在联邦法院拘留所再待八个月就可以了,也就是说他在年内就可以回家了。假释官说,麦克的母亲打电话告诉了他所有的联系方式,并且一直保持着联系,表明了想参与整个过程的意愿。而在假释官解释时,雷吉纳女士激动地点着头。

法官宣读说,很显然麦克确实是个好人,只是做了些坏事而已,他说麦克孩子们的来信确实在很大程度上影响了他,他能够从中感受到那确实是孩子写的信以及他们对麦克的爱。然后他取出麦克十岁的儿子写的信,并大声读给我们听。信的最后一行是"能不能让我爸爸回家,我妈妈不知道应该怎么抚育一个男孩,我真的很需要我爸爸"。法官在念的时候,雷吉纳女士也跟着读了起来,她已经读了很多次,并已经将其熟记于心了。

法官说,麦克所犯罪行的最高刑期是16年,但是因为他已经用了两年时间等待判决,同时他的家人对他如此关心和支持,麦克将只要再接受半年的监狱服刑、半年的中转拘留所,以及三年的联邦缓刑的惩罚即可。法官问麦克有没有什么想说的,麦克回答说:他对于自己的行为感到很抱歉,同时很感谢能够有这次机会。法官一边让雷吉纳女士站起来一边对麦克说:"现在请向后转,感谢你母亲为你所做的一切。"麦克被这个弄得有点措手不及,而法官再一次要求麦克感谢他的母亲。

麦克啜泣着转向雷吉纳女士。雷吉纳女士说:"没事,我的乖儿子。"

和琳达女士、雷吉纳女士一样,许多住在第六街区附近的母亲发现,她们的生活被自己儿子各种各样的法律程序包围着,不时地被法庭传讯、交保释金、探监以及公审团的电话打乱。她们的生活也为各种来自法庭、假释裁决委员会以及监狱的好的坏的有关自己儿子命运的消息所切分。竭尽全力处理儿子的法律事务,并且帮助他完成各类法律程序,这是一种很大的负担,但是对于女性而言,这也成了一种有意义的消耗时间的方法。这在一定程度上是因为,在努力让儿子们离开监狱和在他们被拘禁的时候给予支持的过程中,女性们履行了自己作为母亲该尽的义务。

作为社会场景的刑事移交

一个年轻男子完成一整套刑事司法过程需要一系列的步骤:被警察阻拦,受到调查,被警察在数据库里查找信息;惹上官司,被关进拘留所,进行保释听证会,参加几个月或几年的法庭审判,被判刑;然后服刑,交罚金之后以缓刑或假释的形式回家。随着时间推移,他也许会违背监督条例,譬如因为酗酒、在外过夜、犯了新的罪行、没有缴纳法庭费用或罚金,抑或是没有准时参加法庭审判,然后又有了一份新的逮捕令。随着他长大,他会被从青少年拘留中心转到成人监狱中去。此外,一个人被判处短期徒刑会在县镇的监狱服刑,被判处长期徒刑则会被关押在州立或联邦监狱中。

一个年轻男子的法律进程主要经过一些阶段,一系列的事件代表了这些阶段:保释听证会,审判日以及在被长期关押之后回到家里。这些事件在社交场合中扮演了很重要的角色,诸如这一年轻男子的朋友和家人会盛装出席,一起讨论谁应该支付费用。人们十分注意观察谁会出席,谁和谁坐在一块儿,谁组织了这次事件,或者是谁坐在了第一排。如果男子的母亲不在审判室的长椅上坐着,有

在逃：一个美国城市中的逃亡生活

关那个女人因为另一个男人而离开的传言就会开始散播开来。如果一个陌生女子和那个男子的母亲一起坐在第一排，人们就会自动承认她是男子的新伴侣。从刑事司法程序中，男子的社交圈成员们推论自己在这个男子的生活中的地位以及男子在他身边人眼中的地位。

这些刑事司法程序首先提供的一个极为重要的社交场合就是男子被控告的时候。当一名男子突然从家中被带走并被监禁起来之后，问题随之而来：他留下的财产应该怎么办？谁来管理这些财产？谁对这些财产负责或者被允许使用这些财产？在一名男子刚被拘禁后的几个小时或几天里，对他的财产的巨大再分配发生了，而且他的伴侣、亲人以及朋友等待着看他会选择谁来监管这次再分配以及这些财产会给谁。

* * *

麦克的母亲雷吉纳女士通常会协调麦克的法律事务，组织大家去听他的法庭审判以及按时去监狱探望，并让那些想要去看他的人知道什么时候能去以及哪些日子已经被别人占了[①]。通常来说，雷吉纳女士也会在她儿子不在的时候管理他的事务。在麦克被抓的时候，她通常会用好几天去帮他处理他留下来的事情：打扫干净他可能不会再租的公寓，注销他的手机号码，交退票费，负责他孩子的学费以及保护他的各种财产——汽车、摩托车、跑鞋、话筒、珠宝、唱片，或者是直接卖掉这些来偿还他的债务。

但是，在麦克2004年因为假释违规重返监狱的时候，他委托

---

① 对一个坐牢的年轻人而言，探视者的数目会趋于减少。因此，在麦克的审判开始的时候，他的母亲艰难地协调想要去探视麦克的朋友和女友的时间；相反，到了囚禁期的尾声时，她反而要恳请他们去探视，确保至少每两到三个月会有一个人去看望他。

第五章　犯罪年轻人的社会生活

他的新女朋友塔玛拉来处理他的个人事务，打理他的财产，并把一些东西交给指定的人。他妈妈打电话给我来讨论他的决定：

> 雷吉纳女士：我对塔玛拉没有什么疑问，她是个好人，可是爱丽丝，他对她只有两个月的了解，而我已经为他打理事务很多年了。上一次，这儿的东西只有自行车没有给我。
>
> 爱丽丝：是的，玛丽[孩子的母亲]留下了。
>
> 雷吉纳女士：后来那辆自行车怎么样了？
>
> 爱丽丝：被警察拿走了。
>
> 雷吉纳女士：是的，因为她侄子骑着它到处逛。你不能在镇子上骑那种车子啊！那是越野自行车。如果非要骑不可，你应该比警察更快一些！
>
> 爱丽丝：没错！
>
> 雷吉纳女士：我和你是唯一能够确保直到他回家时所有的东西都在这儿的人。
>
> 爱丽丝：是的。
>
> 雷吉纳女士：当他因为那把枪的事件被关起来的时候，所有东西都在这儿。每件T恤都被熨烫好等着他，运动鞋好好地待在鞋盒里。但是就像我说的，如果他想要塔玛拉做这些，那是极好的。她要帮他支付所有的账单，打扫整个公寓，找个地方停他甚至没开过的车，让她从某个地方把车子拖回来，这对我来说是再好不过的了。我已

经告诉他我不想要这间公寓里的任何东西了,一件也不要!当他回来发现他的电视机不见了,安特穿着他的衣服沿着街道穿梭的时候,他最好不要向我抱怨。

在一些社区里,一个年轻人对家人显示拥有一段认真的感情关系的方式一般是他在学校舞会或者毕业典礼上带来新的伴侣。后来,它可能是在城镇外的一个家庭婚礼、一次度假,或者是侄子的洗礼上带来新伴侣。但是对于麦克来说,他向他妈妈显示出他有一个认真相处的女朋友的方式是当他被拘留时委托塔玛拉处理他的个人事务。

不仅分配个人财产对于一个值得信任的朋友或者家庭成员来说是一个关键任务,而且一个被当监禁的人委托其财产的人被认为是他的核心关系里的受到喜爱的人,是他最信任和最关心的人。当几年前麦克因酗酒违反假释条例并被重新送回监狱时,他一到监狱就立刻打电话给我说明谁应该得到什么:

麦克:我告诉过卓克,他可以拥有我的公寓直到我回去,所以你可以把钥匙给他吗?我知道他爸爸想让他搬出去了。他已经拿到了邦尼 [Pontiac Bonneville 汽车] 的钥匙,我告诉过他,出门的时候他可以开着它。

爱丽丝:好的。

麦克:你可以把我的手机给珊达吗?我告诉她你将会把它拿给她——你知道她的手机坏掉了。

第五章　犯罪年轻人的社会生活

爱丽丝：行，我可能明天给她吧。

麦克：我妈妈可能会想要车子，如果她给你打电话问车子的事儿，你就告诉卓克我把车子给我妈妈了，你知道的。

爱丽丝：好。

麦克：罗尼会去拿我的游戏机，我告诉过他，在他去之前会打电话确定你是否在那儿。

当私人关系被公开，一个年轻人对他的社会关系的相对排序做出谨慎的决定时，他通过这个系统的事件而变得有意义。但是那些情况不仅发生在私人关系被公开时，而且发生在一个人的社会位置或者家庭和邻里层面的支持的彰显上。例如，第六街区的年轻人把出席一个人的判决的人数作为对这个人社会地位的推测，一种他在这个街区有多少"爱"的证明。我在2009年记的田野笔记中写着：

> 今天是雷吉的终审日①，在405房间。我带来了他的妈妈琳达女士和他们的邻居安东尼——他身负两张法院拘票，今天是冒着真正的风险来表示他的支持的。雷吉的哥哥卓克，带来了他们的弟弟——为了前来而在新学校翘课的提姆。雷吉的前女友维多利亚也在这儿与我们相见了。法官，那个面容冷峻的意大利男人，终止了所有的控告——共谋、持有毒品 [当他来到医院时，他有一些工作

---

① 在费城的刑事法庭，案件必须被移送到第三预审室或者驳回。在这一天，没有进一步缓期或延期诉讼的可能性；地区检察官必须出示已获取的证据和证人。这个日子通常被称为终审日（Must Be Tried）。

（售卖毒品）要做]、持有武器——所以现在他的罪名只是谋杀未遂。在回去的路上，我们从雷吉的表妹凯莎那里听说她去了临近的法院而没去城市中心法院。她回来的时候，在院子里见到了我们，并且带了些大麻。总之，一切都是那么欢快并且团结一致。雷吉从监狱里打来电话，比较了上个月洛基的那个所有人承诺出席但实际上没有人出席的宣判，并自豪地和我讨论起了自己的这场审判。

作为浪漫对决的刑事案件

作为重要的社会场景，标志着男人刑事司法系统进程的事件可以成为女人间为其感情而战的公共舞台。

当一个男人在外面的时候，他有很多机会防止各个女人发现彼此的存在。可是当他被拘留后，这样一种左右逢源的行动就变得十分困难。在审判时，他的长期女友将和他的"劈腿对象"——一个前者根本不知道其存在的女人面对面撞见。在地方监狱，在他被允许探视的第一天，他孩子的妈妈见到了比她早到十五分钟并占用了她的探视时间的他的新女友。女人浏览着放在来访者桌子上的签到表，以确定是否有其他女人在那儿。

这样的会面往往会发展成戏剧性的事件，女人们打量着彼此，试图确定在与男人的关系中她们的位置，甚至要求男人就她们各自的地位做出公开声明。在监狱探视室、法院或者保释办公室里，女人们或者作为男人的主要伴侣而获得胜利，或者遭受羞辱和被抛弃。

第五章　犯罪年轻人的社会生活

* * *

当麦克从拘留所被释放后，他被判处去费城北部的一个中转拘留所，在那儿他遇到了塔玛拉，一个服务于当地居民的社会工作者。她也在研究生院攻读硕士学位。塔玛拉和麦克开始约会，当麦克后来违反宵禁规定重新回到监狱的时候，塔玛拉开始去看望他。他很小心地确保了她的探访时间与他孩子的妈妈的探访时间——玛丽带着他的两个孩子一周来一次——是分开的。但是在他服刑的两个星期后，塔玛拉在休息日来了，表面上是来探视他在格莱特福特受罚的弟弟：

> 今天在格莱特福特发生了一个重要的事故。玛丽和我驱车前往那儿看望麦克，塔玛拉坐在两张桌子中间，和她弟弟玩着象棋。玛丽和我坐在那儿，塔玛拉走过来说："怎么样，麦克，你好吗？"麦克对玛丽说："这是塔玛拉，她在拘留所工作。"然后他对塔玛拉说："这是玛丽，我孩子们的妈妈。"这时玛丽愤怒地站起来说："我对你来说就这样？就只是这样？我他妈的开五个小时的车过来就是为了听你说这些？"
>
> 麦克低声说："在他们取消探视之前请闭上你的嘴，然后坐下来。"
>
> "她是谁？"
>
> "不是谁，只是一个朋友。"
>
> "你搞了她，不是吗？"

"你够了,为什么你总是要假设一些没有的事情呢?"

"因为我了解你,我懂你。"

"我们没有什么乱七八糟的纠葛,我们是清白的。"①

在剩下的探视时间里,玛丽抚摸着麦克,玩弄着他的头发。塔玛拉开始大声地对着她弟弟讲话以便我们能够听到,她告诉她弟弟她真的很喜欢麦克,也希望麦克和他孩子的妈妈不要再有纠葛。麦克也开始大声地讲话,防止玛丽听到塔玛拉说的话,并祈求地看着我,希望我能为当时的情形做些什么。

看守提示探视时间要结束了,玛丽站起来搂着麦克的腰,抬头望着他,倚靠在他身上要求一个分别吻。麦克犹豫了一下,怯懦地苦笑,随后拥抱并亲吻了她。

当我们坐在探视室外面的小隔间里等着被放出去时,塔玛拉的脸颊上全是泪水。

一个类似的公开清算发生在 2009 年的联邦法院,当爱莎出席她男朋友特里的宣判时。在这个事件中,她明显地败给了特里孩子的妈妈:

今天爱莎打电话给我,在电话里她大声地哭泣着。我

---

① 这些内容来自玛丽和麦克的对话,我从看守那里借了笔,写在了探视者表格的背面。

第五章 犯罪年轻人的社会生活

离开课堂立刻赶过去看她。这是七年里我第二次看到爱莎哭,第一次是在她妹妹的男朋友,那个在我们面前被警察打死的男孩的葬礼上。今天是特里的宣判日,他将在联邦监狱被关押十五年,加上他孩子的妈妈出现并坐在了他妈妈的身边,这对爱莎来说是一个沉重的消息。当爱莎到那儿的时候,特里孩子的妈妈已经坐在第二排小声地和特里的妈妈以及姑妈说话了。爱莎说特里的妈妈甚至都没有跟她打招呼,表现得好像根本不认识她一样,似乎在特里离开的这一整年里,她们并没有每天都说话。

我很惊讶于爱莎对特里妈妈的立场如此敏感,以至于她会这样气愤而痛苦。她说特里的妈妈可能根本不知道该怎样让她们两个待在同一间屋子里。

爱莎说,她不确定自己是否应该离开,最后她还是决定继续留在那儿,坐在最后一排。在特里站在那儿的时候,他孩子的妈妈从来没有理过她,但当他出去之后,她弄出各种声音,做着各种手势,炫耀刚刚坐在那里的是她的男人。后来当她们走下楼梯时,特里孩子的妈妈开始跟爱莎说话。

"她看着我的脸,问我是不是同性恋。"爱莎对我说。

"为什么她会那么想?"

"因为特里是那么告诉她的。他说我们是清白的,我只是去给他送钱和一些东西。"

"那你说了什么?"

"我跟她说我不是同性恋,并且特里跟我说他和你再没有什么关系了。"

爱莎说那个女人把手上的戒指展示给她看,说道:"他一回家我们就会结婚。"爱莎看着特里的妈妈以求证实,但他妈妈拒绝跟她有眼神接触,假装在认真地下楼梯。

爱莎回答特里孩子的妈妈说:"很好,你比我好多了,因为我他妈的不用等他十五年了。"

今天特里打了两次电话试图告诉爱莎,他并不知道他孩子的妈妈会在那儿,他之前也一直让她不要来。无论他们将把他关到哪个监狱里,他都会把她从探视者名单中剔除出去。但是爱莎再也不想听他说什么了。她告诉特里,她知道他在说谎,如果他还想继续保持彼此的关系,他就不会告诉他孩子的妈妈她是同性恋。如果他真的会为她做这些事,那他早就会公开承认她是他的女朋友了。除此之外,法院的座位安排也是很明白的证据。如果爱莎是他的女朋友,那么他妈妈本应该和她一起坐第一排,他孩子的妈妈应该坐在后面,而不是其他的坐法。"你妈妈坐在她旁边,"她在电话里对他说道,"你不能跟我说她们没有一起来。"

"整整一年里我写信给他,去看望他,把钱打进他的账户,接他的付费电话,"爱莎对我说,"我受够了。"

为了减少爱莎对他孩子的妈妈的威胁,特里告诉了他孩子的妈妈爱莎是个女同性恋者，因此他们只是"纯粹的朋友"。同时，他告诉爱莎他和他孩子妈妈之间已经结束了，他之所以能看到她是因为她带着孩子过来看望他。当爱莎和特里孩子的妈妈同时参加特里的宣判时，这些独立的故事发生了冲突：他孩子的妈妈发现爱莎是一个真正的对手，爱莎也察觉到特里和他孩子的妈妈仍旧保持着非常暧昧的关系。

* * *

一个男人的刑事司法体系进程所伴随的事件已经成为重要的社会场景，但这并不意味着社区没有其他方法将新的关系公之于众或评估对手。郊游野餐和街区派对在继续，葬礼和洗礼仪式也在继续。许多年轻的女人和一些男人仍旧能从高中毕业。但是，法院审判、保释听证会以及长期判刑后的归家也变得足够频繁，这也涉及更多仍旧沿袭旧的生活方式的人，这些重要的社会事件并不仅仅为年轻人和他们的家人而存在，有时也为他们更大的社会网络（诸如家庭、朋友、邻里和熟人等等）而存在。

作为个人荣誉基石的法律困境

正如当下的刑事司法体系给年轻人提供了围绕着它来解决他们之间相互关系的社会事件，它为年轻人构建自身的勇气和荣誉提供了社会素材。与刑事司法体系有关联，这通常会被认为是需要避免的一件事情。一般来说，人们会因为经历了这些而感到受侮辱或羞愧，而不是得到支持、感到光荣。尽管如此，可能出现的监禁的威胁，年轻人进法庭和监狱的运动，这些年轻人的被削弱的和危险的法律地位，以及让他们所爱的人提供个人信息的压力，等等，所有这些，都会为勇气和荣誉的获得提供机会。

* * *

我在 2007 年春天的田野笔记中记录了卓克的朋友安东尼所描述的他自己与法律的大量纠葛和冲突，显然他对自己的所作所为备感骄傲：

> 昨晚大约凌晨的时候，卓克和安东尼坐在卓克家前门的台阶上，来回传递着一根巴勒特（在一根掏空的雪茄里塞进大麻）。我们刚去过酒吧，安东尼在喝了好几杯轩尼诗之后，开始来回踱着步子谈论他的拘票。
>
> "哥们儿，我可没有让他们辛苦工作，"他说，"我和你们一起去了法院，我开车在附近转。"这里他提到了雷吉最近的开庭日，他冒着被逮捕的风险出席，以示支持。
>
> 卓克提醒安东尼，如果他继续这么大声地说话，就会吵醒他爷爷乔治。
>
> "如果我被抓了，"安东尼不理会卓克，继续说道，"那我就走了，你再也见不到我了。"
>
> 我告诉安东尼，如果他有法院拘票，他应该去拘票处理和自首办公室，让他们来处理。卓克点头表示同意我的说法。几周前卓克错过了一个开庭日，我和他为取消拘票并预约新的日期，在刑事司法中心的一些基础部门花费了

第五章　犯罪年轻人的社会生活

七个半小时。

安东尼说:"我是不会去自首的。他们必须来抓我,我是不会主动让他们的工作更容易做的。"

卓克说,只要他的拘票过了日期时效,他就不会被抓起来拘留了,这又不是违反缓刑法规,他们只会给他发布一个新的开庭日期。安东尼问道,那天去拘票处理和自首办公室的,有多少人被当场拘留起来了。卓克没有回答他,于是安东尼又问了一遍。

卓克大笑着说:"三个。"

安东尼表演了那些人看着看守拿着手铐从他们后面走过来时惊讶的表情。

安东尼踱着步子说:"如果他们抓住我,我不会打电话给朋友们,说我需要这个需要那个,打钱到我的账户上,想着写信给我,我不会做这些的。我只会打电话给朋友们问:外面怎么样了?"

卓克说,当安东尼真的进了监狱,他会像其他人一样打电话要钱的。

安东尼摇着头,坚持说:"我会努力争取不用的,伙计们,我会努力的!"他通过这话表达了在监狱里他将会像一个专业人士一样处理自己的时间,而不是不停地去抱怨。

谈话转向了我们那天晚上早些时候在酒吧见到的两个女人,她们中的一个曾约过麦克,后来安东尼又把话题带到了他的法律纠葛上来。

"我所有的案件都与枪有关,"他说,"我从来没有沾上过有关毒品的案件。"

我认为这是在说,在通常情况下他在逃脱警察方面很有技巧,只因为第四街区和第六街区的各种人告发他携带枪支而被逮捕过,这是他无法控制的。

安东尼继续说:"我赢了那些案子。[这里他对'那些'做了特别强调。]我现在27岁了,但我只在监狱里待过4年还是5年的样子,并且我也没有被定罪。"

他转向我说:"你知道有多少跟我一样大的混蛋能够被判无罪吗?"

我耸了耸肩。

"我他妈的已经老得不能被定罪了。"

这时,安东尼已经醉醺醺地开始吹嘘所有的事情了:他可以睡酒吧里的任何一个他想睡的女人,所有的酒保都会让他免费喝酒,今天在法院里他表现得像是在篮球场上一样自如。卓克一直告诉他小点声,不然波普·乔治会听到他们说话。"他一叫我的名字,"卓克说,"我就完了。"

安东尼半开玩笑地说,他要去抢劫下一个出现在街上的家伙。

卓克说:"只要你别把我的名字写进去。不要把我的名字写在你的通话列表里。"卓克的意思是说如果安东尼被关进去了,他最好不要提到卓克跟抢劫有任何联系。

第五章　犯罪年轻人的社会生活

安东尼回答说："我才不会被关进去！"

卓克重复了一遍他不希望他的名字在里面。

"你疯了，"安东尼说，"我从来没有在第六街区被铐起来过。如果我被铐起来了，那肯定是在第四街区和卡斯托，第五街区和埃尔姆斯沃斯……"我认为他通过这个表达他非常熟悉他的邻里和第六街区的大街小巷，所以巡警并不能在这儿抓到他。他也在暗示，第六街区的居民中的很多人愿意帮他隐藏行踪，确保他的安全。

卓克嘲笑安东尼，要他不要把牛皮吹到天上。

安东尼反击卓克说："我什么时候在第六街区被抓到过？"

卓克说："嘿，小点儿声。"

安东尼用力地点了点头回应他。

有邻居的车在旁边停了下来，车里还有个女人。他们的谈话转向了谁要慢慢爬出去，去骗那个女人。

这天晚上，安东尼对他逃跑躲避开庭日和他自己处理在监狱里等待审判的时间的方式感到骄傲。我也是第一次听有人说起自己为不被判罪而自豪。他行为的理由是他的法律困境不仅证明了他的良好的品格，也间接地显示了他在社区内受到的尊重。因为安东尼逃脱警察的能力取决于在面对警察盘问时，其他的人为他打开门并保持沉默的意愿。他逃跑时间的长短，他所犯的缺少目击者案子的数量，还有他几乎不会在第六街区附近被抓捕，都表现了他的邻里和朋友们对他的支持和尊重。

　　被逮捕没有什么值得骄傲的，但是，关于某人在伴随抓捕的殴打的过程中非常勇敢的消息可能会传播开来，比如在警察用警棍打断罗尼的胳膊时，他既没有大哭也没有乞求。逮捕令显然是坏消息，但是求生般的逃跑需要技巧和机智，通过它一个人会受到钦佩，并受到某种程度上的尊重。一个人在缓刑和假释上的特定的次数，导致一种违规以及随之而来的重回拘留所或监狱中去的监察判决的频率，以及仅仅是能在外面生存下去，都可以被他人看成一种重要的成就。

一个逃亡社区中的承诺与牺牲

　　正如年轻人在法院处理他们的社会关系，或通过处理他们的法律困境来建立荣誉性的身份认同一样，他们也通过冒着法律风险为他人辩护而表现出他们的献身精神。警察每天都会停下来搜查一次，许多居民要么经历着法院的案件，要么冒着被逮捕的危险，根本没有足够的安全保障。拯救自己就可能意味着放弃一个兄弟、儿子，或最好的朋友。在法律风险的背景下，人们通过保护别人远离警察而显示对那些人的友爱和承诺，有时这是以他们自己的安全为代价的。有些是告诉警察他们并没有看到某一个人之类的小事；有些则是更大的，比如冒着撞见警察的风险参与孩子的降生仪式；还有些甚至大到要挺身而出去为他人顶罪。无论大小，所有这些姿态都有着深刻的意义，即成为人们展示尊重、爱情或亲密关系的仪式，

第五章　犯罪年轻人的社会生活

这些仪式维护了他人的崇高地位,并把自己认定为优秀的人。以这种方式,人们通过逼近的监狱的威胁、寻找机会来表示保护和牺牲而构建了一个道德世界,从而将自己与他人联结在了一起。

一个年轻人会认为彰显尊敬的重大冒险是参加被枪杀的好友们的葬礼。而警察会经常出现在这些葬礼上,并架着三脚架,用摄影机去记录下这些参加葬礼的人。

记得在罗尼的表弟被枪杀之后,雷吉参加了葬礼,虽然他背负着逮捕令。雷吉后来打电话给我,专门让我知道他为亡友冒了多大的风险。

实际上,一定量的法律冒险是为非常亲密的关系所期待的。例如,如果一个人不去牺牲他的个人安全而履行其社会性的义务,这便是一种自私的迹象,或者表明他没能足够地投入这份关系之中。

* * *

当卓克的女朋友布莲娜生下他们的第一个孩子时,他答应参加出生仪式,尽管他身上有低级别的逮捕令。但最后他待在了家里,和我坐在一起悲痛地说,他答应了布莲娜却没有去她会有多生气。当我到医院去看布莲娜和新降生的孩子的时候,我发现他没有说错,布莲娜与她的妈妈和姨妈坐在她的床上,讨论着卓克作为父亲和伴侣的失败:

> 布莲娜:他不关心。我是说,他关心,但他不够关心。他会说:"如果我被关起来,我要如何照顾孩子?"

在逃：一个美国城市中的逃亡生活

这又不是一桩谋杀案，或者其他什么严重的案件，即使警察抓了他 [在医院抓住他]，最短他只需要在牢里待三个月罢了 [这是最轻的缓刑]，最长也就是六个月的时间。另外，来医院也不一定会被他们抓住。

布莲娜的姨妈：凯莎的孩子的爸爸上个月出现了 [为了他们孩子的生日]，然后回家了。那个黑鬼身上有好几个逮捕令呢。

布莲娜：他只是不想再在那里 [监狱] 了，因为他去年一整年都在那儿。

布莲娜的妈妈：但想想看，十年后回想起来，他会希望自己看到孩子的出生，而不会在意坐几个月牢。

布莲娜：完全正确。

卓克待在家里的决定伤害了他孩子的妈妈，不仅因为他没有目睹女儿的出生，也因为他不肯为自己的新家庭冒风险。对于布莲娜来说，这是一种对他感情的测验。他的缺席是一种伤人的行为，是他缺乏承诺的一种证明。

虽然处于监视之下或有逮捕令在身的年轻人被期望为所爱之人去冒险，但一个男人也可以用允许一个女人为他们冒多大风险来衡量对一个女人的感情。麦克和卓克认为，当他们在县监狱里时，他们只会要求"生活不检点的女人"偷偷带毒品到探视间，而不会让亲人或真正的女朋友做这样的事，因为这样做被逮捕的风险太大。他们看不起那些更年轻的让他们的正式女友或他们孩子的妈妈带

第五章　犯罪年轻人的社会生活

大麻或药丸进入探视间的男人①。

保护所爱之人不被逮捕也可以作为一种道歉，以此来弥补过去的错误。卓克和雷吉的母亲琳达女士就经常这样做，她会周期性地在他们睡着的时候从他们裤子口袋里拿钱。兄弟俩想出了一系列藏钱的地方，包括墙上的洞和松动的地板那里。在通常情况下，他们只有少量的钱，但在一个冬天的晚上，他们的母亲发现了卓克的口袋里有四百美元。

卓克告诉我和麦克，当他醒来时，发现钱不见了，他询问琳达女士，而琳达女士直接否认拿走了那些钱。于是卓克宣布他和她的关系结束了，这是他最后一次待在家里，以后他会在朋友家或女朋友家睡觉。

当时，卓克和麦克、斯蒂夫一起买毒品。他们集资以便能以更低的价格购买大量毒品。他们以寄售的方式购买，即收到毒品之后再付款。那四百美元是他们欠他们的供应商或曰中间人的钱当中由卓克负担的那一部分。这意味着，麦克、斯蒂夫和卓克无法还债，更糟糕的是，他们不能得到任何更多的毒品来卖。他们关心的是他们的中间人会对他们做什么以及他们以后怎么赚钱。

> 麦克：我告诉过你不要在你妈妈那儿睡，黑鬼！你是个疯子。你他妈的。她把那些钱给谁了？［她把钱给哪个毒贩了？］我他妈的告诉那些约翰街的黑鬼不要去那里，

---

① 尽管麦克和卓克坚持说这是抽象性的原则，但我注意到当他们被关进监狱时，他们还是会要求近亲和女友给他们带毒品或者金钱。从我在探视间的经验来看，典型的是正式女友或孩子的母亲把大麻或药丸放在她衣服里，然后递给那个男人。

不要卖给她[卖毒品给卓克的妈妈]。我告诉他们多少次不要卖给她了？

应了他的话，卓克不再睡在琳达女士那儿了，而且不再接她的电话。就这样过了两个星期，直到警察出现在琳达女士的门前寻找卓克的弟弟雷吉。警察在接下来的两周里曾四次光顾这座房子。每一次，琳达女士都拒绝给他们任何信息，尽管她说警察们威胁要把她最小的儿子提姆带走并且削减她的福利。卓克开始打电话询问她的情况。当警察不再来的时候，他就搬回了家。

看起来好像通过保护雷吉免受警察的抓捕以及反抗搜查中的暴力行为，琳达女士为偷钱的行为赎了罪。卓克回到她家睡的第一个晚上，她说：“我总要保护我的儿子。你可以说很多关于我的事情，但我没有让他们带走我的孩子。”

保护某人免于被逮捕恰恰被认为是一种承诺和有情有义的行为，而不小心将他人置于风险之中则被视为疏忽，是一个人不良品格的标识。

这是一个温暖的春天，我和安东尼以及几个邻居和朋友一起坐在琳达女士房子的台阶上。琳达女士从厨房的门后探出头来，说她的肚子在叫，让安东尼去买三明治。她告诉他，她还想要三袋猪肉皮。她最小的儿子，现在15岁的提姆，给安东尼两美元让他买散装烟（单支烟），然后说，他希望安东尼把零钱拿回来，并且在回来之前最好

第五章　犯罪年轻人的社会生活

一支都别抽。我起来说:"我和你一起去。"琳达女士开玩笑说:"是的,你最好去,因为安东尼没有钱。"当我们站起来的时候,琳达女士开始试图说服邻居跟她玩黑桃游戏,一美元一次。邻居拒绝,并说他很快要去工作了。

安东尼和我沿着小巷走到巴比的商店。安东尼把猪肉皮片放在柜台上说:"要三个。"巴比的儿子递给他三支烟,花了一美元五十美分。我从后面柜台拿了三明治——巴比的小女儿烤好并且默默地递给我的三明治。

当我和安东尼走出商店时,我们看到左边五十码处停着两辆警车。一个年轻男人和一个看起来不超过 15 岁的年轻女人面朝着其中一辆警车的侧面,双手举过头顶,前臂靠在车上。一个 40 多岁的强壮的黑人警察在对那个年轻男人搜身,而另一个 30 多岁的瘦一些的白人警察站在一旁。

当白人警察穿过我面前的街道,看到安东尼的时候,安东尼立即跑向琳达女士的房子,警察开始追赶他。当我赶上时,看到安东尼戴着手铐走出琳达女士的房子,后面跟着警察。警察对着对讲机让人搜查房子前面的灌木丛,他认为安东尼在那儿扔了一把枪。

安东尼叫喊着,他的嘴唇裂开来而且流着血。他随后转向我说:"没事,我很快会回家的,没事。"琳达女士回答道:"该死的。他不该在这儿。"

警察让安东尼坐在警车后座,并在进入汽车时把手放在头顶。安东尼透过关着的窗户和我说话,但我听不见他在说什么,我耸了耸肩,摇了摇头。又有两辆警车鸣着高音警笛闪着警灯开进了巷子里。邻居们走出来或靠在他们的窗口向外张望。

追赶安东尼的那个警察询问琳达女士她的名字,这是否是她的房子,她和安东尼是什么关系。她断然否认安东尼跟她生活在一起,并说他只是一个她从邻居那儿听说过的人。警察问她安东尼的名字,她说:"你问他自己。"警察问她我是谁,琳达女士回答道:"那他妈的是一个白人女孩。有什么问题吗?"警察告诉她不要说脏话,并且让她坐下来。

琳达女士开始透过警车上关着的窗户对安东尼喊道:"你做过什么正经的事吗!那就是你该得的,黑鬼!这就是你他妈的该得的。不要以为我会接你的电话,也别把我的号码放在你的通讯录里!"

警察告诉我们,不要回到房间里面,但我想知道提姆在哪里。警方似乎要花很长的时间来做笔录,而一小群人已经聚集在巷子的尽头了。

当警察离开后,琳达女士回到房间,并打电话给提姆——他一直躲在一个地下室里。"没人找你。"当提姆从地下室出来之后她说。

琳达女士现在认为,警察晚上会突然回来搜查房子。她抓起藏在饭厅玻璃瓷器架子顶部的玻璃管和大麻,然后打电话给麦克,让他来处理掉卓克的枪。她走出去,把违

第五章　犯罪年轻人的社会生活

禁品藏在她的秘密藏匿点，几分钟后就回来了，看起来更平静了，但她一遍遍说这件事把她的一整天搞砸了。然后，雷吉从监狱里打来了电话，她拿起电话说：

"这白痴跑进了房子！把警察都带到了这里。他们发现了枪套和子弹。不要问我他妈的是哪个子弹！我不知道是哪个子弹！在警察回来之前，麦克需要过来把这些东西拿出去！因为警察一定会回来，不是今晚，就是明晚了。"

在又喝了一杯酒，猛吸了一口从邻居那里拿来的烟之后，她开始谈论过去警察搜查她的房子的经历。然后她说："安东尼的问题是他太自私了。但他不认为自己自私。今天警察差点带走我的儿子，我两个星期前才他妈的[从青少年拘留所]把他带回来，甚至连两个星期都没到。"

因此，给予以及接受法律的风险成了在第六街区附近的人评估他们的关系、使某人有荣耀感或丧失荣耀感以及在彼此之间分出道德上的高下的一种途径。在压力之下放弃另一个人被视为一种背叛性的可耻行为。而自愿去做这样的事则被认为是一种报复行为，或者是一个公开冲突的开始。这无意带来的"热度"会被看成忽视或者坏品质的信号。

* * *

从这些例子中，我们可以看到，警察带来的重压以及监狱的威胁如何成为把人们团结在一起的馈赠礼物的仪式。像给予食物、庇护、或照顾孩子之类①，保护所爱之人不被警察抓走，或者为他们冒被逮捕的危险，成为一个持续地创造和维持社会关系中的"施惠与受惠"过程的一部分。

这带给我们一个有趣的启示。尽管有在保护他人上的默认的规范和崇高价值，但是这样做——特别是在个人成本上——并不总能很好地反映人们所做出的牺牲。某人极为慷慨地去冒险，或为那些不被看作有亲密关系的人行动，也就减少了保护以及施惠者的价值。有时人们被认为用一种利用或者拼命的方式保护别人，以此来增加本来不可能有更进一步发展的关系的亲密度。比如卓克的前女友让他在逃亡期间住在她家一个月，除了他的陪伴没有要求任何别的回报。

保护他人，或者为了他人而冒险，这对于施惠者来说是危险的，不仅因为有被逮捕的风险或其他的伤害，也因为在显示出这种情感依赖的行动信号之后很可能反而会遭到嘲讽。例如，一个女人可能会冒着被逮捕的危险，为了她男友而偷偷把毒品带进监狱，但最后她发现这个男人骗了她，或者这个男人告诉别人她对他而言并不重要。一个人也许会保护一个被捕入狱的朋友，但当警察给了一些条件之后，他的朋友很快就背叛了他。因此，保护别人，可能会遭到羞辱，也可能会被利用。

---

① 在贫穷的黑人社区中，有关食物、衣物、照顾孩子以及其他基本需求的核心礼物交换可参阅：Carol Stack, *All Our Kin：Strategies for Survival in a Black Community* (New York：Harper & Row,1974).

第五章　犯罪年轻人的社会生活

遭遇法律的道德模糊性

我们已经看到了监狱威胁如何为人们向别人展示爱、感情以及敌意，表明自己的品质和态度，或者评价其他人提供机会。

安东尼在被警察追赶的时候跑进琳达女士的家里，他显然将他人置于危险之中，琳达女士的愤怒被理解为对他的轻率的行动所做出的正常反应。但谁把谁置于风险之中，或一个人确实给另一个人增加了多少风险往往不是那么清楚。如果有人冒着被逮捕的危险而保护了另外一个人，就可能会出现关于保护程度的问题，或者说风险到底有多大的问题。施惠者可能觉得受惠者低估了风险，即在不知感激的人身上进行了冒险。而受惠者可能认为，施惠者是试图索取回报而不是真正的仁慈。因为警察的逮捕、法庭的听证会以及缓刑的会议有不可预测的结果，所以不同的行为并不能明确会造成怎样的结果。在社会关系中，以法律为契机的运作功能是复杂的，且具有固有的模糊性。

以下大段摘录的田野笔记揭示了此种模糊性：

> 我们走出城镇。我与一位女性朋友从学校开车出来，她坐在副驾驶座上。麦克和卓克坐在后座。他们抽着 L 烟（一种大麻烟），并把烟灰丢到车窗外面。
>
> 一辆警车闪着警灯让我们靠边停车。我的女性朋友大喊"哦，该死！"并从她的钱包里拿出一瓶香水，开始向车中和我们其他人身上喷洒。当停车时，麦克把大麻烟屁

股抛出窗外。

两个白人警察来到车边,问我要我的驾照。我问他们为什么让我们靠边停车,一个警察说我超速了。他们走回自己的车,记录了我的名字。在我们等待之时,麦克问我开得有多快,我觉得他是在指责我。卓克平静地说:"她没超过一磅。"意思是速度不超过五十。

其中有一个警察回到车旁。当他走近车辆时,他说闻到了大麻的味道,并要求我们都下车。他们让我的女性朋友和我站在一边,让麦克和卓克面对着车,把手放在引擎盖上,并分开他们的腿。一个警察通过对讲机叫来了一个女警察,然后让她对我们进行检查,尽管最后并未怎么样。他轻拍麦克,示意他面对着车蹲下来。

那个拿对讲机的警察开始搜查起车辆来。我看他从侧门的口袋里和座位下面掏出了东西。那些大部分是我在学校的论文。我想着警察可能会治我们什么罪。在驾驶员一侧车门的匣子里,警察发现了一些针筒装置。他笑着拿那东西向其他警察展示,好像找到了什么好东西似的。我解释说,这是麦克孩子的妈妈的包,她在学习成为一个助理护士,事实上的确如此。警察就放过了这些针筒。

警察对麦克搜身,想要知道谁在吸食大麻,大麻是谁的。麦克大声地说:"这是我的,是我的。"警察问:"大麻烟在哪里?"麦克说:"没有更多的了,我抽了所有的烟。"当警察转向我们时,麦克对他说:"她们什么都不

第五章 犯罪年轻人的社会生活

会,她们甚至连一般的烟都不抽。"

当麦克宣称这是他的大麻后,警察再次搜查了他,掀开了他的夹克以及牛仔裤的口袋。一小袋大麻掉了出来。警察给他戴上手铐,说他将被带回警察局接受指控。警察让我们三个走,甚至没有碰过我或我的女性朋友。我问我是否可以留下来听他们将会把麦克带到哪儿,但他们说不可以,并命令我们走。

后来,麦克告诉我,当时那些警察拉着他的睾丸,然后让他咳嗽,于是一小袋可卡因从他的肛门掉了出来。现在他被指控持有大麻和可卡因,虽然量都很少。后来,我问卓克在他身上是否有毒品,他点了点头。我问:"在你的牛仔裤里?"他又点了点头。但他们并没有搜他的身。

我知道,如果麦克要保释的话必须尽快,因为他在雄鹿县处于缓刑期。有些时候缓刑会在系统中显示,然后他的保释会被拒绝,因为处于另一个案件缓刑期里的人不能得到保释。

卓克好像完全不担心一样,很快就入睡了。我和我的女性朋友熬了一整夜,去不同的房子里找钱。第二天早晨我接到电话说麦克已经在保释听证会,我们需要带500美元到法院去。我们已经把钱准备好了,然后在一个小时之内把钱送了过去。我独自开车到了县监狱。我花了几个小时等麦克被释放出来,用手指捋着头发,试图不去理会一个年轻人一直问我的,是否在等男朋友这样的事。之后,麦克出来了，我们开车回了家。

当他走出门时，我满脑子都是关于这个事件的描述——我们如何知道他被关押在警察局的情况，我们从谁那儿拿到了钱，我们怎么在有人发现麦克处于缓刑扣押期之前跑到法院保释，我如何迅速开车到县监狱去接他，我等了多久，等候室里有谁，我如何躲避他们的调查，等等。

麦克最后拦住我，告诉我要安静，他看起来失望和愤怒。

"你在生什么气？我花了两天时间确保你能回家，现在你是什么态度？"

麦克解释说我并没有认识到发生的事情的严重程度以及我有多么接近于被逮捕。他把罪名都揽到了自己身上，而他本来并不需要这么做。

我抗议道，他被逮捕正是因为他藏了大麻和可卡因，是他自己在车上抽的，我并不需要感谢他。

他反驳说，他这次遇到警察的做法不同于他的习惯性做法。他说，在警察来的时候，人们通常会把毒品从他们身上或所处的地方转移到车子里，假如不能成功，便把它们扔到车外面去。麦克解释道，如果在车里发现毒品，并且没有人认罪，那么在大多数时候，这意味着司机需要承担罪名，即使他不是一个毒品携带者。不把毒品放在车里，和在搜查一开始就口头认罪，可以使车上的其他人免

第五章 犯罪年轻人的社会生活

遭逮捕——尤其是作为司机的我。

麦克解释说,他不会为其他任何人这样做;事实上,如果只有卓克和他在一起,他不会承认任何事情。但是他觉得我是为他去的那里,所以他想要为我做这件事,以向我显示他对我很感激。他看起来因为我不知道这个行为的分量而生气,并且还因为必须对我进行解释而感到很失望。

第二天,卓克和我讨论发生了什么,当我提到麦克为了我们承担了罪名时,卓克皱眉说:"这就是他说的吗?"他接着解释道,当麦克说他可以把毒品扔在车里,导致我这个司机承担责任时,他在撒谎,因为他没有想到这个。卓克声称麦克不记得自己带了一包毒品,直到警察搜身时它从他的口袋里掉了出来。他也不记得他带了小袋可卡因,直到他坐在警车的后面。如果他在搜身之前记得这些物品,卓克说,他可能会不计后果地把它们扔在车里。

我问:"但他说了我们身上什么也没藏,那些烟都是他的,这又怎么解释呢?"显然这是麦克承担罪名的一种实际行动,耿直而勇敢地将罪名揽到自己身上,把我们其余的人从可能被逮捕中拯救了出来。卓克解释说,麦克的说辞实际上并未保护我们。如果他没有说,我们可能都会被送往警察局并受到质询。但我的女性朋友和我不会受到任何指控,卓克说,因为我们是干净的,我们没有毒品,我们身上没有任何逮捕令,我们没有缓刑(我们只是违规驾驶），实际上在车里没有发现任何毒品。他说："他们会毫不介意地让你走的。"他随之解释说，麦克可能看出来，因为我只被警察问过一次，实际上无法直接承受来自警察的威胁，他不能指望我能沉默不语。特别是我的女性朋友，卓克指出："对她而言，麦克算什么？"

"现在他想要表现得好像为我们做了很多一样，"卓克说，"但想想看吧，若是想要获得指控，独自去不就是了。"

为了检验卓克的话是不是真的，我试着思考我学校的朋友将如何向警察讲述麦克。好吧，至少她会告诉警察麦克的真实姓名。希望麦克的其他案件不会起作用，他一旦被保释就很难再找到他了，麦克给了两名警察一个假名字，并且用金属刮掉了指纹，因此他们不能通过指纹找到他。

几天后，麦克似乎还在生我的气，因为我没有感谢他为我所做的牺牲，我没有接受他对此事件的说辞。我打电话给艾莎，告诉她最近几天发生的事、麦克做了什么以及我们如何几乎被逮捕。我确保麦克听见我跟她的对话了，这似乎修补了我们之间的关系。关于这件事，卓克没有再说什么。

从这些田野笔记，我们可以看到，谁为谁背负了罪名，或者实际上有多大的风险是相当不清楚的。我相信麦克承担罪责理所当然是他的责任，但他觉得这是在为我做出牺牲，而我并没有明白他的

第五章　犯罪年轻人的社会生活

付出。在我和卓克聊之前我已经被麦克说服了，但卓克给了我一个不同的解释。卓克同意麦克所说的，把毒品留在身上而不是扔在车里应该被理解为一种牺牲的姿态，并且保护了司机。也就是说，对于这一点他与麦克并没有分歧。卓克所争论的是，麦克是否记得他有毒品藏在身上。如果他真的忘记了，他就是无意识地使我们获得了安全，而现在却以此来邀功。此外，卓克认为，麦克迅速向警方承认他携带大麻而和我们没有关系并不是防止我们被逮捕，而是在防止我们向警方透露情况的可能性。麦克试图避免把我们放到一个危及他的自由的位置上去。

几天后，当我重读田野笔记时，我添加了第四点解释。实际上可能得益于麦克的快速认罪的人并不是我或者我的朋友，而是卓克，因为他确实带着毒品，如果麦克没有直接认罪，那下一个被搜身的便是卓克。如果卓克告发麦克以减少对自己的指控，麦克将处于更为危险的位置，所以麦克的揽罪阻止了这样的事情发生。卓克和麦克都没有提到这一点，至少到现在为止都没有提到。实际上，麦克还特别告诉我，如果只有卓克在车上，他是不会承担所有罪名的。

这样一次的警察拦车事件，就包含着如此多对风险和当事人行为背后动机的解释。麦克提供了这样一个解释的原因之一可能是一个人的品质在某种程度上会由他是否去冒着被逮捕的风险来保护他所关心的人来定义。第六街区附近的居民会倾向于淡化自己给他人带来的危险，而多少会夸大自己的保护和牺牲。人们会广泛传播自己为一个朋友作证受审的消息，想要别人知道他们的忠诚和友善的品格。除此之外，人们在警方怀疑的压力之下屈服这一点会遭到强烈的拒斥，虽然拒斥的强度有时被当作一种其自身内疚的符号。

遭遇到警察、审判日、缓刑听证会以及诸如此类的事情固有的模糊性和不确定性，使得人们难以基于这些事件而做出有关人的品格、情感或者动机的判定。然而，在一定程度上，正是因为这些事件是如此不确定和模棱两可，所以留下了相当大的解释空间，允许参与者构建表现他们的勇敢和荣耀的说辞。

对年轻成人而言的作为一个社会世界的刑事司法制度

在被警察高度关注的黑人社区第六街区，刑罚制度已经成为年轻人和他们的家庭生活的核心制度，借此，人们协调社会生活，并创建出一个有意义的道德框架，年轻人也由此获得他们的身份认同、展示他们的情感以及判断彼此的品性。

标志一个年轻人通过司法系统过程的事件被认为是一种授予身份以及建立关系的集体仪式。宣判听证会、初次的监狱探视以及被释放归家，都会被作为重要的社会事件，这些事件表明一个人受欢迎的程度，或者拥有怎样的地位以及其他人在他的生命中所处的位置。

通过保护一个人不被抓捕，或者冒着被逮捕的危险去为其他人做辩护，第六街区的成员以此来展示他们对他们的家人和朋友的爱，以及显示一种尊严和荣誉。将冒着被捕的风险去参加家庭聚

第五章　犯罪年轻人的社会生活

会，或者把被追捕的亲戚和伴侣藏在自己家里变成一种爱和奉献，这些行为将人绑定在一起。这样的冒险也能作为道歉，用来弥补过去所犯的错误。事实上，人们如何处理自己和别人的法律纠纷变成了一种区分的方式，将人们区分为勇敢的或懦弱的、负责任的或不计后果的、忠诚的或不忠的，或者至少为如此宣称而提供了谈资。在第六街区或者其他类似的地方，现在经历刑事司法系统成了一种成年的标志；这是对于年轻成人而言的展演的关键舞台，不仅年轻人要经历这些，他们的父母也要经历这些。

可以肯定的是，在第六街区周围以及其他种族隔离的黑人社区，这些年轻人的表演在街角、在课堂上以及在足球场上持续地上演着。但对某些人来说，表演主要发生在保释办公室、法庭以及监狱访问大厅。当第六街区的男孩成了年轻男人，许多人从家里和学校转到了拘留中心和监狱里。警察和法庭日益占据了他们的时间并支配着他们的行动；他们日常的生活节律便是写信给假释委员会、在缓刑办公室排队、给软禁监护人打电话以及和之前案件的后续审判法官见面等。

说到刑罚制度，它已经成为青少年成年的一个核心制度的基础，但这不是说它等同于其他可能占据年轻人的时间，并形成年轻人的社会认同与关系的基础制度。

一个男人通过刑罚制度的仪式过程，可能会成为他的女朋友打扮和做指甲的机会。但审判不是学校的舞会，这是降低声望和耻辱的审判，而不是庆祝会或成就。即使一个年轻女人可以骄傲地出现在宣判听证会，因为她和年轻男人的母亲一起坐在第一排，但这并不能改变她眼睁睁地看着自己所爱之人被带进监狱的事实。

母亲可以通过参加她们儿子的出庭日和探监来表达她们作为父母的关心和支持,但这些活动并不会给她们提供与参加学校篮球比赛、独奏会或者玩乐同样的满足感。即使一位母亲会为她对儿子必须面对的法律问题给予重视而感到一些骄傲,她也会有其他不愉快的情绪:为发生的事而悲伤,为她儿子将会在监狱遭受的事情而心痛,为她儿子所做的事情感到羞愧,为未能阻止她儿子做那些事而内疚。家庭虽然会为儿子被释放归家、驳回了案件、成功完成缓刑或假释而庆祝,但他们很少会为此准备蛋糕和气球。这些幸福的时刻带有不可避免的事实,就是即使从法庭传来了好消息,这也并不是什么真正值得骄傲的事。不同于毕业或第一天上班,弄清楚了法律上的纠葛不算年轻人有了什么更大的进步,而是生活重归于零。现在也许他要开始在一些领域(诸如学校、工作以及家庭的领域)站稳脚跟,但在这些领域他已远远落后。

机构问题仍旧存在着。世界各地的青少年可能会觉得,决策是为他们而做的,他们无法尽可能多地控制他们的生活。但是学校和工作给他们提供了努力工作、收获他们的努力所带来的好处的机会。相比之下,大部分年轻人经历的刑罚体系的仪式过程每天都在提醒他们,他们为更大的、并不指望他们会好的力量所怜悯。

看似具有武断本性的刑事司法系统,从警察拦下一个年轻人到他的假释审判结束的那一刻,让这个年轻人觉得,他不能积极地决定他的人生。他可能会随时被拘捕,站在他旁边的其他人却不会。一旦他涉及一个案件,开始参加出庭,也许一个月的事情会

第五章　犯罪年轻人的社会生活

延迟成一年多。每次他走进法庭时，他已经不知道当局会当场拘捕他并让他在监狱里继续待下去，还是会给他一个新的出庭日并把他送回家。不确定性持续地存在着，这一天可能是他牢狱之灾结束的一天，也可能是他作为自由人的最后一天。是被释放，还是继续审判，与这个年轻人自己的行为已经没有什么关系了，他只有等待和担心。如果他待在监狱里，他常常不知道要过多久才能获得假释，而如果被假释，他又可能需要几个月来等待他的批文。

年轻人无法控制在何时何地刑事司法系统可能会把他们带走，也不能控制谁会参加标志着他们的整个仪式过程的事件。当然，尽管高中里会有严重的羞辱以及冲突的场景，但待在拘留所或监狱里的一个人根本无法决定谁将参加他生命里重要的事件，这要比规划其毕业舞会无话可说得多。因此，这些场景就会变成紧张和羞耻的时刻，不仅仅对于这个人本身而言，还对于对他来说的重要他人而言，在关系中所创造出来的问题可能会比我们所联系到的成年礼仪式更多一些。

对一个男人而言，刑事司法系统给他提供了大量富有情绪性的装置来展示爱、荣誉、依恋，或公开的敌意，但是经过仔细检查，这些也是被需要的。遭遇警察的不确定性，使得这些很难成为体现他的品格的时刻，并且，监狱一触即发的威胁也使他很难做出他自己可能希望的举动来。

通风报信的行为，在自由自在无压力之时做的话，就可以理所当然地被视为一种攻击性的行为，或对一些冤屈的回报。但人们并不总会有能自由选择是通风报信还是保持沉默的机会。相反，通风报信通常会发生在胁迫之下，人们只能背叛那些他们其实希望要去保护的人，而且在几乎无法控制和自由选择的情况下，他们的性格逐渐变得老成世故。相反，我们很多生活在其他社区里的人能够建构起一种好人的认同，而无须冒许多安全或保障性的风险。第六街区的年轻人发现，他们的品质变得被定格在了恐惧以及绝望的那一时刻，在暴力的威胁之下，他们必须在自己的安全以及他们所珍爱的人的安全之间做出选择。

* * *

因此，人们在法院、警察以及监狱的威胁之下所编织出来的道德世界包括怀疑、背叛和失望。他们频繁修复自我和人际关系间的损伤，年轻男女试图掩盖他们所做的坏事，或者只讲对自己更为有利的事。朋友、伴侣以及家庭成员之间关系的维持需要大量的原谅和遗忘。尽管如此，不管面临怎样的境况，人们创造出了一种富有意义的社会世界和道德生活，并且年轻人在贫困以及种族隔离的黑人社区中，在大量的警力以及监狱的威胁之下成长起来，无一例外。

第六章
保护与特权中的市场

第六章 保护与特权中的市场

本书的大部分篇幅关注作为刑事司法机构关注目标的那些年轻人以及与他们关系密切的那些人。大量年轻人的关于法院、看守所以及监狱的活动涉及了更多的人,这些人存在于直接被卷入其中的人之外。在第六街区的邻里之中发展出了一个迎合各种法律边缘人群的需要和渴求的生机勃勃的市场。很多年轻人通过向他们的朋友和邻居出售炙手可热的商品和服务来维持生计,而这些朋友和邻居就是需要去躲避警察或逃避各种法律约束的那些人。

这些年轻人一开始仅仅是帮他们的朋友或亲戚的忙,后来才意识到可以向他们收费。其他人则发现,他们的正当工作提供了某种机会,即可以以一种特殊的方式来满足这些不受法律保护的人的需求。与此同时,一些在刑事司法系统中工作的年轻人,通过向囚犯走私商品和服务的秘密交易来获得一份额外的收入。总而言之,满足那些生活受法律限制的人的需求和欲望的地下市场,为这个社区中的金钱和工作都稀缺的年轻人创造了实实在在的经济上的机会。

将私人关系变成一笔小钱

当我遇到杰文的时候,他还是一个令人羡慕的 8 岁大的孩子,

在逃：一个美国城市中的逃亡生活

他想成为一名电影明星。他能够随口说出《教父》或《忠奸人》电影中的台词并立誓有一天会成为大明星。人们经常说杰文的声音像他们年长的亲戚。杰文常常开玩笑式地假装他的表哥雷吉，或在他叔叔的女朋友打电话来时假扮成他叔叔，这引起了很多误解，而且一度导致很大的争执。一晃眼杰文13岁了，他的肌肉开始丰满，最令他满意的是，他嘴唇上面那稀疏的胡子开始一天天浓密起来。最重要的是他进入了变声期。这是至关重要的事情，他的音调在下降。现在他能够惟妙惟肖地模仿他的亲戚和邻居说话。

在这段时间，杰文的表哥雷吉从看守所中被放出来，被安置到雷吉母亲的家里度过缓刑期。雷吉的缓刑官每周都会有几晚上打电话来确认他在房子里履行九点钟的宵禁。雷吉对这个限制颇有微词，因为这实际上限制了他的自由，特别是当他爱上了住在离这里几栋房子远的一个姑娘之后。雷吉一开始每晚花十美元请一个邻居坐在琳达女士的房子里应付缓刑官打来的电话，以便他和小女朋友约会。这个安排第一次成功过关了，但缓刑官在第二次打电话来的时候就起了疑心，他询问了雷吉作为一个青少年被告曾被送去哪里。雷吉的邻居没有能够回答上来。缓刑官告诉雷吉的邻居说，如果雷吉再一次被抓住在宵禁之后外出，他就会被送回看守所。

雷吉和我坐在面临小巷的门廊上谈到这件事情，此时，有些年轻男孩在巷子中玩一个小卡车游戏。在我们的谈话接近尾声的时候，杰文离开了游戏，向我们走过来。他怀着令人印象深刻的信心告诉雷吉，他可以为雷吉应付缓刑官：他不仅比任何人都更能模仿雷吉的声音，还知道大多数雷吉家的生活细节，并能快速地学习他

第六章 保护与特权中的市场

所不知道的那部分。

"我的生日是什么时候？"雷吉问。

"1987年2月12日。"

"我第一次是在什么情况下被抓住的？"

"吸毒，当时你应该10岁。"

"我去过几个月的福勒斯特？"

"你没有去过福勒斯特。你是在马哈诺伊市。"

"我在家度过的最后一个生日是几岁？"

"臭狗屎。应该是你9岁的时候。"

雷吉笑问："我的社会保障号是多少？"

"这个我不知道。"

雷吉于是将他的社会保障号告诉了杰文。

"重复一遍。"雷吉坚持要求。

杰文准确地重复了一遍。

* * *

那天晚上，雷吉测试了杰文的表演技巧，他七点钟离开，次日凌晨两点钟才回来。杰文按计划记下了所有的事：缓刑官打电话问了雷吉被送去的中转拘留所的名称，他的第一个孩子的妈妈的名字，他青少年时期在县监狱被看守所伤害的身体部位。对于所有这些问题，杰文都对答如流。

杰文开始为他表哥工作，一晚上收取五美元，然而，杰文的妈妈要求雷吉一小时付五美元。雷吉似乎对加价不满意，但苦于没有其他人与他的声音相似，他有着与歌手"声名狼藉先生"酷似的鼻音效果①。当雷吉拖欠了几次薪酬之后,杰文就去给他的叔叔服务了,然后是一个邻居,他俩都是被假释的,并希望有一个替身来帮他们接假释官的电话。

应付宵禁电话,除了需要模仿声音以外,还需要具备许多其他的素质:守时、自信、好记性,能够想象并用一个服完刑的人应该有的声音和监督官讲话。杰文就像专业演员一样完成了他的任务并乐在其中。杰文还用一个小本子将谈话的内容一五一十地记录下来,以便他的顾客在下次与监督官谈话的时候知道他们之间的关系发展到了何种程度。

经过一段时间,杰文争取到了相当的顾客基础。在他高中一二年级的时候,我见过他在一个星期里赚到了一百美元。不过,毕业临近,他似乎厌烦了这种夜夜坐在房间里的生活。他尝试将这些监督电话转接到他的手机上却失败了。他又尝试着培训他的朋友们去做这件事情,同样也没有成功。于是他停止了这种无休止的"电话服务",到一个店里去做了保安。

像杰文这样,一些我认识的年轻人正通过向生活在各种法律限制下的朋友和朋友的朋友提供服务来赚点小钱。一项重要的服务就是走私毒品给那些受限制最多的人:犯人!

24岁的珊达因为帮助身边朋友而开始做这样的事。

---

① 声名狼藉先生(The Notorious B.I.G)是美国嘻哈音乐人,1972年5月21日出生,原名为克里斯托弗·华莱士(Christopher Wallace),其歌曲以轻松、流畅、半自传性的歌词以及优异的叙事能力而闻名于世。他于1994年发表个人首张专辑《准备好去死》(*Ready to Die*),并成为东海岸嘻哈界的中心人物。1997年3月9日,他在洛杉矶被不明枪手枪杀,16天后第二张双盘专辑《死后的生活》(*Life after Death*)发行,唱片销量高居当时美国唱片销量榜首,在美国地区销量达到1 700万张。——译者注

第六章 保护与特权中的市场

"你必须用账单把大麻烟卷包起来,"当我们坐在她祖母的厨房的圆桌子边上时她对我说,"这样你就可以把毒品包起来,并防止味道散出。"

"好的。"

"你必须提前一两天做,因为他们现在有了测手的机器[①]。"

珊达在 8 岁的时候初次把毒品走私到监狱,她帮她妈妈把一个填充着可卡因的气球交给了她的爸爸,她爸爸是一个正在因严重伤害罪而服刑的重度吸毒者。她妈妈的做法是将毒品像塞止血棉条一样塞入气球,然后调试并在探视间拔出来。珊达的任务是观察警卫和帮她妈妈放风。有时她把气球从她妈妈手里拿过去递给她爸爸。她爸爸会把这些吞下去,然后在返回牢房之后,吐出来或者拉出来。

在她妈妈和她爸爸分手之后,珊达就不再去监狱看她爸爸了。在随后大概 7 年的时间中,珊达没有去过监狱或法院。然后在高二的时候,她的男友因持枪而被捕,她到县监狱去探望他。当她 23 岁的时候,她孩子的爸爸被判持械抢劫,然后,她又去县监狱探望他。

在她孩子的爸爸被拘捕的时候,珊达失业了,没有任何收入。除了买日常用品、尿布以及支付所有账单外,她现在还有了额外的开销:给在监狱的她孩子的爸爸送钱,这样他就可以买肥皂、淋浴的鞋子以及更好的食物。他还要求她带大麻和香烟去。几周后,她

[①] 珊达所指的是手部毒品扫描仪,它可以测试出手中非法物质的痕迹。矫正官用棉签涂抹访客的手,并将其放入机器中,机器会产生一份关于所发现物质的报告。

开始偷偷带少量的大麻和现金进探视室,以便他可以从其他囚犯那里购买香烟之类的东西。

为了承担探望她孩子的爸爸时所需要的费用,还有让他在里面舒服地生活,珊达开始为其他在县监狱服刑的人带小包裹;她自己去探望他们,或者在看望她孩子的爸爸的时候带上一位女性朋友。我们便是以这种方式见面的。雷吉因携带毒品和越狱而被捕,从他的狱友那里听说,一个叫珊达的女人可以以50美元的价格把大麻带进监狱。雷吉的母亲在一个星期三的下午和珊达见了面,交了钱并给了她一包大麻让她带进去给他。我跟在她后面。

在与珊达一起的最初几天里的一天,她把三个包放在一起:一个是给她孩子爸爸的,一个是给她孩子爸爸的狱友的,另外一个是给一个说大麻是缓解疼痛的唯一药物的背上有枪洞的男人的。她的妹妹在和我们到监狱去看望珊达孩子的爸爸时,将那个狱友叫到了探视室,这样她就可以把包给他了。在半小时的探视后,珊达拿到了新号,又等了五个小时探视第三个人。在这一天最后的探视中,她表现得好像在探望一位故友,并把他女朋友给他的一周量的小包毒品给了他。对珊达来说,组装一个小包裹分为四个步骤:首先,她捣碎了大麻,排出空气,弄成一个小而密集的立方体;接下来,她用一层塑料覆盖在上面,把它用胶带包起来,形成一个约一英寸长、四分之三英寸宽的矩形;然后,她把1美元、10美元或者20美元的钞票紧紧地包在包裹周围,让这个包裹像乐芝饼干一样薄;最后,她在包裹两边贴上双面胶带,让人可以把它藏在手腕和监狱身份腕带之间。

第六章　保护与特权中的市场

在库伦－弗洛德矫正中心突然出现的手部毒品扫描仪迫使珊达必须在进行包裹传递时采取一种额外的预防措施。在这台机器出现的接下来几天中，我去探视雷吉，看见充满恐惧的女人正拿着一瓶洗手液通过等候区，用力洗擦她们有违禁品斑点的手和手臂。那一天，汗水的气味混合着用于清洗等候室的氨水味。甚至像麦克的母亲那样并没有私带包裹的女人，也在担心自己最近是否触碰过毒品，是否会被拒绝进入，或者更糟糕的是被逮捕。

日益增加的风险并不能阻止珊达为钱而带小包裹进入——她需要钱。自从有了扫描仪之后，她开始把那小包裹放在内裤的夹层之中，那矩形的布似乎是为少量的违禁品而准备的。在去另一所监狱的公交车上，她跟我解释，那天下午值班的警卫不会摸你的阴道，只会去摸大腿内侧。当她解释这一点时，我还记得听雷吉和麦克描述这些有多兴奋，待在监狱里，拿着内含毒品的一个小方包，那会让你忘记你在哪里，更何况它还有女人的气味。

"你走之前必须把小包裹收拾好，"珊达解释说，"因为你得多次洗手，这样你才可以通过毒品扫描。而且在你等待的时候，要一直把它放在内衬里，这样它才不会掉下来。"

"你感到害怕吗？"

"你必须控制你的恐惧，"她说，"你必须假装你什么都没带，你只是常客。你必须表现得若无其事。"

珊达告诉我，她挣了足够的钱来支撑监狱探访的费用以及孩子的爸爸吸毒的费用。有时她也会把钱打进他的账户里，但她确实不再有额外的足够的钱去，例如，支付她的电话账单。

不管有没有毒品扫描仪，私带被逮捕的风险都是很大的。在我多年到拘留所和监狱探视来自第六街区的年轻人的过程中，我看到有7个女性被戴上手铐带走了，警卫在搜查室搜身中发现了她们所携带的毒品。其中两个是和她们的孩子一起来的，所以警察叫了儿童保护服务中心的人来。我认识的一个女邻居失去了对孩子的监护权，并在监狱里待了一年。雷吉似乎对此漠不关心，并说："她应该更小心，这也有她的责任。"

像杰文一样，珊达是因接受身边的人请托才开始做她的生意的，然后开始向少数人收取服务费。两人并没有通过这种方法赚大笔的钱。但杰文似乎很喜欢他的角色，而且他的老邻居和亲戚给了他地位上的认可。珊达因为这项工作帮助了有更大需要的人而表示出心满意足，比如她帮助了为缓解枪伤的痛苦而抽大麻的男人。并且他们都真的很需要钱，无论钱有多少。

工作机会

一些第六街区的居民成为这个地下网络的一部分，这个网络是由他们的正当工作所提供的机会支撑起来的。他们发现，他们训练起来的技能，或他们的工作带来的可用的特殊商品和服务，被证明对这些牵扯了法律麻烦的人是有帮助的，同时他们也能在暗中帮助这些人的过程中赚一点钱，有时还能赚额外的一大笔钱。

胖胖的40来岁的拉基姆在费城市中心经营着一家摄影店。摄影店（不如说是移动工作室）在费城市海关附近，有一块硕大的招

第六章　保护与特权中的市场

牌,上面有"护照照片,本市最便宜,欢迎光临"的字样。拉基姆的顾客从后门进来之后,看见一排塑料椅子,这排椅子的一端有一个三脚架,另一端的白色背景下挂有其他东西。拉基姆收取 15 美元,拍 4 次照,洗出 3 张护照尺寸的照片,供顾客从中选择。

我去看他的第一天下午,一位母亲和她的十几岁的儿子坐在等候区的塑料椅子上。他们走过来,她自豪地告诉我,她的儿子要去伦敦读大学三年级。她前面的顾客是一个要在加拿大进行两个星期培训的某大公司的员工,后面则是一位需要办新护照去阿根廷度假的律师。

当这些顾客离开后,另一名穿着牛仔外套的顾客走了进来。他看到我,便准备离开。拉基姆说:"没事,她没事的。"他笑了笑,说:"我不太确定。"他递给拉基姆一团皱巴巴的钞票,拉基姆给他一个装满黄色液体的小塑料袋子。那人小心翼翼地接过袋子,走进了小浴室。几分钟后,他出来了,向拉基姆点点头,走了出去。

拉基姆在 20 世纪 90 年代中期继承了他父亲的生意以后,就一直在摄影店工作。他说,"9·11"以前,摄影店的生意相当好。"现在人们不想出国,"他解释说,"他们不想坐飞机。"

在一个漫长的时期里,拉基姆的表弟会在他每周的假释会议时把拖车停在摄影店附近,因为缓刑和假释委员会的办公室位于离那不到两个街区的地方,他可以在一两个小时内赶过去。随后有一个星期,他的表弟提前一天就来了,一脸的沮丧。他问拉基姆最近是否用了大麻或者其他的药品。拉基姆回答说没有,他的表弟坦白他有毒瘾,并恳求拉基姆借给他自己的尿液以应付第二天早上的查验。

"我如何能把我的尿给你呢?"拉基姆问道。

他的表弟解释说,他在家将尿液加热,用塑料袋装好贴在大腿内侧,到会见室再把尿液释放到样品杯里。拉基姆同意了,第二天早上,他的表弟拿走了拉基姆的尿液到假释办公室接受会见,并通过了尿检。后来,当拉基姆的表弟再次借他的尿时,拉基姆告诉他这要花20美元。这种安排持续了几个月,直到警察抓住了正在开车的拉基姆的表弟,将违反假释规定的他送回了监狱。

在监狱里的时候,拉基姆的表弟告诉了一个朋友关于拉基姆的摄影店的事情。这个朋友回家后,在去做尿检之前,也在这里停留。消息不胫而走,拉基姆的尿液生意也风生水起。

2007年,我通过卓克的好友斯蒂夫见到了拉基姆。当时,斯蒂夫正准备度过缓刑期,在此期间,他要跟严重成瘾而导致的肺炎进行抗争。一天下午,他回到这个区,一边走一边表示很痛苦,我问他发生了什么事,他只是说:"尿太烫。"麦克解释说,斯蒂夫从一个市中心的人那里买来了尿液,在他将尿液固定在大腿上时,过热的液体灼伤了他大腿内侧的皮肤。

在访谈中,我向拉基姆问及此事,他点头称是。

> 我首先遇到的就是温度的问题。因为咖啡机把尿液加热得太烫,所以烫伤了这些家伙们的腿。我在这里必须收集抗生素软膏和纱布绷带,因为他们回来时皮肤都粘在了塑料袋上。所以我得弄一个可调温度的,我得让它保持在100度。问题就被解决了。

第六章　保护与特权中的市场

这边的业务开展近一年了,拉基姆有了三个咖啡加热器,和两名妇女谈妥了提供尿液以补充尿源。他告诉我,他也不知道还有谁在卖用于应付缓刑和假释办公室的尿液,要注意的就是,需要有一个地方来保证人们进入并安全地"安上"尿液。"如果你是一家热狗店、一家彩票和杂志店,你就不能这么做。"他解释说,大多数被判缓刑或假释的人会从亲戚或伴侣那里得到尿液,但这并不是一个令人满意的解决方案:

> 没错,你的女朋友可以给你她的尿,但是你也要把它带到费城西部、费城北部、乡下的所有地方。你要把它带到车上,保持温暖,还要当心尿袋会破。然后,你永远不知道尿液是否是干净的。你的女朋友或许说她没有吸毒,但是你不能每一秒都看着她。也许她不想告诉你她已经吸过毒了,所以她给你的尿液,你只能自求多福。之后,你便和缓刑官间有了麻烦,和你的女朋友的关系出了问题。如果你运气不好,你只能回到监狱去责怪她……如果你来找我,就不会有任何的问题了。见鬼去吧,有时会有女人帮她们的男朋友来找我!因为她们不想让他知道她们在做什么,你知道吗?所以她们从我这里买,然后把它给他,就像是她们的一样。

另一种类型:从事特定类型的工作的人能够提供假文件。2006年,一则新闻开始出现:一个女人最近被移送到宾夕法尼亚交通部（这个交通部靠近第六街区），因为她卖许可证给没有驾驶资格的人（或者太关心他们悬而未决的法律问题的人）并收取一千美元的报酬。麦克推断认为，自从他的许可证罚款总额超过了三千美元，他的假释判决不再允许他获得许可证，这使得给这个女人上千块钱有了意义。他绝不会攒钱去购买许可证，但通过他对这个女人的判断，我了解到在附近的其他许多人搞到了许可证，包括卓克和雷吉的叔叔——他在1983年就因违反假释规定而被签发了逮捕令。这个女人不愿意跟我谈话，不过两年之后，她被人发现并被捕。她自称通过卖许可证给那些无法获得资格的人，赚了超过30万美元。没有人能找出谁，或究竟有多少人携带着假许可证。

更为常见的是，人们毫无疑问地帮助那些在获得正式资格上有困难的人，向他们提供必须有身份证明才能获得的好处和服务。当然，这并不是供应身份证明本身，而是用自己的身份证明稳定地为那些无法获得恰当身份的人供应商品和服务。

巴比的街角商店坐落在第六街区和曼金的街角。入口上方的黄色霓虹灯上写着"赫尔南德斯·格罗斯杂货店　香烟、牛奶、鸡蛋、何奇三明治、彩票"。下面的一个牌子上写着"我们提供通行证"。格罗斯先生被称为巴比，在第六街区附近，他的商店是人们买香烟、薯片、饮料、零食的好去处。因为最近的杂货店在十一个街区以外，那些没有汽车或不坐公交车的居民几乎都在巴比的超市里买东西。

巴比用防弹玻璃罩住了柜台，但他留了一个两英尺宽的空间以便他能亲自给顾客递香烟和彩票。

第六章　保护与特权中的市场

"这个十字转门，"他曾告诉我，"是为了防止我的客户向我拔枪。但是到目前为止还没有人这样做。"

巴比用防弹玻璃做了一个大相框，把自己的孙辈和这个区域的其他孩子的照片放在里边。在他的孙女和三个孙子的照片旁边，是他第六街区的顾客和朋友的脸。他们出现在婴儿照片、舞会照片、毕业照片、葬礼照片、甚至监狱参观的照片中。巴比十分得意，他在一个日益暴力和贫困的城市的黑人区域中做了 15 年的生意，但还从来没有被人抢过。

在主柜台的对面，门口的上方，一个小型的电视机播放着体育赛事或新闻。顾客有时会停下脚步来看几分钟，并与巴比谈论相关的话题。他们还会问巴比他们的朋友或者亲戚过得怎样之类。的确，那家商店作为信息枢纽给第六街区的居民提供了信息。那儿也是从监狱回家的人通常第一个要去的地方。虽然巴比很少说话，但他悄悄地和附近的居民们都打成了一片，并拥有罕见的能力，让人看得起，并且受到真正的赞赏。他在他的高中时代打过棒球，在 40 年后他仍是让人印象深刻的人物。

当麦克和卓克与他们的朋友们出狱的时候，我们每天拜访巴比 4 到 5 次，买饮料、烟或一袋薯片什么的。几个月后，巴比给了我一个"香草"（Vanilla）的绰号，后来就简称我为"香"（Nil）了。

在大多数日子里，巴比的大学年纪的儿子在收银台前，销售彩票、饮料和零食。他的女儿在后面，做烧烤以及肉食柜台上的工作，供应三明治和烤奶酪。但巴比除在街角杂货店卖一些常见的物品之外，还私下销售预付费手机。毫无疑问，在不同的时间，他也做中介租赁二手车，或者为当地一些酒店拉客，在那些酒店里，顾客可以不出示身份证明或信用卡。

普通客户并不知道巴比私下的这些服务。你必须去要求这些服务，但也必须是合适的人去要求才能得到。但这些服务并非完全属于非法的。这些服务通常要求购买者提供他们的身份证明和保证他值得信任的东西——州级身份证明卡片、保险信用证明或银行账户。

巴比除给顾客提供特殊的商品和服务外，还扮演着中间代理人的角色——身处有法律麻烦的人与提供他们所寻求的一系列商品和服务的人中间。他联系曾在一个车库工作的顾客杰亨。在这个车库，顾客可以请杰亨做事情，无须提供身份证明、保险证明或任何相关汽车的文件就能得到修车服务。市中心的南大街上，有一个名叫侯赛因的人在卖音响和其他的电子产品，他会允许顾客在不提供任何名字，也没有身份证明的情况下享受此种服务。第三街区的博比·M出租房间而不需要任何证明或信贷。他的利息率高于其他地方，但是他更看重的是握手之谊，而不是什么租约合同。

在医学领域工作的人们也能发现，他们的工作使得他们能够为在法律上受限的人提供帮助。事实上，许多在地方医院和医生办公室工作的当地妇女在为那些害怕去医院看病的人提供药物和治疗。因为那些人担心去医院看病名字就会泄露，然后就会被警告或者有其他法律麻烦出现。

我第一次见证这样的地下医疗，是斯蒂夫14岁的表弟艾迪从警局跑回来的时候摔伤了手臂。一个警察在巴比的商店外面徒步拦

第六章　保护与特权中的市场

住了他，这个警察把他打倒之后发现，他身上有一些伤痕。当警察准备拿出镣铐的时候，艾迪迅速起身跑掉，很快，那个警察就在小巷中把他追丢了。为了逃跑，艾迪攀越了藩篱，在着地时受了伤。他喘着气，抱着手臂走进祖母的家，骨头都露出来了。

在打了一个小时的电话后，他的祖母胸有成竹地告诉我，一位妇女将会来接好艾迪的手臂。

"她是医生吗？"我很幼稚地问了一句。

"她是门卫，"艾迪的祖母笑着说，"但是她在医院工作。"

* * *

两个小时之后，尽管我们用洗碗布包裹并用长沙发的高背支撑着艾迪的手臂，但它依旧在流血。艾迪已经喝了几大口野生爱尔兰玫瑰酒，一边咒骂一边哼着歌。

午夜时分，那个妇女终于来了，她戴着手套，带了一个装满医疗设备的大塑料袋。她解开艾迪的手臂，给他注射了一些麻药。在清理了几分钟伤口以及责备了艾迪的祖母之后，她叫我打开了音乐。然后，她让艾迪的祖母抓住艾迪的身体，自己将他骨折的手臂夹在双腿之间，然后用她的双手将骨头接回原位。艾迪尖叫着拼命想躲开，之后哭了足足十分钟。那个妇女将两根针扔进锅里的沸水中，然后用它们缝合裂开的皮肤，艾迪无声地抽泣着。她把绷带放在缝合处，然后开始用白色棉花作为填充物包扎他的手臂，在他手上放上卷曲的薄纱。她从包里拿出更坚硬的泡沫材料，并把它切得更适合于艾迪的手臂，然后用绷带将其包住。大概一个小时后，那个妇女将艾迪的胳膊放在一个吊索上，留下每天要更换绷带和检查伤口的嘱托之后就离开了。作为报酬，艾迪的祖母付给她70美元和满满一袋中午刚做的谷物面包和鸡肉。

在这个令人印象深刻的事件之后，我开始观察到，一群在医疗领域工作的当地居民，为害怕遇到警察而逃避去医院的年轻人提供了许多账面之外的服务。

爱莎和麦克的表弟罗尼16岁那年在公共汽车上的时候，腰间的枪掉了出来，子弹射到了他的大腿上。（此前他从服了两年刑的青少年监狱出来，当他发现自己的邻居和好朋友以及第六街区的男孩们正在和第四街区的男孩们进行接连的开火交战时，他就开始带着这把枪。）罗尼最近才从青少年拘留所服完三年的缓刑，因此拒绝去医院，并坚信那样会让他因为违反规则而被再次关进青少年拘留所。他接下来的五天都在祖母的沙发上流血，他的朋友和家人恳求他去医院，但是并没有什么用。随后他的祖母找到一个在护士救护站工作的妇女前来取出这颗子弹。

她在厨房的桌子上完成了这一手术。罗尼的祖母塞了一块洗碗布到他的嘴里，并让我打开音乐来掩盖他的尖叫声。护士完成了救助，罗尼保住了小命，他的祖母给了她150美元，第二天还给了她一些这里非常有名的辣炸鸡翅。

里面的机会

当一些向受法律限制的人提供保护和便利的人，通过其私人联系开始他们的事业，或者通过他们的工作开辟了帮助他人并从中

第六章 保护与特权中的市场

获利的途径时,其他人开始联系那些直接在法律体系内通过他们的职位合法谋生的人。一些法院职员、监狱看守、案件管理者以及中转拘留所的监管利用他们的有利地位为那些被告、囚犯以及假释犯提供了便利,同时,这些人可以给他们带来实实在在的钞票。而像那些没有在刑事司法系统工作且为别人提供好处和服务的那些人一样,在刑事司法系统工作的人也会不时地出于个人原因,或者只是简单地出于愿望而为他人开方便之门。

珍妮以高分从高中毕业后,读了两年制的大学,获得了刑事司法的文凭。正如她所说,她一直看着她的兄弟和父亲与警察、法官还有犯人打交道,这使她坚信,她更适合这样的工作,而不是医疗这个在当时蒸蒸日上的领域。毕业后,她尝试获得一份狱警的工作,因为这份工作福利和薪水都是不错的。但是,她被市里的刑事司法中心的程序安排办公室雇佣了。这份工作十分直接:处理案件的时间安排,管理法官、地区检察官以及被告的日程。由于每个月都有上百个案件在开庭之前被分到12个法庭,她更具体的工作是和被告交涉、进行谈判,这样的行程安排使珍妮和另外两个同事整天处于工作当中。

一天,珍妮正在处理案件,突然一个熟悉的名字出现在眼前:本杰明·格林尼。本尼——如果真的是同一个人——是在中学时期唯一对她好的人,当她十分肥胖,并且她妈妈的男友晚上会去骚扰她的时候,本尼会让她溜进他地下的卧室睡觉,不要她任何回报。她在法院的电脑上查询他的名字,他的照片出现在了屏幕上。正是本尼,确定无疑,现在的他比中学时年长了十五岁。

珍妮在之前听说了，本尼在高中毕业之后成了大毒枭，而且联邦探员也都想抓住他。但是这不能阻止她感激他的好。本尼接下来的一周被安排了一个枪支和毒品案件的预审听证，她在走廊等着他，当他正要离开审问室时，她非常害羞地靠近了他。"我的心脏狂跳，"几个月后当我们在法院街对面的咖啡店喝咖啡时她告诉我，"我不知道他结婚了没有，或者有没有孩子，或者他有没有想过我。但是他看起来和以前一样，只是[脸上]有更多的毛发。"

在他们几分钟的相见中，本尼问珍妮能否帮他从案子中撇清，或者她能否跟检察官和法官说上话。她拒绝了。但是因为珍妮能够安排法官的日程，所以本尼的审判日期被安排得很靠后——四个月后而不是一个或一个半月后。

通过本尼我认识了珍妮。一天他经过街区，逢人便说，他认识的一个在法院工作的女孩帮他把审批日期推后了。他表现得好像并没有在利用她的感情，且言辞间充满了轻蔑。但当我和珍妮在一起喝咖啡的时候，她解释说，本尼已经答应了付给她一笔可观的钱，作为她帮忙搞乱法官的日程的回报。事实上，每次她成功的时候他都会给她钱。

"他给你多少钱？"我问道。

"三百，每次三百。"

"你拿这些钱干什么？"

"拿来还我的学生贷款！"

为了更充分地证明珍妮真的收了钱，一天中午我私下里问了一下本尼，他承认他有付给珍妮钱。他解释说，这是因为他不想因为

第六章 保护与特权中的市场

她的付出而欠她人情，何况他知道珍妮有多么喜欢他。

一年以后，本尼依旧在大街上游荡，战战兢兢地花时间陪他孩子的母亲和两个孩子。最后，他的法庭案件在间隔了三年半时间后终于得到了处理，比我看过的任何案件花费的时间都长了整整一年半。本尼最后还是被送进了州监狱。珍妮跟我说，他每个星期固定给她写信，感谢她给了他更多的时间让他在监狱外陪他的家人。

如果连一个法庭职员都有余地给某些被告一些特权，使得他们在两次审判之间获得更长的时间，那么狱警理所当然会有更多的余地。虽然相当多的法律限制强加在了那些处于缓刑或者假释期、正面临法律官司和在看守所或监狱中的人身上，但还是给那些在相关便利行业工作的人更大的经济机会。当然，并不是所有的或大部分看守都参与了非正式的"刑事经济"，至少有一些人会从走私从刀具到毒品再到手机这样的物品中获利。

我曾经两次陪同琳达女士去见一个看守，她付给他钱，让他帮忙给她在县监狱的儿子送点大麻。另外有一次，我陪同麦克的女朋友去见一个狱警，他接受了她的一次口交和35美元，作为给麦克带三片氧可酮的回报，这些药片是用来给麦克缓解在法院里被严重打伤的疼痛的。

在2011年，我听说琳达女士付钱托狱警给她在监狱的儿子雷吉镇痛剂。他已经因为违反假释条例无证驾驶而在州监狱里待了6个月了。他进监狱之后不久，一个女狱警把一桶氨水泼在了他脸上，造成了严重的伤害。我在那次探访后写的田野笔记如下：

在逃：一个美国城市中的逃亡生活

自从那次氨水事件后，我第一次见到雷吉。他说那不是她的错——她是在玩。护士提供的滴眼液对于减轻疼痛没有用，所以那个毁了他双眼的狱警开始偷偷给他捎镇痛片并从中收取一些钱。三天之前，那个狱警被调走了——很明显跟伤害雷吉或者偷带药品无关——现在雷吉正面临严重的断瘾。"像流感，"他说，"但更加艰难。"总会过去的，但是他的眼盲好像不会过去。他希望有另一个狱警卖给他镇痛剂或氧可酮，但至今他还没有找到。

除了药物，一些狱警还做卖手机的生意。2011年在库伦-弗洛德矫正中心中，有获利500美元的狱警。刑犯的家人和女朋友会找狱警，给他现金，这在我所观察到的许多案例中都能体现出来。

狱警还售卖一些无形的东西给囚犯和假释犯：和女性相处的私密时间。

麦克和我坐在离费城西边两个小时车程的坎普希尔州监狱的来访室里。我们吃着十字转门的小吃机器做的微波鸡翅，听着附近的小声闲谈。麦克指着饮料机旁边的一个小房子。"看到那里了吗？"他说，"那里没有摄像头。黑鬼们正带着他们的女孩子在那里寻欢作乐[做爱]；这个狱警收了钱，比如15分钟一张[100美元]。在我到这儿的时候，他正好就离开了，所以我从没有做过这个。"

当麦克完成他三年的监狱服刑之后，他获得了在费城北部一个中转拘留所完成假释的机会。在那里，同样，一些狱警也希望用某些特权来收取一些费用。那个地方的一间小房间里有10张

第六章　保护与特权中的市场

床，但经常是20个男人一起住。第二天晚上，麦克告诉我，他整夜都没有睡，因为他的一个室友刺伤了另外一个室友，理由是那个室友偷了他的鞋子。我第一次去那里的时候，走过楼道的门边，一群年轻人跟我打招呼，靠着玻璃望着外面跟其他人一起大嚷。坐牢数年后，麦克发现中转拘留所难以忍受："你能嗅到自由的味道，但摸不到，或尝不到。"

在一天里允许出去的几个小时中，麦克开始去重新熟悉这个城市，熟悉时下人们穿的衣服，注册了脸谱网（Facebook），买了一个苹果音乐播放器（iPod）。第三天，他有足够的时间去看望他孩子的妈妈玛丽以及他们的两个孩子。他看起来很不安，我努力地去安慰他，以便他在见到他们时会更放松一些。

在此次看望之后我们进行了谈话，麦克遇到的问题听起来似乎更为糟糕。他听说他的孩子现在和他们的外祖母以及外祖母六十岁的弟弟住在一起。麦克相信这位舅舅有让孩子们坐在他的腿上并抚摸他们的习惯。玛丽被当地医院雇佣为护士助手，每天早上五点就要去上班，这意味着他七岁的女儿以及十岁的儿子会和玛丽的这位舅舅共处两个半小时，他们的外祖母下了夜班回来才能带他们去学校。麦克想要的是自己晚上待在家里，这样他便可以在孩子们与玛丽的舅舅单独相处的那关键的两个小时待在家里。我能想象他也想和孩子们的妈妈待在一起，尽管我们在讨论这一情况时，他并没有说出这个原因。

问题终于得到了解决——麦克发现许多中转拘留所的人给一名看守一晚上100到200美元，这样他们就可以傍晚离开那里，然后

在逃：一个美国城市中的逃亡生活

在第二天早上八点再回去。事实上，在晚上我跟麦克问好的时候，那些人正在给这名看守报酬以获得特权。我看到了他们一个接着一个地跳进外面等待的车里。我一开始在想，这些获得了特殊的夜晚通行证的人可能是上夜班，或者会选择离开中转拘留所，违反假释期，然后逃跑。当麦克向这个看守解释的时候，我意识到至少是有一些人付了钱，在晚上离开，然后第二天早上再偷偷地跑回来。

起初麦克的妻子同意承担付给看守的钱中的大部分。她告诉我，她愿意花任何的钱以确保孩子们的安全。但到了第二周，她就拒绝出钱了，说她不愿意拿出她所有的钱而只为了和麦克度过一个晚上。

当麦克每天晚上要付的钱花完之后，我问他是否可以把我介绍给那个收钱的看守。因为看守是单身，而且跟我的年龄相仿。麦克邀请他和我一起喝酒，介绍说我是他的干姐姐，就像他往常所做的那样。麦克告诉那个看守，我正在写麦克的传记，想要和他谈谈麦克在中转拘留所的经历①。

那个看守同意五点和我见面，一起喝酒，在一个有名的"成年人"的酒吧。他跟我想象的一点也不一样：他是一个安静的有思想的人，他一边喝着橙汁苏打汽水，一边给我展示他三个孩子的照片。

他一开口就说，麦克是他最担心的人之一。如果麦克能够度过前几个星期，他就放心了。

---

① 这并不是一件像这里所说的那样神奇的事情。这一街区的年轻人想要售卖他们自身的有关街头和监狱生活的回忆录。

第六章　保护与特权中的市场

我们开始谈话，不久这个看守的电话就响了，他起身说："是的，他可以走。"我问这通电话是干吗的，他非常直接地告诉我，他正在帮一些人晚上离开拘留所。

"那你收取什么呢？"我问。

"这视情况而定，"这个看守说，"如果这个人是跑出去卖毒品，你知道，当他拿着他被铐起来时落在他朋友那儿的枪回来时，我就要收取200美元。大多数的事情逃不过我的上司的眼——他们以为他没有注意到，但他知道这是什么；他正在削减名额。如果这个人是去上班，或者照顾他的孩子，你要知道，他是好人——那我就少收很多，甚至可以免费，而从别人身上收更多钱来孝敬我的上司。"

"这有风险吗？"

"这样说吧：这是我待的第三家拘留所。第一家拘留所被关了，因为厕所被停了，在几个月的时间里，厕所没法用，男人们在自己的大便里睡觉，于是生病了。关闭第二家是因为看守在卖枪，并且不是一般的枪，是机枪——M16自动步枪。[看守]利用房子里的人把枪走私到国外。这么发展你毫无办法。"

"那就让男人晚上出去……"

"这是违反政策的。这违反了他们的假释规定。但在我看来，这就是我在费城的家，我没有别处可去。"①

* * *

面对严厉的监视和监管的限制，一些个人与警察、法院以及监

---

① 经过允许，我用我的苹果手机对该谈话进行了录音。谈话之中的一些无关的琐事都被删掉了。

在逃：一个美国城市中的逃亡生活

狱纠缠在了一起，去获取一些特殊物品和服务，去寻求躲避当局，或者生活得比在法律限制所允许的范围内更为舒适一些。在第六街区有许多的年轻人，同时还有法院的工作人员、监狱看守以及中转拘留所的管事人，向那些在刑事司法系统中挣扎的人提供一系列地下物品和服务，来获取额外的收入。除了监狱看守之外，那些在这个市场中工作的人，相互间并不认识，也没有构成一个集合体。

有些人会卖一些特殊物品，如不吸毒的人的尿液或伪造的文件，那些受到法律限制的人是需要通过警察的阻拦或需要绕开对他们的各种限制的。而其他人在寻找隐秘的方式以提供基本的商品和服务，或是因为这些商品和服务对于那些匍匐在法律脚下的人来说，通过标准的渠道获得会太过危险且困难，或是因为那些人受法律限制而无法获得像维修汽车、购买手机，甚至卫生保健这样的服务项目。此外，许多干净的人所拥有的像基本权利或自由这样的东西，在各种形式的约束之下，成了被高度渴求的特权：诸如与配偶在监狱墙内的15分钟的亲密接触，一个必须接受缓刑或假释限制的人在家待一个晚上，或在量刑听证会前在监狱外待上几个月时间。这些，也成为在法律条文管束下的人所欣然购买的商品。

在这个地下市场之中的人们又是怎样解释他们的行为的呢？

拉基姆对他的顾客似乎采取了一种同情的态度，将他的尿液生意视作对一种不公正制度的必要修正：

> 我不是在试图帮助人们破坏法律，但假释条例也是够疯狂的。你跳下货车，喝上一杯酒，抽抽大麻，他们就会

第六章 保护与特权中的市场

把你抓起来,在里边待上三年。你再开始使用毒品,真正的毒品,你就应该因此而被送回监狱吗?那根本就没有什么用。所以你来找我。当你喝多了,或是抽大麻的时候,你会被发现的,因为在你的系统里所有的东西都是逃不过机器的。

他开玩笑地说,这方面的生意鼓励他远离饮酒或者吸毒:"当连你的尿都变成有价值的东西时,你就不能随便往身体里放东西了。如果你卖掉了一袋子脏东西,那你就完了。"

拉基姆还用相当政治化的语言描述了他在帮助假释的人上的努力,坚持认为他所给予干净尿液的那些人被非法剥夺了充分的公民权利。其他一些人则在法律上帮助那些弱势的年轻人——这些人被看成黑人社区中与警察抗争的一种势力——他们帮助年轻人去跟作为种族非正义的关键场所的监狱系统进行斗争。一个我所访问过的假释官在描述他尽力向犯人提供商品时提到了"地下铁道"。其他像珍妮这样的人,他们在法庭工作,但似乎又为一种特殊关系所动,从而为某个特殊的人做一些破例的事。

相比之下,我所交谈过的一些监狱看守对犯人表现出了相当多的敌意以及因工作的内在紧张而产生的挫败感。一位看守会冒着犯人出手打人的身体暴力危险向犯人兜售手机和毒品,这恰好使他所挣的额外的钱正当化了。他和他的同事们把在台面之下从犯人身上挣钱看作一种遵从上司指令的方式,恰如柠檬汁只能从柠檬中榨出来。

在逃：一个美国城市中的逃亡生活

还有的人则相反，他们对从绝望了的犯人和假释者身上挣钱感到厌倦，他们用个人化和政治的立场来判断，他们对于自己的服务给已经十分弱不禁风之人施加了更多的风险而内疚。在我们酒后闲聊时，中转拘留所的看守分享了他在让人们晚上偷偷溜出去并因此而拿钱时的复杂的以及矛盾性的动机和情感：

> 这是一个烂的系统。在美好的一天中，我会认为我在为兄弟们做正义的事。这些人都被关了起来，因为他们没有支付他们的法庭费用，或他们喝醉了以及没通过[尿检]。当他们还是孩子的时候就被关起来了。然后，他们来到了这个该死的地方[中转拘留所]，人挨着人睡，没有钱，没有衣服。而且，他们必须遵循规则——却没有一个人能够去遵循这些规则。这是一个悲剧。这是违背上帝的罪行。有时我想，当他们在50年之后回过头来看时，他们会发现，这是错误的。所以我认为，每天晚上我所给予人的，都是他会记起自己是人而非动物的一个晚上。他们中的大多数会在数个星期或者数月之后再回到这里。你可以说一晚在外是一件小事，但这也是一件大事。在外边多睡一个人，这里就会少一个人。这里的53个房间都已经满了。
>
> 如果是糟糕的一天，我会认为自己从一个手无寸铁的人身上拿东西；我从他们身上拿到我孩子的学费，支付了账单。那不是正确的。不管发生了什么[当他们离开这个

第六章 保护与特权中的市场

拘留所后],这都在我的脑海里。如果他们遭到逮捕、枪杀,都是我的错。

不管参与这个地下市场并提供服务的意义是什么,或者他们在做这事的时候说出来的或者无法说出来的原因是什么,我们都必须承认,国家刑事司法所触及的范围远超出了作为警察、法院或监狱的直接目标的犯人,甚至超出了他们的家庭。一大批人向逃避警察或经历过法院和监狱的人提供地下帮助。通过这些不正当的交易,他们也被卷入了"肮脏"的世界之中。向不幸的或暗中参与反对飞扬跋扈的警察以及监狱的地下政治运动的人提供帮助,可以让他们有一种贡献感。但他们也通过这些在法律上有不确定性的人而获得了收入,并加入搜寻和约束这些人的刑事司法体系之中。通过与有传票在身的人、身在监狱里的人、在法律诉讼中的人或者假释在外的人进行金钱上的交易,这些秘不可宣的商品和服务的经营者也就和刑事司法系统同流合污了。他们会了解它、与它接触互动并依赖于它。并且有人发现,与此系统相纠缠的往来生意,使他们易于被抓捕。我们应该将这种状况视作某种次级法律风险①,即作为此项研究核心焦点的年轻人在法律上所面临的不确定的危险的外溢。

---

① "次级法律风险"(secondary legal jeopardy)这一术语与摩甘·康福特(Megan Comfort)的"次级监狱化"(secondary prisonization)——用来描述妇女们是如何通过与她们被关起来的伴侣的关系来受制于监狱权威的——有着异曲同工之妙。参阅摩甘·康福特的《一起过:监狱阴影下的爱情与家庭》一书。

第七章
干净的人

第七章 干净的人

在第六街区附近,有许多年轻男性会与警察、法庭、假释委员会以及监狱产生纠葛。他们的女友和女性亲戚不得不时常接受讯问和突然袭击,花费大量时间处理这些男性的法律事务。这些地区的其他人也会因为给这些年轻男性提供地下帮助而被卷入同警察局以及监狱的纠纷中。

尽管如此,仍会有很多人相对远离这些纷争,在警察追捕他们的邻居的同时,过着两点一线循规蹈矩的生活。不仅女人能够保持"干净",高中没有毕业的黑人中有60%在他们35岁之前进过监狱[1],这也就是说剩下的40%的人没有进过。虽然这些没有被监禁过的人中也有很多被牵扯到诉讼案件中或被判处缓刑,但也有不少年轻人成功地远离了这些占用他们同龄人大量时间和精力的司法审判机构。

这一章描述了来自第六街区的四群人,他们在身边的亲友时常进出监狱、警用直升机始终在头顶盘旋的情况下开创出了一种干净的生活。通过这些描述,我想展现出这些干净的人和那些时常进入

---

[1] Becky Pettit and Bruce Western, "Mass Imprisonment and the Life-Course:Race and Class Inequality in U.S. Incarceration," *American Sociological Review* 69(2004):151,164.

监狱的人之间多样的关系以及他们是怎么看待自己，又是怎么看待对方的。

宅男

2004年3月，麦克被判处在州立监狱执行1～3年的监禁。在周末拜访过麦克后，我联系了他的一些想知道他近况的亲友们。但在没有同他们建立起长期固定的关系，且在麦克不在的情况下，我已经没有理由长时间地待在第六街区了。当我查询怎么回家时，我遇见了另外一群住在大概离这里15个街区远的地方的人。

拉马尔同一位有一些认知障碍的老人住在一个三居室的房子里。拉马尔的母亲让他同这位老人一起生活是因为，这也属于她在几个街区之外开办的小型看护照管生意的一部分。政府提供的残疾保障资金足以解决老人的住房抵押和食物供应问题，因而作为免费住在这里的交换，拉马尔负责确保老人规则饮食，防止老人因烟头而烧毁自己的家。在拉马尔的父母家里，也住着三个具有同样情况的残疾人。

许多个夜晚，在工作结束后，拉马尔的朋友都会去他家喝酒、玩电子游戏。拉马尔在宾夕法尼亚大学校园有一份时间规律、工作体面的保安工作，这使他得以每天下午五点下班，晚上回家精力满满地玩电子游戏。他住在一个典型的单身公寓里——温暖、舒适，却打扫得不是很干净，也没有诸如配偶、母亲以及孩子等久居。他照看的那个老人则大部分时间待在自己的房间里听收音机。

第七章 干净的人

拉马尔的朋友们都和麦克、卓克年纪相仿,虽然他们也聚成小圈子在一起玩,但他们从来不会牵扯进警察、法庭这些事情里面,与牵扯在里面的人也几乎没有什么接触。他们拥有合法的工作——保安、维修工以及便利店员工等等。做这些工作的人都有制服,拥有合法的身份证明和大公司印刷的正式薪资单。他们在丢掉工作的时候,会去寻求朋友和家人的帮助,而不会去大街上寻找收入。

这些年轻人喝啤酒而不是吸食大麻,他们中有很多人在岗位上每月或者不定期地接受尿检。他们把空闲时间都花在在室内打电子游戏,而不是在后街或者小巷里吹牛皮上。他们在冬天不需要保暖服或者厚靴子,因为房子里都有很好的供暖设备,他们自己也极少外出。

每天晚上,拉马尔和朋友们在停好车回屋的路上,都会遇见另一帮穿着连帽衫和黑色牛仔裤的家伙站在街角。他们不与这些人交谈,仅仅在路过时略微点一下头。我想这些年轻人应该很像我在第六街区认识的那些——总会被警察和法院缠住,很可能贩卖和转手毒品。

拉马尔和他的朋友们只玩一种电子游戏——《光晕》(Halo)。游戏的设定是现代都市战争:玩家们躲过敌方队伍,并且试图用机械枪支杀死敌方。拉马尔在客厅里放了两台小电视,每台接有4个控制器,所以他的8个朋友可以同时进行对战。和许多二十几岁、三十几岁的单身青年一样,他们一周有三四个晚上玩这种游戏到凌晨。

很多发生在晚上的对话与游戏有关:

"黑鬼，我告诉过你他会往转角来！就是这样，你完了。"

"我不和你争了，我不可能一直打输出……"

拉马尔两个最好的朋友是达内尔和柯蒂斯。达内尔是个圆滚滚的20多岁的男人，他在城边的一家健康研究公司当经理。他告诉我，他一年大约赚4万美金，比他两个姐姐工资的一半还要少。他的两个姐姐都拥有高学历，住在郊区那里。达内尔的女友有个年幼的儿子，正如她反复向达内尔提及的——她在养育儿子的过程中艰难地读完了大学。现在她已经拿到了法律服务的学位。她孩子的父亲住在弗吉尼亚，年工资近6位数——这也是她在争吵时指责达内尔缺乏雄心抱负时常常提到的。与达内尔在他的姐姐还有女友那里的窘迫境遇恰恰相反，他在拉马尔的圈子里是最富有且受过最好教育的。实际上，他们这群人中的其他成员时不时会埋怨达内尔，说他认为自己高人一等，总是趾高气扬的。

拉马尔的另一个密友柯蒂斯是一个快30岁的男人，在费城南部负责化学车间的维护。他告诉我，他曾经做过毒品贩子，但是当女儿出生的时候，他就退出了。他很少说话，达内尔称他为"一口深井"。

他们一起玩的这个群体当中唯一一个女孩叫凯莎，有点胖但非常美。她在当地一家医院当采血员。度过了工作要求的6个月的毒品筛查后，她又抽起了大麻，然而，拉马尔叫她把大麻带出去到走廊里抽。

"我爱大麻！"喷出几口烟后她这样讲，"它确实有助于我，还能说什么呢。"

第七章 干净的人

从我所知道的来看，凯莎和拉马尔从来都不是一对，但从幼时他们就是朋友了。自从拉马尔最好的朋友在高三时因车祸去世之后，凯莎就代替他成了拉马尔的知己。她并不玩电子游戏，但是经常在晚上和这帮人一起出去闲逛。

除了这些密友之外，拉马尔的两个表兄弟也加入了游戏之夜。两个表兄弟其中之一在宾夕法尼亚大学做暖气和空调修理的工作，他和女友，还有他们新出生的孩子住在城郊的中产黑人聚居区。他也和凯莎保持着性关系，早在他遇到他的女友之前就开始了。凯莎有一个同居的男友，周末时则在拉马尔家同他的这个表兄弟约会。他的表兄弟解释说，凯莎永远也不会成为他正式的、全职的女友，因为她太经常和男人们出去玩，而且她不太忠诚。此外，凯莎大概比他孩子的妈妈要胖100磅，他在私下里挺喜欢凯莎的丰满身材，但在公开场合就不一样了。而对凯莎来说，只要她能在周末和拉马尔的这个表兄弟约会，平时能同她的同居男友住在一起，她就很开心。

拉马尔的另一个表兄弟是一个18岁的瘦弱年轻男子。他基本是在一个集体宿舍中长大的，在我认识他的这个时间段内他基本处在一种失业的状态之中。不过，当我快要离开这里的时候，他获得了一份在市区哇哇店的工作——这是一个很受欢迎的便利三明治连锁店。拉马尔和我经常到那里去看他，因为他没有车，我们有时也会在他换班的时候去接他。

我开始一点一点地了解拉马尔的家庭。他的母亲是房子的所有者，做着看护照管的生意。实际上，她是拉马尔的养母，他的生母因为毒瘾和贫穷，在他很小的时候就抛弃了他。他的父亲也长期吸食毒品，并且完全依赖他的养母来供养。他的养母像照顾另外三个有精神疾病的人一样照顾着他。拉马尔的父亲大约会一周一次到拉马尔家和他的朋友们一起喝啤酒。他经常拍拍这个，和那个摆摆手，又对另一个笑笑。拉马尔总是好心地、耐心地容忍着他。有一次，当讨论起他那个在集体宿舍中长大的表兄弟时，拉马尔说："如果不是因为我妈，我很可能就是他那样。这个女人是个圣人。"

拉马尔和他的朋友们住在一个周围很多年轻人都被捕过或者被拘禁过的街区里，这使得他们不同于其他一些一起玩游戏的小群体——就像我在宾夕法尼亚大学宿舍遇到的那样。他们的室内游戏属于合法的消遣和刺激，这意味着他们不会在街上游荡。甚至当拉马尔他们在路上偶遇一些好久不见的人，问他们"最近还好吗"时，得到的回答都是"尚且没惹麻烦"。这也许就意味着，尽管他们仍然失业，且没有什么事业进步，但仅没有被关在牢房里就已经是一种成就了。

不过，这倒不是说拉马尔他们从来没有和司法系统打过交道。在我们认识几个月之后，拉马尔付清了几张超速罚单并拿回了自己的驾照。他的一个朋友现在也正在努力拿回因为没有支付行车违规罚单而被扣留了的驾照。但这似乎就是他们的法律纠葛和不体面的极限了。在每天晚上混迹于拉马尔家的这8个月中，我从没记过一条包含"警察"这个词的田野笔记。从来没有警察突然出现在拉马尔家门口，他也从未接到说哪个亲戚朋友被控告的电话。外面偶尔会响起警报声，即使这声音离得很近，也没有一个人会从电子游戏中抬头看看发生了什么事。不管警察们在找谁，都跟他们没有关系。

第七章　干净的人

飙车是在天气暖和些的时候会和当局产生纠纷的一项户外活动。拉马尔他们喜欢翻新旧式的欧产汽车，特别是大众汽车，然后把它们加大马力变成赛车。他们会花很长时间来增加配件或者改装弹簧，而后有时会到机场外的空道上去飙车。来飙车的人当中有一些是哥伦比亚人、老挝人，另一些是拉美人，有一次我们甚至开到了马里兰的一个会场去。飙车可能会让他们被捕或者受伤，但是大多数时候，拉马尔的朋友们都是作为观众来到这儿的，他们主要是来欣赏其他的车和观看比赛的。我们总能在警察露面前离开，而且比起第六街区的家伙们的那些或专业或消遣的活动，这个飙车比赛已经是相当温和的了。

和拉马尔他们在一起的 9 个月里，我观察到一次事件，它揭示出了他们与那些像我在第六街区认识的家伙们一样的人的关系到底是怎样的。那是我唯一一次见到他们与在逃者们面对面。

拉马尔有一天下午打电话跟我说："我得到了些消息。"

"是吗？"

"是啊，我刚刚发现我妈死了。"

"什么？天呐，我很难过。"

结果死的并不是他称为妈妈的那个妈妈，过世的是他的生母，一个他几乎不认识的女人。

拉马尔犹豫不决到底去不去参加葬礼——他最近因为迟到而失去了保安的工作，所以没有钱买西服与黑色长裤。他可以只穿牛仔裤去吗？他的朋友和我最终还是劝说他去了，为了显示我们的支持，凯莎、拉马尔的表兄弟，还有我都去了，我们都穿了牛仔裤。

葬礼在一个非常小的教堂举行，棺材由薄木制成。拉马尔几乎不认识那儿的任何一个人，因为大部分参加者来自他生母的大家庭，而他从未有机会去了解这个大家庭。那天晚些时候，他承认说，自己的养母负担这次丧葬的大部分费用，却没有参礼，因为她觉得自己去那儿可能不受欢迎。

在布道进行时，一个比拉马尔年轻一点的男子坐在了我们旁边。他穿着工装裤，身上有大麻和丁香烟的味道，头发杂乱无章。他在扫视着来参加葬礼的人时眼里有明显的忧虑。拉马尔尴尬而会意地笑了，告诉我们那个男子便是他的弟弟。我们向他做了自我介绍，并且与他握了手。

"最近怎么样？"那个人问拉马尔。

"你知道的，没惹什么事儿。"

"哦？那不错，不错。"

"嗯。那你呢？"

"勉强维持，我不能在这里待太久，我身上大概有三个逮捕令。"

"是吗？"拉马尔轻笑着说。

"是啊，我只是想……你知道的……"

"好的，嗯……见到你真好。"

"是啊……"

当那个男人走了以后，我问拉马尔，他有多久没见过他这个弟弟了。

"大概有 6 年了，不，还更久一些，因为那个时候德鲁 [这是拉

第七章 干净的人

马尔在高中时候最好的朋友,后来因车祸去世了]还活着,那大概有 10 年了。"

"他住在附近吗?"

"我不知道。我只知道他最好离我远点儿。我可不能卷到他的那些事儿里去。跟警察玩捉迷藏,或者类似的事儿。"

"我也这么认为。"凯莎说。

拉马尔的表兄弟摇摇头,承认了跟这种人撇清关系的重要性。

一个被孤立的干净家庭

当我第一次遇到蒂娜女士的时候,她管理着宾夕法尼亚大学西边的一个自助餐厅的地下室一层。在那儿,她管理着 10 个左右的员工,让他们提供三明治、盒装沙拉、饼干、水果,还有燕麦棒。我们是 2001 年认识的,她雇我去做三明治和接电话订单。她将近 65 岁,身高 4 英尺 9 英寸,在雇员中相当受尊重。她总是用一种平和而有条理的方式来管理雇员。

蒂娜女士和她的女儿罗谢尔、外孙雷住在一个历史很长的多收入阶层混居的黑人街区里。罗谢尔 40 多岁,最近失去了一份小学教室助理的工作。而雷则是一个想要上大学的高三学生。

就像许多做着辛苦繁重工作的人一样,蒂娜女士在家时显得孤独而疲惫,甚至有些不舒服。她换班回来时看起来筋疲力尽,轻手轻脚地走进来,显然精力已经被耗光了。说了几句客套话之后,她便换上拖鞋,轻轻地拍拍小狗道奇斯,给自己来一碗剩饭菜,然后回到楼上她的卧房里去。这卧房被她的女儿和外孙称为"堡垒"。有些时候,她会去两个街区之外的退休社区玩,可能会在那儿的宾果游戏夜遇到不错的男人。周六下午,她常常熨平去教堂要穿的衣服,但在第二天因为没有力气出门,她还是把衣服挂了回去。

尽管蒂娜女士是他们家的经济支柱,但她在工作上得到的尊重却丝毫没有延伸到和女儿及外孙共享的家里。罗谢尔和雷支配着家庭生活,他们在厨房做饭,在起居室上网或者看电视。蒂娜女士则偶尔会下楼来尝试与他们进行交流,但她总是一坐下就打起瞌睡。另一些时候,她会讲关于工作时天花板漏水和她自己为糖尿病所困扰的事,但是她的女儿和外孙总是不等她说完就打断她,或者径直走出房间。让我感到羞愧的是,我也曾经有过这样的做法,她讲故事的方式会让人很难集中注意力。

从2002年的9月到12月,我一周有两三个晚上在蒂娜女士家度过,最开始是作为她两个孙子女的家教,后来逐渐成了这个家的常客。我帮雷做SAT考试的准备,协助他准备大学申请文书以及奖学金申请表——他的母亲对于这些总是不遗余力地投入。而在我对一放学就被蒂娜女士接回来的孙女爱莎的讲授里,我们专注于她的作业以及如何远离那些可能会使她陷入斗殴的女生。

我观察到的这个家庭与一个被刑事审判拘留的人的第一次正面相遇,是在11月初的一个周二下午。当时,门铃响了起来,雷起身去应答,但他没有请外面的人进来,而是虚掩着门,在外面和那个人谈话。罗谢尔靠向门那边,我觉得我在她脸上看到了恐惧。

"我只是想看看是不是我想的那个人。"她说。

第七章 干净的人

当雷回来的时候，罗谢尔看着他说："我就知道。"

雷告诉我那个男人找蒂雷尔，却没有告诉我蒂雷尔是谁。在雷告诉我们那个男人说的其他事之前，罗谢尔说了一系列关于那个男人的故事：他和他的妻子如何空着手来这儿吃空了整个家，他的妻子看起来有多"老土"，实际上却很精明，并在最后甩了他。他后来又如何只身一人来到这里。他说他 14 岁的女儿有腋臭并给她冲澡。就我所收集到的信息来看，这是蒂雷尔的一个朋友，尽管我还是不知道蒂雷尔到底是谁。

显然，这个被拒之门外的男人刚刚从监狱或者中转拘留所里出来。罗谢尔向我解释说，他原来是有个在电力工厂的好工作的，后来却因为把挡着他用可口可乐贩卖机的一个女同事推开而被控告性骚扰并丢了工作。罗谢尔也不喜欢他，有一次他来他们家里羞辱雷，并让雷注意自己的行为举止。他怎么敢在她家里侮辱她的儿子，还在所有人面前！罗谢尔描述他"有点躁郁症"。蒂娜女士则简单说道："我们会为他祈祷，但他是不可信任的。"

在关于这次来访的讨论结束后，这家人继续了原来的谈话。不到 1 个月之后我才知道，那个男人要找的蒂雷尔是蒂娜女士的儿子、爱莎的父亲，现在正在坐牢。罗谢尔告诉我，他的罪名是打扮成她——他自己的姐姐，走进她工作的银行，试图提空她 1 200 美元的储蓄账户。"他穿了长筒袜，"她没什么热情地大笑，"甚至还戴了个假发套！"

因为这次盗窃未遂，蒂雷尔被判在监狱服刑 5 年。

很可能蒂娜女士一家为了不让我知道他们家有人在监狱待着这

件事而特别注意，总是等我不在的时候才更多地提起他。但是作为一个每周要在他们家待20个小时，还帮这个入狱者的女儿补习的人，我能够被他们瞒着这件事就已经足以说明问题了——这正是他们能把自己的生活与入狱者分割开来的确证。在我后来认识的第六街区的家庭里，对这样的事情保密是不可能的，因为他们的日常生活总是被庭审日期、监狱探视、假释缓刑官的电话、假释例行检查以及警察搜捕挤得满满的。

另外一个很重要的信息便是，蒂娜女士家对于有人入狱感到深深的窘迫。但对于这个街区的很多人来说，监狱和拘留所是他们很多家人的常住地。

当关于蒂娜女士的入狱儿子的话题被打开了之后，他就时不时地出现在对话当中了。这些天罗谢尔一谈到他就摇摇头，就像在说："是啊，他是我最没用的弟弟了。你又能做什么呢？"

对于蒂娜女士和罗谢尔来说，蒂雷尔在监狱这件事能引发很多更深层次的悲伤，它是一个对于他们早先更为混乱和麻烦的生活的暗示。有时蒂娜女士表现出她对于儿子被释放回到费城后会对他们宁静而稳定的家造成巨大破坏的恐惧。另一些时候，她则对儿子的所作所为和结果感到羞耻。也许，她也对自己没有能够引导他走上正路而感到愧疚。但是蒂雷尔更像是一处被掩藏了的空洞，而不是日常生活中的问题。没有人去探视他，也几乎没有人写信给他，虽然他们的确会接他的电话或者读他偶尔写来的信。

2002年12月的一个下午，爱莎给自己的父亲写了一封回信。

第七章 干净的人

下午5:30—8:00，在蒂娜女士家

爱莎让我进屋了，我和道奇斯打了个招呼。我到的时候，蒂娜女士和她的女儿在楼下的厨房里，谈论着某个住院的人。爱莎在写一封给她父亲的回信。她在这封信里说她长大以后想成为一名计算机工程师。这是父亲问她的，她考虑这个问题已经有一段时间了。这封信也提到她想把派、蛋糕和饼干烤得和奶奶烤的一样好。然后她写道她想要成为像他爸爸那样的人。在最后，信里写道："你曾跟我说过当你回家时就开始自己个[有语病]的生意。"这是最后一句话。她签上名，想写附言，我向她解释了什么是附言，之后我们从她姨妈那里拿到了一个信封。

爱莎没花太多时间和她父亲说话或者写信，也从来没有在我们所说的他在外服刑的几年里去探视过他。不过，她确实会偶尔提起她对他有多么生气，或回忆他说过的话，让我感觉他的缺席永远也不会从她心中被抹去。

对于蒂娜女士、罗谢尔和雷来说，这个入狱的家庭成员很少闯入他们的日常生活。这并不是说他们就不会想到他、担心他，或者为他感到羞耻——只是说不会天天想到这一点。他们会将自己的生活与他的生活分离开来，也与他所牵扯的法庭和监狱分离开来。

在逃：一个美国城市中的逃亡生活

一个独居的祖父

当乔治先生的三个外孙都蹲在监狱里，整间房子都安静了下来之后，他会出来，坐在走廊里，喝一杯啤酒。有时他会谈论起这个街区的那些好时光和他的童年。

乔治·泰勒，被外孙的朋友们称为乔治先生，从 5 岁起就从格鲁吉亚搬到这里来了。他的父母在亚特兰大南边的棉花田里工作。和许多按收益分成的佃农一样，他们在年度结算时总会面临着资金短缺的问题，因为基本生活所需与在种植园商店里用工分的花费总会多于他们在田地里的收成。乔治先生记得，他父亲咒骂那个小种植园的园主假造数字，因为他父亲不识字；也记得他们在晚上很晚的时候离开，前往另一家农场，母亲希望这一家农场能够好一点①。

第二次世界大战意味着北方的工作机会增多了，所以乔治的父亲和成百上千的农产工人同事一起登上了前往费城的火车。他一找到工作，就写信让自己的妻子和 3 个孩子过来。这是在 1943 年。

在乔治先生童年的大部分时间里，一家人住在费城南部一个有两个房间的公寓里。他的父亲在码头卸煤，同很多装卸工一样，他并不知道自己在争取到这份工作之后，会面临怎样长时间的非常辛劳的工作，也不知道会不会赚到钱，但就这样去工作了。乔治先生的母亲为费城市区的两个白人家庭煮饭和打扫卫生。让他父亲感到

---

① 关于在这个时代的种种限制和困苦，促使了黑人佃农迁移到北方的记录，参阅尼克拉斯·雷曼（Nicholas Lemann）的《应许的土地：黑人大移民以及它如何改变了美国人》一书第 1 章。

第七章 干净的人

耻辱的是,正是这一份收入支撑起了这个家。两份工作的薪资都没有他们之前在战时动身去北方时所承诺的那么多。

乔治先生的父母在那个拥挤的小公寓中经常发生争执,但是他们还是住在一起,并且有了另外两个孩子。乔治先生1959年的时候以优异的成绩从高中毕业并参了军。只要能离开那个房子就行,他解释道。

乔治先生在这个新的整齐划一的集体中过得很好,并且在越南战争开始之前带着一个坏膝盖光荣退伍了。这是一件他永远不会忘记的幸运之事。他申请了一份在邮局的工作,并且在费城西南部的分局作为一个办事员从21岁一直工作到65岁退休。

从事这一工作几年之后,乔治先生在第六街区这一靠近城市边缘的安静、树木成排的街区里买了一套三居室的连排房。那个时候他正在独自抚育年幼的女儿琳达。他的妻子跟另外一个男人跑了。

乔治先生和他的女儿属于最早搬来这个街区的一批黑人家庭,在他们之后,这里又来了医生、银行职员、公务员以及商店主人。跟乔治先生一样,这些中产阶级家庭也希望能通过搬到城市的边缘以远离拥挤而破败的贫民窟。

搬到第六街区来代表了乔治先生努力生活的一个顶点,但是他的军队事业、在邮局的工作以及现在在一个良好街区的宽阔住宅,都从很多方面证明了民权运动的胜利。那些饮水隔离、长期负债以及受到警察骚扰的日子过去了。在两代人之间,泰勒家族从在南方被种族隔离的第二等的黑人佃农变成了北方体面的白领阶层。

但确切地说,他们的新邻居并没有张开双臂来欢迎他们。在乔治先生和琳达搬来后不久搬来的一家人被人从起居室的窗户砸进了一块砖头,从那之后,琳达就拒绝在自己的卧室里睡觉了。

乔治先生希望自己的女儿能够在一个种族融合的社区里长大,但是在20世纪80年代之前,住在第六街区的白人家庭都打包搬离了这里。尽管法律上的隔离结束了,但是没有一个白人小孩去她女儿的学校上学。尽管这样,第六街区还是一个中产阶级社区,同周围的黑人街区比起来,暴力事件少了许多,也有更干净的路面和修剪得更好的草坪。

在20世纪80年代中期的时候,这里也开始有了变化。城市建设者开始在这一区域开发为低收入者提供的住房,并且老住户们没有政治权利反对。乔治先生觉得,正是这一波不那么有教养的居民使得他的女儿琳达走入了歧途。

按照琳达女士自己的说法,她的父亲在她是个孩子的时候就把她宠得无法无天,特别是在她母亲离开之后。她在可卡因市场繁荣的时候达到了法定年龄,高中二年级的时候就退学了。和她约会的那个男人在可卡因市场的底层工作,在那个时候,这对于一个在第六街区长大的无业青年来说,已经算是一份体面的收入,甚至是富裕的保障了。她的很多男朋友也和她一样有毒瘾。在生活艰难的10年里,琳达生了3个儿子:卓克出生于1984年,雷吉出生于1987年,提姆则出生于1991年。那个时候,乔治先生拼尽全力所逃离的贫民区似乎又在他的身边生长了出来。

在20世纪80年代末的时候,第六街区和许多与之相似的街区一样,有着大量的警察出现。起初,乔治先生和他的邻居们认为,

第七章　干净的人

这是一个值得欢迎的变化,因为这个地区已经被执法部门忽视太久了。但随着越来越多的年轻人进入监狱,乔治先生和他的邻居们开始怀疑增加警察背后的动机。一些人怀疑在犯罪的外衣之下,是白人对黑人公民以及经济一体化的不适。更直白地说,他们认为,白人不会毫无抗争地去接受黑人作为完全意义上的公民①。

当我见到乔治先生的家人时,他和女儿琳达女士还有 3 个外孙一起居住的房子的情况已经达不到基本要求了。蟑螂和蚂蚁在厨房的流理台上、地板上、沙发上以及电视机上爬来爬去。房子散发着烟、尿、呕吐物以及酒精的味道。在厨房里,橱柜上粘着油脂和污垢,猫尿和粪便覆盖了地板的一角。餐厅和客厅的烟灰缸里堆积如山,并撒到地毯上。琳达拒绝把烟头倒掉,并坚持说,当她没有钱买烟时,那些就是她的储备。软垫沙发、客厅的地毯以及墙被经年累月的烟雾和尘垢染成了纯褐色。楼上浴室里马桶和浴缸间的大洞,让洗漱和上厕所变得相当危险,地板和墙上的瓷砖也已经脱落了。

然而在房子里,人们的日常生活几乎和它的内部陈设一样让人感到不安和担忧。据我计算,在我认识泰勒一家的这 6 年里,警察来了 32 次。其中有一次,警察下令砸开了前门的锁后,琳达女士便开始睡在了客厅里,并在身边放了一把枪,以防有人破门而入进行抢劫。在我在第六街区的时候,琳达女士的 3 个儿子也都曾卷入

---

① 这些怀疑得到了学者们的回应,他们已经在白人日益增长的对公民权的不安情绪与后民权时代以及强硬的对犯罪的辞藻,特别是对于保守派政治家而言的极端的言论之间建立起一种密切的联系。参阅:Katherine Beckett and Theodore Sasson,*The Politics of Injustice*:*Crime and Punishment in America* (Thousand Oaks,CA:Pine Forge Press,2000),53—54.

街区与其他年轻人的枪战,而且在之后的一段时间里,琳达女士会觉得单独出门并不十分安全。

虽然处于这样的混乱、肮脏的环境以及法律纠纷与暴力之中,乔治先生却成功地将自己撇开来。他上午出门,傍晚回来,经常把他的长期伴侣带回家。他们住在2楼一个20世纪80年代乔治先生自己建造的单独公寓里,房间配有厨房和浴室。在白天,这间公寓的重型门被用插销锁紧紧锁上。为了防止女儿或外孙从窗户进来,乔治先生把他的冰箱也锁上了。这样,家里的其他人和闯入这座房子的人就不能吃到他的伴侣周日下午带过来的食物了。

我只见过一次乔治先生的公寓,在我爬上楼梯敲门告诉他卓克的女友布莲娜要生孩子的时候。当他打开门时,我瞥见了闪亮的白色油毡地板和一尘不染的厨房台面。鉴于房子的其他地方都已经被蟑螂入侵,我不确定他能否保持这里没有蟑螂,但我确实没有在墙上或地板上看到它们,而且房间本身闻起来也像刚洗过的衣服一样清新。

这两家是如何在同一个屋檐下共存的呢?在认识泰勒家数年之后,我注意到这里有一些隐性家规,琳达女士和她的孩子们在或多或少地遵守着,或者在打破时承认违反了它。其中一条规则就是,朋友或伙伴不可以住进房子里来。乔治先生说,他不是为这附近的人开收容所或酒店的。一次破例是卓克的两个女儿,她们在出生后不久在这待了几个星期。另一条规则便是乔治先生不能容忍在晚上大约11点后在房子里或者窗户外面有噪声。通常当我们坐在外面的时候,卓克和雷吉会告诉他们的朋友在这段时间安静下来。第三

第七章　干净的人

条规则就是，如果警察来找家里的男孩子或他们的朋友，乔治先生会在下次看到这个有问题的孩子时马上拿起电话报警。他拒绝在法律上包庇他的外孙们。

为了养活这一家，乔治先生付出了很多：他支付了按揭、水电、供暖以及电话费。他说他不愿意支付从拘留所或监狱里打来的付费电话，就算是座机也不行，对此他的付费仅限于本地通话。他也给琳达女士钱买食物和其他家庭用品。他允许他的女儿和外孙们免费地住在他的房子里，虽然琳达女士有时会劝她的儿子们付房租，不要依赖她的父亲。

乔治先生并未过多干预过女儿和外孙们的日常活动。琳达女士可以自由地待在房子里，做她认为合适的事情。她父亲不会让她去打扫房子或去照管她的儿子们，也不限制晚上回来的时间。只要他的女儿和外孙们不带警察到门口，他们做什么他都不会管。

在十几岁的时候，卓克和弟弟雷吉开始在附近贩卖可卡因。他们对毒品的接触似乎有助于控制母亲的毒瘾给生活带来的混乱。通过为母亲提供毒品，他们可以减少她为了获得毒品而卖失业救济券，可以阻止她为了可卡因而变卖家产，也可以减少她为了毒品而去进行性交易。有时这些男人会打她，而卓克为了保护她会回来跟他们大干一场。当我搜集着这其中的大部分的事情的资料时，乔治先生一直待在他的公寓里。

乔治先生和我只有过几次很长的谈话，但是他会谈附近街区早些时候的情况，偶尔还会谈到他的童年。他没有提及女儿和外孙们的麻烦事，并且在我问到的时候避开了我的问题。我想知道他女儿

在逃：一个美国城市中的逃亡生活

年轻时染上毒瘾和生下他的 3 个外孙的那段时期的事情，也想知道房子在什么时候恶化到现在的状态以及他为何能够允许他的女儿和外孙们白白地生活在这里。

通过卓克和雷吉偶尔提供的故事，我能够把这个家族的一些历史片段缀连在一起。下面的摘录文字出自我在 2006 年夏末所记的田野笔记，当时卓克 22 岁、雷吉 18 岁。

当时卓克和我去斯泰特罗德国家监狱的库伦－弗洛德矫正中心探视，当我们开车经过费城西部时，看见一个有几对秋千和一个篮球场的公园。

"我以前在这个公园里玩耍过。"卓克说道。

"你们过去住在这附近吗？"

"嗯，算是吧。"

对此我感到惊讶。在接触这个家庭的 4 年里，我从来没有听卓克和他两个弟弟提到过他们在第六街区的外公家以外的住所。我把疑虑说出了口，卓克回复道：

"我们以前和雷吉的爸爸一起住在这里。当时外公把我们赶了出来并且破口大骂，所以我们到这个流浪者收容所待了一下 [很短的时间]，我猜妈妈想离开这里，所以打电话叫雷吉的爸爸来接我们。他过去就住在那栋大楼里。"

我望着那栋破旧的灰棕色高层建筑点了点头。

"那是我第一次看到有人被枪杀。"

第七章 干净的人

在这之后,他停下来,我等着看他是否会继续下去。他没有。

"谁中枪了?"

"雷吉的爸爸。"

"谁开的枪?"

"我外公。"

又停顿了一下。

我问:"因为什么开枪呢?"

"我记得自己很高兴地离开了收容所,但他会打她,不仅打,还真的强奸她,我都疯了,就想着跳上去,把他从她身上拽下来。"

"所以你曾保护过她。"

"不,我无法真的伤到他,因为我大概只有7岁。是的,7岁,因为那时候提姆才刚出生。有天晚上,他在打她,不停地打,然后弄得她窒息了,我就打电话喊外公[乔治先生]。外公来了之后,朝他腹部射了三枪。然后他说,收拾好东西。"

"然后你们就回去跟他住在第六街区了?"

"是的。"

"看到他被枪射中时,你害怕吗?"

"不,我很高兴,我松了一口气。"

"外公[乔治先生]获刑了吗?"

"不,雷吉的爸爸从未举报过他。他没有机会,或者

在逃：一个美国城市中的逃亡生活

说他没有理由去做这件事。"①

从这样的故事里，我才明白，虽然乔治先生的总体政策是和他的女儿和外孙们住在一起，不做过多的干预，但他偶尔也会介入。这样做有时是为了女儿和外孙们的利益，比如他从一个虐待狂男人手里救出家人并同意再次接纳他们；有时是为了他自己，比如在 2006 年年底，在房子遭到反复搜查之后，他清理了女儿的东西，并告诉她如果继续向警方隐藏雷吉的行踪就不准她再回来了。

在这些搜捕之后，卓克和雷吉分别在县监狱和州监狱里坐牢。1 个月之后，他们的弟弟提姆在中餐外卖店外面因为拒捕和持有少量可卡因而被审讯。在 3 个外孙都不在的情况下，房子变得出奇的安静，乔治先生坐在二楼的门廊外。在我从县监狱探视卓克回来后的一个秋夜，我们坐下来，喝了杯啤酒，抽了根烟：

> 我跟你说[他摇着头]，我为有儿子的人感到难过。现在养一个男孩有什么用？你喂养他，给他穿衣服，教他如何骑自行车，检查他的试卷，然后等他长到 15 岁，警察把他送进少管所。你不知道什么时候会再见到他。也许他长到 18 岁时警察才把他带走。一旦他们抓到他，结果就是这样！你的儿子被关在一只笼子里，只能待着。最糟

---

① 我把这段对话写下来作为一条文本短信在对话发生之时以及发生之后发给了自己。这段对话与其他引用在措辞和顺序上大致相近，但它不是一份录音记录。

第七章 干净的人

糕的是,你还要养活他!尽管你看不见他,你不能看着他上学、去工作、有自己的孩子,除了待着,他什么都不能做,但你还是要养他。你打钱给他,还要探视,他回家数月再返回去。你担心他,担心在那里会发生什么。你希望并祈祷他不要撕裂你的生活,把你也送进监狱里去。这是你所最多能希望的。或者你说我不能这样做,我不涉及其中,我全盆洗手。他们会说,现在因为奥巴马而改变了,这是一个新时代。但没有人能够保护我们的儿子们,即使是总统也不能。我告诉你,如果我年轻30岁,我会祈祷生女孩的。如果我有一个儿子,我现在马上会失去理智。我会从他出生的那一天就开始哀悼和祈祷。[1]

* * *

迄今为止,这一章中所介绍的人都在设法与警察、法庭和监狱以及有法律纠葛的邻居和家人们隔离开来。有些人,比如蒂娜女士和拉马尔,会设法切断和在监狱里坐牢或者在逃的儿子或兄弟的联系。其他人,像乔治先生,继续远距离地提供着援助,即使这距离只是隔着一扇厚厚的门。而在接下来的部分中,我会关注一个年轻人,他在躲避警察以及周期性地进出监狱时,仍深度地与他的邻居和朋友保持着联系,并且尝试着去上大学,确保有一份收入不错的工作。

---

[1] 这是在他说话时和之后我直接记在手机上的。在这里,我删减了我的一些感叹词,比如"是的""嗯""肯定是"以及一些无关的评论,例如那些针对猫跳上桌子的评论。

出淤泥而不染

在第六街区，乔治先生一家的房子外的小巷对面住着一位母亲和她的三个孩子，其中最小的一个男孩叫乔什。乔什比琳达女士的长子卓克大三岁，两人小时候经常在一起玩耍，在高中时仍然保持着密切的联系。乔什的母亲曾在宾夕法尼亚大学医院的行政部门工作，在第二次结婚并生下乔什之前，她和第一个丈夫育有两个女儿。这两段婚姻维持的时间都很短，所以她靠着在宾夕法尼亚大学的工资以及间歇性的儿童抚养费养家糊口。当卓克的妈妈出去找毒品时，卓克常常穿过小巷在乔什家吃饭。当琳达女士几天不回家的时候，卓克会带着他的弟弟提姆去乔什家待上几个晚上。

当我开始在这个街区晃悠的时候，乔什20岁，从纽约州北部的一个历史悠久的黑人大学拿到了工商管理的学位。当他回家度假时，他会在晚上和卓克还有其他邻居在一起。这是一个说话很平静也很爱笑的高个子男人。乔什似乎很渴望回家跟他的伙伴们团聚，并很快陷入日常性的深夜饮酒以及吸食大麻中。对于这些年轻人来说，他们似乎很高兴看到他也跟着他们去做这些。但是他们不指望他参加街头闹剧。比如，当他们参加枪战时，没有人会指望乔什来帮忙包扎。

大学毕业之后，乔什搬回了家，开始帮一个制药公司的医生进行临床实验工作。他大学时的女友搬回了弗吉尼亚，生下了他们的儿子，所以他一年中来回几次去看望他们，他的儿子会在万圣节和夏天过来。乔什似乎经常谈论他的孩子，很期待他的到来。他们一

第七章 干净的人

周会通话数次。

乔什每天工作很长时间,所以我们并不经常见到他。当他和两个朋友行驶在第六街区时,警察拦住了他。警察搜查了这辆车,在前座后侧发现了少量可卡因,所以三人都被逮捕了。乔什很快被保释,保住了在制药公司的工作,案件被推后一年多。医生允许他请假参加每月的开庭,并在量刑时说服法官给乔什三年假释代替服刑。在那年的晚些时候,那个医生让法官将乔什的记录清除,这是我唯一一次听说有法官这样做。后来,乔什把这件事描述为一个转折点:如果没有这个医生,他会服完刑成为一个罪犯才回家。

2007年的夏天,当卓克为自己和弟弟提姆买晚餐时,在中餐外卖店外被人枪杀[①]。提姆就站在几英尺外的地方看着他哥哥倒下。第四街区开枪打中卓克的男孩显然很害怕卓克会先开枪,但卓克没有携带武器。实际上,在过去的两个月里,卓克一直在努力减少第四街区与第六街区男孩们由来已久的冲突,这种冲突从几年前提诺在一场骰子游戏中杀死杰伊时就开始了。

可能是因为卓克在化解这一冲突及其他冲突上所付出的努力,在整体上,比起那些我们每隔几个月就要参加一次的其他年轻人的葬礼而言,卓克的死令他的家人、朋友和邻居遭受了更大的打击。对提姆来说,卓克的死意味着他失去了认识的唯一一个父亲一般的人物。

提姆几乎没有时间悲伤。在那个夏天,因为第六街区群体的许多核心成员被关押,为卓克复仇的期望落在他15岁的肩膀上。预

[①] 请参阅附录中有关卓克死亡的一份详细说明。

计到他会报复,提姆几乎每天都会收到来自第四街区年轻人的电话和短信,说他们要杀了他。到了7月,他已经经历了三次枪战。这是一种令人恐惧的成长方式,在我们看来,这件事情似乎无法了结。

在卓克死的时候,乔什已经搬出了他母亲在第六街区的家,在郊区和一个室友一起生活。他当时在一家制药公司的医学研究部门做行政工作,每年能拿到6万美元的薪水。他在工作的时候接到提姆的电话,提姆说第四街区的人要射杀他,他需要一个藏身之所。有几次,乔什在午休时间到第六街区接提姆,把提姆带到他的公寓里。与此同时,乔什的一些同事发现了他已经删除的持有可卡因的记录。更糟糕的是,他们无意中听到了他和提姆有关枪战的几次谈话。不久乔什失去了工作,失业了几个月,然后在奥巴马总统连任时,他的失业又延长了一段时间。"没有用。"他后来说,他是唯一一个在那一层工作的黑人。

乔什付不起郊区公寓的房租,就搬回了第六街区与母亲同住。在头几个月里,他经常谈论他做过的错事,或者说事情如何会有不同的改变。他似乎感觉对于失去这份工作,自己负有很大的责任,而且当时在获得这份工作时他并没有足够地心存感激。

在乔什回到社区的几周后,我们走到街角的商店买啤酒时,一个大概14岁的年轻人在结账排队时走近了他。

"听说你回来了。欢迎回家。"

"是啊,我刚搬回来不久。"

"那就是了。请问你是回来重操旧业吗,老首领?"

第七章 干净的人

乔什的脸皱了起来，在听到像他十几岁的时候那样去贩卖毒品的建议时，他觉得受到了羞辱。

"不，我不会重操旧业。我现在只是在找工作而已……"

"好，好。"年轻人回答说，显然不相信他的话。

当我们回到街上时，乔什一笑置之，但在那一刻，成为街区的成功人士的自信和骄傲似乎淹没了他。几年后，他将这个意外之事作为他成人生活中最耻辱的一件事。

在失业的两年间，乔什忙于照顾第六街区的兄弟们以及他们的苦苦挣扎的家庭成员。他拜访了他在拘留所和监狱的朋友们；给他们写信，接听他们的来电；给他们寄一些自己的失业金作为生活物资。

在卓克死后，乔什尽力防止提姆被杀，对这件事的关心程度要比对全职工作更甚。他还劝说琳达女士，让提姆去弗吉尼亚和亲戚待在一起，至少待到街战偃旗息鼓之后。但琳达女士拒绝让提姆离开，并指责乔什试图让她仅存的儿子离她而去。

最终，乔什让琳达女士带着提姆去了南部，远离了第六街区的危险。在他们离开的那天早晨，我们带了一个装满三明治、薯片以及水果的冷却器，在长途巴士站给他们送行。但在两个星期后，琳达女士和提姆就花光了钱，跑回了家里。显然琳达女士发现，没有亲戚愿意收留提姆，甚至是提姆的父亲，尽管在他们出发前他承诺过会收留他们。

"去他妈的吧。"提姆说，隐忍着内心之痛。

乔什和我开始一起来回旅行去看望雷吉等被关押的朋友，分摊油钱并轮流驾车。我们也一起努力让提姆避开杀了他哥哥的那些人，保证他的安全。在这之前的几年，我与乔什并不是很熟识，但随着卓克的死以及许多我们共同朋友们的锒铛入狱，我们因为那些不再和我们在一起的人而团结在了一起。我们也同情并和朋友们留下的那些生活困难的亲戚开玩笑，卓克的可卡因严重成瘾的母亲琳达女士，就是其中最为突出的一位。

因为我们一起开车到拘留所和监狱，我很快意识到了乔什在应对街上的人还有他们的亲戚时所面临的一系列窘境。这些和年轻人躲避当局所面临的窘境不一样，他是特定的有着肮脏的朋友的干净的人，就像我自己在街区已经历了多年的窘境一样。

首先是一种两难境地：一方面是他的工作，他的中产阶级生活；另一方面则是他的贫穷、有法律纠纷的朋友以及邻居所处的混乱和紧急状况。当他在卓克死后帮助提姆所付出的努力导致他失去了工作的时候，他已经无法再掌握这种平衡了。

但是乔什干净的身份也意味着，人们会请求他做一些不会让"肮脏"的人做的事情。在卓克去世后，他的奶奶在给他午夜守灵时发表讲话，劝告他的朋友和邻居们不要去报复。她那时候信誓旦旦的，但第二天在私下里，她让乔什去买枪，认为剩下的第六街区男孩在与杀了她的孙子的那些家伙们接下来的斗争中可能会用得到。作为第六街区团体中唯一一个没有被判重罪、没有悬而未决的刑事指控或假释监督的成员，这个任务自然就落在了他的身上。卓克的奶奶说，要做好行动的准备。乔什很矛盾：要去买为死去的朋友复仇用的枪支吗？从开枪射杀卓克的人的朋友在第六街区行驶

第七章 干净的人

时枪击了干净的旁观者，而让附近的居民不敢出门这一点来看，枪支应该不只是用来报复的。但第六街区的男孩们需要回击。然而最终，乔什还是没有去买枪，当然也有可能他瞒着我去买了。

还有一次，同住一条街上的小伙子找到了乔什，要借300美元，因为警察在搜查时拿走了他需要偿还给他的供应商的钱。他说如果他不给钱的话，那个卖可卡因的人可能会杀了他。乔什应该给他钱而帮他躲过殴打或惨死吗？但之后他会有更多的可卡因，他可能会被关起来，或遭到枪杀。在这件事中，乔什没有借钱给那个人，但让他在自己的公寓里躲了一个星期。

取保候审是乔什所要面对的另一个艰难抉择。取保候审的付款是要求付款的人在保释中心出示身份证明的，因此，带钱去位于费城市中心的刑事司法中心的人需要有一个真实的身份，以便在通过系统时不会被驳回许可。不出意外的话，当一个第六街区的年轻人被逮捕了，他的家人通常会筹好钱，让乔什去办公室支付。乔什应该帮忙保释他的邻居和他们的家人吗？如果他们在家里被枪杀，或因为更严重的犯罪而重新被捕怎么办？此外，他也表示出自己的担心：如果他不帮助这个家庭把年轻人保释出来，不管这个年轻人在监狱中发生了什么，这个年轻人的家人都可能会去怪他。就像一次有个邻居在乔什拒绝帮他的家人交保释金让他回家的一周后，在监狱食堂被人刺伤了腹部，那家人责怪了乔什一样。

2011年7月，乔什的坏运气终于到头了。在经济衰退期间失业两年后，他在另一家医疗公司找到了工作。半年内他晋升为副主任。他又一次变得忙碌起来，无暇再去照看第六街区的男孩们，也没有时间同他们生活困难、吸毒成瘾的亲戚们争论了。他得到了儿子的监护权，和儿子一起住在了母亲的家里。

* * *

一方面，乔什和那些犯罪的人的联系在他失去在郊区的高薪管理工作上显然起着作用。跟那些违法的年轻人的亲密关系，也给他带来了一系列他在自己的法律纠纷中所没有面临过的伦理困境，这有时给他带来很大的困扰。另一方面，乔什对和他一起长大的家伙们的奉献使他在失业的几年里过得比其他人更充实且更有意义。而在以后的时间里，无论何时他被正式的劳动力市场抛弃，这个社区都会欢迎他回来。

成为干净的人的幻想（与现实）

那些陷入法律纠纷或悬而未决的案件中的人经常抱怨对于生活的失望。也就是说，这些沾染犯罪的人经常幻想，只要解决了这些困难，他们的许多其他问题就会随之消失，他们的生活就会变得更为轻松、更好一些，或者至少不那么令人失望了。正如监狱里的人会计划他们刑满释放后的幸福时光，在外边的人也会经常讨论一旦他们的保释身份被解除、案件被驳回，或缓刑期结束后，就会安排哪些很棒的活动。作为一个推论，他们有时认为，干净的人有更多的机会进入成功的大门。用麦克的话说，相比葬礼，干净的人参加的婚礼更多。如果干净的人过着不是很好的生活，那么这不能怪别

第七章　干净的人

人,只能怪他们自己。

这些信念并非完全不现实:有研究表明,那些进过监狱的人确实经历着来自社会的、市井的以及经济上的痛苦体验,他们的家庭也是一样。而且,由于那些没有遭受过监禁的人往往会受到更好的教育、有更好的工作以及更高的薪酬,认为干净的人过得不错的这种观念也算准确。但是犯过罪的肮脏的人对于干净的人的生活状态的美好幻想,很多时候往往不符合实际情况。

对于蒂娜女士一家来说,生活充满了失望。不过这是由于阶级、种族和性别中更为古老、更为潜在的伤害所造成的,而不是伴随着那种缺乏抵抗力的法律地位的可见的以及有过失的伤害所造成的。在这里应该提及的是一些一直与我相伴的失望情绪,尽管后来我在第六街区遭遇了更令人受伤的事件,而那些人则是蒂娜女士一家一直都在小心地去避免接触的。

我在蒂娜女士家里所见到的第一件令人失望的事便是关于她外孙雷的。当我们见面时,雷正上高三,并努力学习希望能考上大学。他的好朋友科里住在几个街区之外,常常待在雷的家里,并且他在雷的家人面前表现得相当腼腆。雷的妈妈曾经提及,她很乐意收养科里,因为科里家中有许多孩子,实在没有钱来供养这么一个处于成长期的男孩子。

和许多青少年一样,雷和科里都渴望成长的标志性事件的到来:获得驾照、搬出家庭、去上大学以及参加舞会。我逐渐意识到,雷不同于科里和我认识的许多青少年,因为他在 17 岁时就坚信自己有光明的未来。也许他的妈妈成功地使他远离了周围的暴力和贫穷，或者给他指出了一条脱离这些的道路。雷盼望着毕业，然后信心满满地进入大学，仿佛一切都在他的掌控之中。

毕业季的前几个月，雷开始谈论毕业舞会——将选择的舞伴和服饰之类。他打算在这一天好好打扮一下自己，因此他研究穿搭并且计划找当地裁缝量身定制一套衣服。每当我去他家辅导他SAT考试时，他总会向我展示不同装束的草图，我会评论一下衣服的长度和质地。他最终定下的衣服在我看来有点儿像蝙蝠装，但他似乎很喜欢。

雷正在关注两个可能成为他女伴的女孩子：沙琳——他分分合合的女朋友；德西蕾——曾剪下他的头发并编成辫子的女孩。他十分喜欢德西蕾，并准备在未来某个月份鼓起勇气约她出来。

这件事情的每个细节都很重要。一天下午，当我们正在进行关于胸花的冗长讨论时，雷慨叹说，现在的女孩太经常改变发型了，以至于很难事先选出合适的胸花。他的妈妈不经意间听到了我们的谈话，并开玩笑说，雷遗传了她对漂亮衣服和美好时刻的喜爱。她过去很喜欢这些东西。

毕业舞会越来越近了，计划开始暴露出越来越多的问题。我多次带雷和科里到机动车管理局，雷费时费力地想要拿到驾驶执照。但在我们准备好了所有必需的证明和文件后，雷复习了几个月的计算机许可考试没有通过。一个月之后，他再一次没通过考试，这冲垮了他想要亲自把女伴载到毕业舞会现场的全部想象。科里有一张临时的驾照，但它已经过期了，因为他付不起30美元来参加驾驶员考试。我曾带他参加了两次临时驾照的更新，但在驾照过期一年

第七章 干净的人

后,他最终放弃了。那个时候,他付不起新的驾照以及驾驶员考试的费用。

这时,德西蕾的男朋友臀部中了一枪,并且据雷所说,她陷入了长期的忧郁。她拒绝和雷或者其他任何人去毕业舞会,反而更喜欢"实实在在地生活"在医院里。

好像这还不够,一周后雷得知裁缝要收取300美元才肯做衣服,因此他不得不放弃了定制服装的计划。事实上,他连普通的西装或鞋子都买不起,甚至都租不起。最终,他向我承认说,即使他有钱来租一套西装,他也无法为女伴支付60美元的入场费。除了自己,他无法为其他人买单了。

雷和科里开始声称他们实际上不想参加毕业舞会了。在毕业舞会前一周,雷告诉我,他们准备在一个朋友的家里进行一场"抵制毕业舞会"的派对,这当然比在"费城南部仓库"举办的粗野的毕业舞会好得多。

"我从没想去毕业舞会,"科里告诉我,"我对学校的事不感兴趣,但雷不一样。"之后他说:"我们没有舞伴!所有漂亮的女孩都在去年毕业了。"

当我向雷的妈妈询问毕业舞会的事时,她丝毫没有提及高额的费用,只是说:"是的,我想他不想和任何人一起去。他认为那样会显得很愚蠢。我一直告诉他,他这么做会后悔的。"

毕业舞会当晚,雷在9点半左右给我打了电话。

"你忙吗?"他说。

"不忙啊。"

"你能开车送我们到费城南部吗？"

"为什么？"

"为了毕业舞会。"

"我以为你们会去另一场派对呢。"

"派对取消了。我想好像是因为他妈妈回家了。"

"噢，这样啊。"

"所以你会载我们去吗？在帕斯扬克第16大街。"

"你打算怎么进去？"

"我们不打算进入会场。我认识的这个女孩打算在海岸举行派对后活动，所以我将在那里见每个人。"

"好的，什么时间？"

"现在？如果你没事的话……"雷相当羞怯地说。

我接到了雷和科里。科里穿着一件漂亮的旧运动衫，雷带着一个粗呢包，我猜它是用来装他们更换的衣服的，可能还装着一些酒。他们没有解释改变主意的原因，我也没有问。我们到达了舞会地点，这地方看起来确实像仓库，然后我将车停在了满是小轿车和一些豪华轿车的大停车场里。

"你可以停得更近一些吗？"雷说。

"靠近哪里？"

"靠近那扇门！"

"好的。"

我们静静地等待了十分钟，雷和科里一直盯着混凝土建筑背光面的两扇金属大门。接着门开了，一个穿着紫色连衣裙的年轻女孩

第七章　干净的人

出现了,一边小心地走着,一边整理她的头发。科里和雷跳下了车子,然后突然停下,犹豫着是否要靠近那扇门,最终他们靠在了车旁。我注意到科里紧握着一台一次性相机。盛装打扮的年轻女孩将派对进行到了深夜,科里和雷小声谈论着哪个更漂亮,谁和谁一起来的。他们看见了一对认识的人,于是羞涩地走上前问好。雷摇了摇那个人的肩膀,科里告诉那个女孩说,她长得很好看。

这种状况持续了接近 40 分钟,中途科里用完了他的胶卷。他似乎很开心能和穿着华丽的女孩打交道。

接着雷看见了一个他喜欢的女孩,并转头尴尬地笑着看着我们。科里轻声说道:"上前找她!"他最终这么做了。那个女孩给了他一个拥抱,但与他保持了一定距离,以免弄乱了她的妆容或头发,他笑着回来了。接着,雷发现了一群人在海滩举行派对,就让我打开后备厢。当雷拿出他的包的时候,科里打开了车门。

"你要做什么?"

"上车。"

"咦,你不打算去之后的派对吗?"

科里摇了摇头。

"那么你为什么要和雷一起来呢?"

"为了出来的人。"科里说。

我很疑惑。

"为了看见每个出来的人。"他尽力地解释道。

回家途中的气氛不太好。科里在途中的大多数时间阴郁地望向窗外,我想不到任何话题来改善此种气氛。我所想到的就是他坚定地说他不想参加那场毕业舞会了,但他还是来了,在停车场看着富有的同学华丽地退场。我后悔说服他来参加派对了,因为现在他又增添了几分耻辱感。尽管在开车回家的30分钟时间里,他曾经抬起头说:"我拍到了一些照片,比如8个不同的女孩。"

那年春天,雷和科里都从高中毕业了,雷考上了南部历史悠久的黑人学院。在9月初,他的母亲和祖母自豪地开车把他送到那儿,并且帮他安顿好了住处。6个月之后,雷辍学了——家里付不起他的学费,他的助学贷款也不够了。现在他在购物中心当门卫,并且截至我写作本书时,他已经偿还了他一半的助学贷款。

那年我遇到的第二件令人失望的事是关于雷的祖母——蒂娜女士的。

2002年4月底的一天下午,蒂娜女士和我正在厨房,她开始谈论在学校餐厅工作有多辛苦。我问她那年夏天做了什么,希望她可以腾出一些时间来休息。她确定会腾出一些时间度假。我问她会在哪里度假,她说她想拜访在加利福尼亚州的姐姐,她姐姐会为她买车票的。

"加利福尼亚州很好啊。"我说。

"我也有可能去佛罗里达州见朋友。"

"噢,是吗?"

"他让我嫁给他。我们曾打算结婚,但之后我们并没有,他搬到了佛罗里达州。"

我之前从没听说过蒂娜女士的爱情故事。我很尴尬地说道,我从没想过爱莎的祖母会有这样一个爱情故事。

第七章　干净的人

"他什么时候搬走的？"

"大概几年前，在他退休的时候。"

"噢。"

"他变得很奇怪，所以我没有和他一起走。"

话题又转到了夏天的裁员，她担心如果裁员的话员工怎么办。她告诉我，到了夏天日子很难过，因为宾夕法尼亚的学生都回家了，而大学预科的高中生来了。他们表现得很糟糕——他们在餐厅里打架，制造各种麻烦。接着蒂娜女士把话题又绕回了被取消的订婚和那个搬走的男人身上。

"他真是个好人。我在咖啡厅遇见他。他喜欢收集很难找到的西部爱情电影——新的或经典的。但他不看它们，他只收集它们。他打算退休之后看。那就是他收集的目的。他一定可以活过两百岁。过去我曾要求看这些电影，但不久我便放弃了，因为他真的还不想看它们，他只是留着它们。"

我点了点头，示意她继续。

"然后他退休了，我们打算去佛罗里达州。接着在一天晚上，一个人闯进了他的房间，偷了他所有的电影。"

"天哪！"

"我问他如果抓到小偷他打算怎么做，他说：'蒂娜，我不会告诉你我打算怎么对付他，但我会让他不再对其他人做这样的事。'"

"哇。"

"那使我害怕，因为我想：如果我做了一些惹恼他的事情，他会怎么对我？"

"是啊。"

"接着他买了一些带刺铁丝网,你知道,铁丝网可以缠住人的,因此可做篱笆,而且他买的是新型号的那种,一旦被缠住就无法脱身的那种。你知道吗,爱丽丝,他把铁丝网布满客厅和房子,顺着墙壁上上下下,这样他只能去厨房、卫生间和楼上,而且你根本无法踏进他的家。"

"他没伤到自己吗?"

"没有,我猜他知道铁丝网布在哪里。所以我说:'我不能嫁给你,你变得好奇怪。我无法信任你,所以我不打算跟你走。'"

"他说了什么?"

"他说:'我愿意等你改变主意。我给你三周的时间;如果你不改变主意,我就去佛罗里达州了。'"

"哇。"

"但我不会改变主意,因为经过所有这些事,我不知道会发生什么,我不知道他打算做什么。所以三周后他来见我并问:'蒂娜,你改变主意了吗?'我说:'不,我还是原来的想法。'他说:'好吧,不管怎样,在佛罗里达州还会有其他的风景。'"

"哼。"

"但我猜他还没有找到其他的风景,因为他想要我今年夏天去拜访他。"①

那年夏天,蒂娜女士没有去佛罗里达州见她从前的未婚夫,也

---

① 当这一谈话发生时,我把它记录在了我的手机里,这些引述与实际内容可以说大致近似。

第七章　干净的人

没有去加利福尼亚州见她的姐姐。相反地,她丢掉了在学校餐厅的工作——在她退休前的7个月。迄今为止,她仍没有从大学收到退休金,尽管她在那里全职工作了22年。她的女儿罗谢尔和我都很震惊,并且做了一些努力想弥补,但无济于事。蒂娜女士则很乐观,毫不在意。"至少我现在可以好好睡觉,并且可以让脚休息一下了。"

那些受到搜查、审判以及获得缓刑的人,有时候会把像蒂娜女士以及她外孙雷这样的人看作是幸运和自由的:他们是干净的人,可以上学、做合法的工作以及组建家庭,而所有这些都无须小心提防或被打乱既有的计划。但据我所知,蒂娜女士和雷在那段时间忍受的苦难提醒我们,刑事司法系统的约束仅仅施加在了穷人、差学校以及不公正的种族主义制度之上,这长期地抑制了居住在被隔离开来的北部城市的黑人家庭的希望和快乐。

* * *

当警察在街上追捕其邻居和家庭成员时,第六街区的一些居民成功地远离了监狱、审判日和缓刑规定。他们与有法律纠葛的朋友、邻居和亲戚协调关系,以减少这些人给他们带来的风险和伤害。一些每天都去上学或工作的守法居民,没有什么年轻人会被关押或躲避警察的意识;而其他的人则要设法进行更为协调一致甚至非常痛苦的躲躲藏藏;还有一些人则在这个肮脏和干净交织的复杂世界中往来穿梭。

蒂娜女士的家人通过一些途径清晰地审视着这个肮脏的世界,如待在室内、与邻居的生活隔离、把孩子送到邻里之外的特殊学校

在逃:一个美国城市中的逃亡生活

中去以及与进监狱的儿子断绝联系等等。拉马尔和他的朋友坚决不与贩卖毒品或受到通缉的年轻人打交道,并清晰地将他们的家庭生活、合法工作、娱乐与街角那些躲避警察的家伙分隔开来。乔治先生没有离开他的缠上官司的外孙们——事实上,他和他们住在一起,在经济上支持他们。但他给自己在房子里建了一个隔离出来的公寓,以保持相对的自由。只要他们遵守住房规则,他就不会去管他们。乔什成功地考上了大学,并在制药公司找到了一份项目经理的工作,而且还和他的邻居及老朋友保持着联系,而这些人还在进出监狱或者四处奔逃。有时候这些关系会造成一些问题,但这些关系也向他提供了支持以及一种帮助他人的有回报的方式。

为什么一些年轻人在监狱里而其他人则没有,这是一个古老的问题,我不能装模作样地对此侃侃而谈,更别说给出一个答案了。当然,第六街区中更为贫穷的年轻人发现,自己更容易受到拘捕和被判刑,尽管使他们进入监狱的罪行——打架、吸毒等——往往也是富裕的年轻人(白人与黑人都有)进入监狱的原因。

在几乎没有年轻人进监狱的社区中,我们必须谈到害群之马和瘾君子。考虑到如今贫穷黑人社区很高的警力和监禁水平,这些个体层面的解释就显得不太重要了。我们开始在工作中看到更加不公平的社会政策。在这种背景下,单单见证了躲避权威当局以及刑罚系统就可以写上好几页了。这里的人都以不同的方式在罪恶的世界里过着干净的生活。他们通过这种做法证明了在第六街区,贫穷和被隔离的黑人群体中并非都是违法的人,而仅仅部分是。

结论：
一个在逃的社区

结论：一个在逃的社区

20世纪的最后30年，"民权运动"推动创造了一个新的黑人中产阶级，他们拥有相当大的政治和经济力量。同时，美国也进入了一个针对有色人种贫民社区的新的以及加大惩罚的时代——美国社会在如何去治理被隔离出来的城市区域与那些居住于其中的人上发生了深刻变化。

在第六街区附近，警方直升机在头顶盘旋，警方摄像头监视着路人，并且警察总是在街上拦截、搜寻和逮捕人们。许多年轻人反复地进出监狱或参加庭审；还有很多人处于缓刑期或假释监视期，被软禁于家中，或有暂免逮捕的许可证。这些年轻人在家过着犯罪嫌疑人和亡命者的生活，担心会遇到什么事情而被再次送回到监狱中去。

在大众的想象中，在逃是美国联邦调查局"最想通缉"名单上的那些非同寻常的罪犯的状态。逃犯便是动作电影或传说中出现的人物。然而在今天，美国严厉打击犯罪的政策使得贫穷的和被隔离的黑人社区成为警力高度集中的地方，许多年轻人在使用假名，小心地提防着他人，并担心他们最亲近的人可能会把他们送到警察手中。

在逃：一个美国城市中的逃亡生活

他们大多数人没有工作，虽然花费了部分时间尽力寻找工作，却仍然无法获得最廉价的兼职工作。一些人被断断续续地卷入有风险但获利快的毒品贸易中，倒卖少量甚至有时是大量的大麻、可卡因或摇头丸。他们偶尔会挨饿，睡在遭废弃的小汽车或者邻居未建好的地下室中。

在第六街区附近，年轻人的缺乏抵抗力的法律地位将基本的工作、朋友和家庭制度都转变成了诱捕之网。医院成了危险地带，工作场所也是一样。他们母亲的家变成最新的已知地址——警察首先会搜寻的地方。由于警察会通过他们熟知的地址、账单和通话记录来跟踪他们，然后把他们包围在医院、工作地点或家庭聚会之处，他们学会了采用一种秘密和规避的生活方式，并把与他们最亲近的人看作潜在的告密者。只要一个人可能被监禁，那么逃出监狱，正常参与家庭生活、工作和交友就变成了矛盾的目标——任何一项都减少了他实现另一项的可能性。

在逃，对于法律上没有抵抗力的人而言乃是一个奇怪的阶段，因为在逃也意味着处在一种停滞之中。事实上，第六街区的许多人会交替使用"捉住"（caught up）和"在逃"（on the run）这两个词。一方面，年轻人往往会躲避那些跑着或者开着车路过房子、篱笆来追他们的警察。他们也会避开警方数据库信息标明可以抓捕到他们的那些地方。另一方面，他们在法律上的纠葛也会使他们在特定的地方被困或被抓。目前警方所使用的追踪有法律纠葛的人的技术意味着逃离这座城市或者这个国家的人就可以逃脱法律的制裁。而缺乏在其他地方成功生存所需资源或技术的人只能待在原社区，

结论：一个在逃的社区

依靠家庭和邻居的支持来躲藏并存活下来。

在逮捕令、法律案件、缓刑和假释判决的意义上，这些年轻人也会处在一种举步维艰的停滞状态之中。他们认识到，除非违法记录被消除——搜查令取消或诉讼结案，否则他们无法继续学业或工作。而雇主在雇佣处于假释期的人时往往会犹豫不决，他们可能更不愿意雇佣一个持有逮捕令或有未决案件的人，因此，雇主通常会建议他处理好案件之后再回来。带有未决法律纠纷的人很有可能重回监狱，这使得伴侣和家人很难把他规划进他们的未来。即使他没有重回监狱，法律系统为他定下的各种会议、审判期以及约见等也填满了他的生活，这本身就像是一份全职工作，或者至少像是一份不定时的兼职工作，影响了他在校或工作期间的正常出勤。从这个意义上讲，逃亡生活与踩水类似——一直挣扎却无法前进。

当局在搜寻、抓捕、审判以及监禁大量生活在贫穷和受到隔离的黑人社区的年轻人的努力不仅改变了这些年轻人看待自己的方式，也改变了他们定位身边世界的方式。森严的警力和监禁的隐性威胁消磨了他们的目标，打乱了他们的日常生活，给长期位于黑人贫穷社区的家人和朋友带来了害怕和怀疑。在监狱的威胁下，一种崭新以及更加奇特的社会组织得以形成——它建立在这样的期望之上，即亲人可能变成被警察通缉的人，或者通过检举其他的人来保护他们自己。这充满了花招和诡计、侦察和反侦察、保密、逃避、误报和不可预测性。即使有人团结起来，也只是对抗警方的一种偶发的团结而已。

警方对年轻人的伴侣和亲戚施加压力，让他们提供有关年轻人行踪下落的信息，这使得女性陷入相当大的威胁之中。在警方突然搜查女人的房子，威胁要逮捕或驱逐她们时，她们必须在自己的安全和所掩护的男人的自由之间做出一种选择。在警察的压力下，女人保护男人的承诺就无法兑现了，一些人甚至不自觉地成为当局的"帮凶"。从信任伙伴到告密者或遗弃者的倒戈导致了相当大的个人痛苦以及公开的羞辱。

在少数族裔居住的地区，男人与女人，以及受人尊敬的人与生活在边缘的人之间，长久以来都存在着相互的不信任。受人尊敬的社会成员与向往放荡生活或者从事犯罪活动的人之间的分流长久以来一直受人关注。但慷慨和信任，还有家庭和友谊的纽带，也正经历着巨大的威胁。在第六街区附近，密集的治安以及隐约出现的监狱威胁正在撕裂着这些纽带，将人们关在自己的家中，激起人们对友谊和家庭生活的怀疑和不信任。在整个社区里，政府根本就没有提供足够的安全保障。远离监狱可能意味着放弃儿子、兄弟或得力的助手。在第六街区之中，男人和女人的紧张关系的核心在于他们必须深度依赖不信任的人，以及希望得到可能带来危险或欺骗的人的信任。

在黑人社区中，受人尊敬的和名声不好的人之间长期存在的鸿沟至少已经被"干净的人"和"肮脏的人"这一新的界线部分地取代了：那些能够安全地通过警察盘查的人，和那些可能会被拘捕的人。一个为那些无法寻求来自权威当局的保护，或者寻求法律之外的自由的人服务的地下市场出现了。这些保护和特权使得买卖双方在一起缔结了新的纽带关系，尽管这些交易性的关系因为受到被发

结论：一个在逃的社区

现和被逮捕的威胁而变得复杂化。

男人和女人们也会把警察、法院和监狱的沉重存在以当局未曾料到的方式变成他们的优势。对年轻人来说，当街道上变得十分危险时，监狱有时候被当作安全的天堂。保释办公室变成一个实际上的银行，而保释则成为对过失预定的谅解。在愤怒和绝望时，女人就会利用警察的威胁来控制她们生活中的男人；在那平静的数月之中，她们会围绕儿子或者伴侣的保释金、开庭日、探访时间以及假释会面而构建出富有意义的路径。

监狱的威胁以及警察的大量出现，还有法院的存在，都通过多种微妙的方式渗透到整个社会的组织中，改变了现存的爱与承诺，并创造出一种新的道德框架，借此而刻画出居民的认同和相互关系。人们通过拒绝告诉警察他们朋友的去处，或者给一个在法律上受到通缉的侄子提供几晚沙发床来表达忠诚。那些标志着一个人通过了刑事司法体系的事件——他第一次坐牢，第一次交保释金，第一次被判刑——变成了实际上的仪式过程以及集体性事件。监狱也能为那些勇敢而忠诚的人创造机遇：通过保护别人不遭到逮捕，人们为他们自己做出了可敬与正派的辩解，并表明了他们对于他人的承诺的力量。

然而要记住，由刑事司法体系所创造出来的那个世界——被拦住之后搜查、牢狱之灾、保释、开庭日和假释会面——不是所有人生活的全部。当很多年轻人花好几天来躲避警察、延迟法院开庭以及拜访他们的假释官时，有些居民还是会每天学习和工作。与在逃的或者在坐牢的人有亲密关系的那些人，还是可以与这种关联保持一种距离的，并可以开辟出一种少接触警察、法院以及牢狱的生活。还有，这些人在工作上会非常努力，以避免和那个肮脏的世界接触，并会重新思考他们自己跟那些深陷其中的人的关系。

在城市穷人区密集监控的问题

犯罪和暴力是贫困的城市社区中不可否认的问题。凶杀案和与枪支有关的暴力行为更使得贫穷的少数族裔社区分崩离析，给政府的管理造成不同程度的压力。在第六街区，贩毒和暴力问题是真实存在的，并且这里所介绍的年轻人都直接地与它们有接触。

有些人会认为，附近的贩毒和暴力会给他们造成困扰，警察也没有别的选择，只能去逮捕这么多的年轻人和积极地下达通缉令，尤其当这些携带枪支的人将会牵扯进严重的暴力事件，或者在附近进行毒品交易时。但是，在第六街区周围进行的毒品交易、社区对抗以及潜在的暴力行为已经深深地烙印在整个社区的生活之中。在这种情况下，法律执行的角色已经由原来的保护社区安全转变为因几个罪犯而导致整个社区被怀疑和受到监视。

在这样的情形下，对于犯罪控制的强力惩罚性的做法确实适得其反，制造出了全新的犯罪领域。严厉打击犯罪政策所预期产生的社会控制——特别是在一个自由国度之中——过于极端且难以实施，这就催生了黑市的蓬勃发展，以减轻监管所导致的痛苦。年轻人在黑市之中兜售某些商品或服务，为那些想要逃避当局或追求法律约束之外的自由的人，提供某些合法达成目的的途径，但这种行

结论：一个在逃的社区

为实际上属于犯罪。黑市也是造成次级的犯罪的第二大原因，仅次于逃亡状态。此外，女性藏匿、保护以及为违法的儿子或伴侣服务的其他行为，使她们自身近乎陷入无穷无尽的犯罪之中。所以说，以严惩来控制犯罪的政策导致了一个巨大的两难困境，那就是它将犯罪行为与日常生活紧密地联系了起来，以致人们努力想要躲避它，却反而造成了大量的犯罪。过密的警力与警力想要控制的犯罪之间不断互相强化。犯罪使得警力更为严厉，而警力本身又催生了一种暴力与非法的氛围，结果使问题根本不可能得到解决。

严厉打击犯罪政策的另一个可笑之处，是它对家庭、朋友和社区之间的纽带造成了巨大威胁，且众所周知地对警察、法庭以及监狱过于纵容，于是反而使毒贩之类的罪犯与普通民众团结了起来。这并不是说那些遵纪守法的第六街区居民不再为暴力和贩毒所烦恼。现在第六街区有许多年轻人被卷入了这些犯罪活动，居民们也确实感到十分烦恼，并希望这些人能够离开犯罪活动或者改过自新。部分居民坚信，如果足够努力，他们的子侄辈们是完全可以找到合法的工作的。但警察公开的暴力行为以及离间友邻和家人使他们相互对立的努力，让辛苦工作的居民们觉得他们成了另外的问题，而不是一种解决方法，在这一点上，他们与社区中肮脏的成员之间有着相类似的处境。

从第六街区居民们的角度来看，他们对警察的不信任和愤怒是可以理解的。警察（加上法庭、拘留所以及监狱）不但没有解决犯罪和暴力的突出问题，反而在他们已经面临的问题之上又增添了新的问题。

虽然这种愤怒可以理解，但这并不意味着人们应该视警察为恶人，或认为警察的行为都是出于种族歧视或其他恶意的目的。警察也处在两难困境之中：在政府机构中，解决贫民区中肢体健全的无业游民的问题这一职责，完全落在了他们的肩膀上，而他们唯一的手段就是威吓和逮捕。有很多执法人员认为，贫困、失业以及随之产生的贩毒与暴力问题属于社会问题，是不能通过逮捕来解决的，但他们只有手铐和监禁，而不具备解决社会问题的手段。

警察与社区

关于这个问题，值得一提的是，第六街区居民与操控该街区的（或者从该街区赶人走的）刑事司法人员之间的关系是十分复杂的。在某种程度上，居民们认为，警察是白人，是匿名的占领军，在整个街区横行霸道，不由分说地逮捕所有不幸路过的年轻人。他们对警察的恐惧和憎恶显而易见，因此警察在巡捕时常闹得群情激奋。但有一部分警察本身就是居民们的近邻和亲戚，这种私人的联系又使得人们很难将所有警察都视为外来的侵略者，尽管也有一些出身于第六街区的警察受到的憎恶比那些外来的还要多。

另一个矛盾存在于这样的事实之中，即某些被警察追捕的年轻人，可能会与女性警员相互萌生爱意。在黑人社区中的女性，其教育水平常常大大高于男性，就业状况也更好，而且有大量黑

结论：一个在逃的社区

人女性就职于刑事司法系统，这就催生了警察与罪犯之间跨界谈情说爱。这样的纽带又因为所发现的像麦克和卓克这样的年轻男性罪犯与中转拘留所操作员、监狱保安以及缓刑工作者中的女性有着的密切联系而得以放大。这里另外一个令人惊讶的事实就是，被监禁的年轻男性会极力主张前来探视他们的女性进入司法体系工作。麦克与卓克以及他们的朋友们很清楚，司法是为数不多还在蓬勃发展的赚钱的行业之一，没有官司缠身之人踏入这一行业是很明智的。

同样的，关于偷偷告发的道德观变化无常。反对告发他人的一般性的规范肯定是存在着的，但每天仍然会有人去向警察告发他人。更有趣的是，邻里中有许多人平白无故就向警察告发他人而对此不做判定；这种行为反而是受到期待的，被理解为作为正直的、干净的人所应具备的品格的一部分。

历史与比较角度的逃亡者贫民区

对于治安严厉的第六街区以及数以百万计的在监狱里进进出出的年轻黑人男性，我们究竟应该如何理解？社会学家卢瓦克·华康德（Loïc Wacquant）和公民权倡导者米歇尔·亚历山大（Michelle Alexander）在当前针对黑人的瞄准式的拘押与早期的对于诸如奴隶和黑人的种族压迫体系之间画上了浓重的等号，因为二者都否认了黑人的诸如投票、竞选以及自由活动的基本

在逃：一个美国城市中的逃亡生活

权利①。

与奴隶制以及"吉姆·克劳法"(The Jim Crow)②相伴而生的便是在政策上使得大量的黑人男女具有了逃亡者的身份——在奴隶制时期所借助的是逃奴法，而在吉姆·克劳时代，借助的是在第一次和第二次大迁徙时期压制了大量黑人北迁的流浪法令③。流浪法令规定，人们会因为失业、无家可归、饮酒、四处闲逛、行为不端，或者做与众所周知的犯罪相关之事而被逮捕。

在美国，尽管自殖民时期流浪法令就已经存在了，但广泛出现以流浪这一罪名指控他人的现象，却是在逃奴法得以废除，黑人得到解放并迁往北部城市的时期。到20世纪60—70年代，这些法令从成文法中被删除，但严厉打击犯罪时期的法律和实践开始起作用④。

从这一历史来看，有大量的美国黑人已经不仅被配以一种名存实亡的公民身份，还由于与奴隶制、分成制、北部移民以及与"向犯罪开战"(the War on Crime)相伴而生的民事和刑事监督管

---

① Michelle Alexander, *The New Jim Crow*: *Mass Incarceration in the Age of Colorblidness*) (New York: New Press, 2010); Loïc Wacquant "Deadly symbiosis When Ghetto and Prison Meet and Mesh" *Punishment & Society 3*, no.1 (2001): 95–133.

② "吉姆·克劳法"泛指1876年到1965年之间美国南部各州以及边境各州对于有色人种（其中核心群体是非洲裔美国人）的种族隔离法律。——译者注

③ Leon F.Litwack, *Been in the Storm So Long*: *The Aftermath of Slavery* (New York: Knobf, 1979).

④ 流浪法令最近以"生活质量"政策的形式重新出现。这些法律导致了一些针对轻罪的逮捕，诸如乞讨、跳十字转门、睡在公共场所以及四处闲逛。对于纽约市的这些法律，可参阅米奇尔·敦尼尔（Mitchell Duneier）的《人行道》一书。对于西雅图的相关法律可参阅凯瑟琳·贝克特（Katherine Beckett）和斯蒂夫·赫伯特（Steve Herbert）的《被放逐之人：美国城市的新社会控制》一书。

结论：一个在逃的社区

理被赋予一种逃亡的身份。在此意义上，我这里所描述的，反映的不过是在美国排斥黑人以及公民权趋减的历史长河中最近的一道浪花而已。

然而，现在就下结论说，美国的种族关系的历史是一种无情的支配史，或许是不正确的。相反，这里有一些收获与扭转，并且，美国黑人的公民权利在近几十年来扩大了许多。当前的刑事和拘留水平与之前的种族压迫的一个重要的区别就是，对贫穷的黑人及其社区的治安重压以及高发的拘禁在很大程度上受到了严格的限制，对于许多贫困的白人以及拉美裔人也是一样。受过教育的黑人以及他们的家庭不会被卷入过密的刑事监督中：他们可能偶尔会遭受警察的困扰和虐待，但是他们不会二十几岁的时候就待在监狱中、处于缓刑期或者身负拘捕令。

* * *

目前美国城市中贫穷黑人的现状，不仅与较早时期美国的种族压迫有一些相似之处，也使读者记起那些族群、宗教、种姓或者性取向不同的群体，在许多时候被置于社会与经济边缘的经历。国家压迫的工具变化无常，但整个历史上有过受迫害经历的群体——从欧洲的犹太人到无记载可言的美国移民，再到世界各地生活在镇压、威权或者极权政体下的人们——展示了威胁的跨越时空的惊人的一致性。

在生活经验的水平上，这些案例都涉及对大型群体基本权利的否认，还有一些极端处罚的风险——诸如约束、排斥、驱逐、拷问或者处死——成了许多人要去面对的一种真实的可能性。当人们

在逃：一个美国城市中的逃亡生活

开始想尽办法逃避限制以及避开权威当局时，受到限制的权利与对极端处罚的害怕的结合导致了日常生活犯罪的泛滥。我们经常会看到与宵禁同时的身份核查，并且搜捕成了人们习以为常之事，而逃脱、隐藏以及保守秘密的实践则成为日常生活的技巧。一个伪造证件充斥的黑市阻止了商品的繁荣。我们也看到了信息提供者致人受害的议题，这既需要通过警察的努力培养，还要有人为了自己的利益而使他人锒铛入狱。当局不仅培养了专业的信息提供者，还定期让亲近的朋友、邻居以及家人之间发生对抗，要求人们在自己的自由以及他们的亲近之人的安全之间进行选择。居民们经常会在大街上看到国家的暴力行动——比如人们遭受毒打、被勒死、被踢，甚至遭到枪击——并且看到权威当局在保护或从中调停上几乎不起作用，尽管它们无处不在。被削弱的权利和极端处罚所带来的一触即发的威胁在社区社会组织的水平上为人所感受到——比如，承担法律风险被当成一种奉献以及个人依附的姿态——并且，法律的制裁和限制成了关键性的社会区分，尤其是在从当局那获得的安全的多寡上的区分。

确切地说，这些案件既包括许多不同之处，又包括许多相同之处。在许多例子中，那些被当局抓住的人不会被送回到一般群众之中；一旦他们离开，便不再回来了。对拷问及死亡的害怕与对进监狱或者受到驱逐的害怕，是不一样的。但这些案子都有足够的相同之处，以至于一种深度的了解可以让我们知道一些生活在其他地区的人的经验。当然，目前的美国贫民区是能够取代它们中的这个位置的。

结论：一个在逃的社区

考虑到这些，我们或许能把美国贫民区理解成这个时代最后的专制体制之一 —— 一个在我们的自由民主体制内运行的体制，但生活在几个街区之外的许多人对此闻所未闻。在官方避免种族等级制度的国家里选举出了一位黑人总统，并使之连任的同时，我们在人事上花费了大量纳税人的钱安置了大量的刑事司法人员，让他们去配合一个对我们城市隔离区邻里中的贫困黑人和妇女施以一种密集处罚的政权。

尾声：
离开第六街区

尾声：离开第六街区

一些人说，当你停止了解新的事物时，你应该停止研究的项目。我不确定事情是不是都那样。任何时候，我都不会达到一种"餍足"的状态，从未感受到自己有足够的了解，但是时候离开并写下我的发现了。

最后，在我的经费用完之后我就离开了，而且我必须写出一篇论文，并找到一份工作。从那时起，不像是我离开了第六街区的男孩们，而是那些男孩们离开了我——或者更确切地说，我们所知道的这个群体不再存在了。在2008年，卓克和其他两个成员因为枪击而去世了。接下来的一年，斯蒂夫自杀了——一个因为对气枪日渐上瘾以及没有了卓克而无法坚持活下去的悲剧。卓克的排行中间的弟弟雷吉还有最小的弟弟提姆在州内远离大城市的地方服刑。安东尼被判处在州监狱服刑 3～5 年，并在 2013 年回到第六街区之后不久就被警察开枪打死了。根据附近的人的说法，当时警察打扮成便衣，当他们跑向安东尼的时候，安东尼开枪了，因为他以为他们是第四街区的那些男孩。而阿里克斯离开这个地方已经很长时间了。

当我回到费城之后，我继续去探望爱莎和她的一些家人，并且拜访了阿里克斯和麦克,他们现在有了日常工作,与他们的孩子和伙伴住在一起。我与雷吉和提姆通过写信和打电话依旧保持着联系,有时还会去拜访他们。雷吉和提姆因为封闭而无聊到会问这本书什么时候出版,所以我们有时候也会讨论这个。但更多的是,我相信我们通过对以往的岁月以及那些永远不再和我们在一起的人们的记忆,依旧保持着与其他人的紧密联系。

致谢

致谢

对于这 10 年来深厚的感情和友谊,我要感谢:蒂娜女士和她的孙辈爱莎和雷,雷吉纳女士和她的儿子麦克,罗尼,安东尼,斯蒂夫,乔什,乔治先生、琳达女士以及琳达女士的儿子卓克、雷吉和提姆。在过去的许多年中,麦克、卓克以及雷吉为我的研究提供了大量的帮助,也在写作上给予了我很多反馈;而雷吉甚至从牢房中为我提供了很多资料。

我的父母威廉·拉博夫(William Labov)和吉连·萨考芙(Gillian Sankoff)为我的这项研究的底稿提供了至关重要的意见,每一个意见都帮助我的底稿更加接近于最后的版本。再加上我妹妹雷蓓卡·拉博夫(Rebecca Labov)以及整个德尔古西奥(DelGuercio)家族的共同努力与毫不动摇的支持,让这本书的出版成为可能。

在宾夕法尼亚大学时,米奇·顿埃尔(Mitch Duneier)在我社会学专业的学习上提供了极大的帮助,他给予我比别的学生更多的关注和支持。民族志是一系列情感上的锻炼,也是一个从老师传承给学生的传统。多年来,米奇先生不断灌输民族志的研究方式,不断传播他的老师和他自己的观点。他领悟到了一个真谛:在尊重人权的同时去审查整个社会是十分重要的。他在我的研究上的贡献是我在这里所无法用言语表达的，他可谓人师之范。

魏维娜·泽林则（Viviana Zelizer）、保罗·迪玛吉奥（Paul DiMaggio）、德发·帕格（Devah Pager）以及考内尔·韦斯特（Cornel West）都加入了米奇先生的阵营，一起组成了一个论文委员会。马文·布莱斯勒（Marvin Bressler）、布鲁斯·维斯顿（Bruce Western）、马丁·瑞夫（Martin Ruef）、帕特里西亚·费尔南德兹－凯利（Patricia Fernandez-Kelly）以及萨拉·麦克卡兰汉（Sara McClanahan）也都慷慨地付出了他们的时间，提出了他们的见解。在普林斯顿大学里，有关这个课题的全体成员都把大门向我敞开，而我应该把这本书中的核心论证归功于他们。

本书部分内容的原始版本曾在《美国社会学评论》（*American Sociological Review*）中以论文形式发表过。编辑文森特·罗西加诺（Vincent Roscigno）、合编人兰迪·胡德逊（Randy Hodson），以及评论人斯蒂夫·罗伯茨（Steven Lopez）、菲利普·卡斯尼特兹（Philip Kasinitz）、杰克·卡茨（Jack Katz）和帕特里西亚·阿德勒（Patricia Adler）都给了我大量的反馈意见（并且在文章被接收之后都和蔼可亲地告诉了我他们的名字）。

罗伯特·伍德·约翰逊基金会学者卫生政策计划（The Robert Wood Johnson Foundation's Scholars in Health Policy Program）以及密歇根大学都给我提供了我所需要的时间和资源来修改论文。一个了不起的博士后小组安·阿博（Ann Arbor）中的成员对我的各章初稿进行了研读，他们是特瑞伍·罗

致谢

根（Trevon Logan）、爱德华·沃克（Edward Walker）、格里高·马特森（Greggor Mattson）、莎拉·奎因（Sarah Quinn）、布雷丹·尼汉（Brendan Nyhan）、格雷姆·博谢（Graeme Boushey）、塞思·弗里德曼（Seth Freedman）、贾米拉·米奇纳（Jamila Michner）以及克里斯托弗·拜尔（Christopher Bail）。

在加州大学洛杉矶分校（UCLA）的一个致力于研究社会互动和城市生活的学术共同体为我出借了他们的办公空间，并对我——一个短期访问者给予了鼓励。对于他们的支持和建议，我要特别感谢杰克·卡茨（Jack Katz）、罗伯特·爱默生（Robert Emerson）、斯特芬·蒂默曼（Stefan Timmermans）以及布兰顿·贝利（Brandon Berry）。

在威斯康星大学，埃里克·奥林·赖特（Erik Olin Wright）、玛拉·罗福曼（Mara Loveman）、藤村琼（Joan Fujimura）、多哥·马亚恩德（Doug Maynard）、约翰·德拉马特（John Delamater）、帕莫拉·奥利弗（Pamela Oliver）、莫尼卡·怀特（Monica White）以及穆斯塔法·埃莫巴耶尔（Mustafa Emirbayer）都对我的研究提供了慷慨的评论。对此我深表感激。在主题为"贫民区"（The Ghetto）的本科生课上，学生们对于我先前的稿子给出了有益的建议。我要感谢米奇·顿埃尔在我还是一名研究生的时候邀请我和他一起讲授此课程。我还要感谢我们在普林斯顿、罗马、克拉科夫以及麦迪逊的学生们。我也同样要感谢在麦迪逊民族志课上的学生们，感谢纽约市立大学研究生中心方法工作坊的参与者，感谢"哈佛正义与不平等工作小组"，还有"加州

在逃：一个美国城市中的逃亡生活

大学洛杉矶分校民族志研究小组"的封闭式阅读以及对于章节初稿的有益的建议。

在此研究的整个过程中,有很多人主持会议,阅读本书的各个部分,或者花时间去了解有关这个项目的事情,这些都深度地形塑了我的思考。我与很多人的友谊在我因同时待在大学教室以及第六街区而觉得失去了奋斗之力时得到了延伸。这些慷慨的朋友和同事有伊瓦·哈里斯（Eva Harris）、雷蓓卡·希尔曼（Rebecca Sherman）、萨拉·高德里克-拉伯（Sara Goldrick-Rab）、希拉里·列维伊（Hilary Levey）、阿里克斯安德拉·墨菲（Alexandraandra Murphy）、马福达·卡提姆（Mafalda Cardim）、色奥·斯特林诺帕勒斯（Theo Strinopoulos）、凯瑟琳·诺兰（Kathleen Nolan）、福瑞斯特·斯图亚特（Forrest Stuart）、科林·耶罗马可（Colin Jerolmack）、约瑟夫·伊伍德兹（Joseph Ewoodzie）、约央·李（Jooyoung Lee）、雅克·阿维利（Jacob Avery）、玛利亚·瑞恩（Mariah Wren）、苏珊娜·格林伯格（Susanna Greenberg）、尼基·琼斯（Nikki Jones）、劳拉·卡尔迅（Laura Clawson）、克里·费尔德斯（Corey Fields）、马修·戴斯蒙德（Matthew Desmond）、安娜·哈金斯（Anna Haskins）、约翰·苏盾（John Sutton）、马里奥·斯迈尔（Mario Small）、罗伊克·华康德（Loïc Wacquant）、保罗·威廉斯（Paul Willis）、威廉·考恩布鲁姆（William Kornblum）、特里·威廉斯（Terry Williams）、梅根·康夫德（Megan Comfort）、依多·塔夫里（Iddo Tavory）、弗雷德里克·威利

致谢

(Fredrick Wherry)、布莱恩·凯利(Brian Kelly)、克里斯多保·扬(Cristobal Young)、格林·洛里(Glenn Loury)、贾维尔·奥耶托(Javier Auyero)、莫妮卡·怀特(Monica White)、马里奥恩·福卡德(Marion Fourcade)以及迪恩·瓦格翰(Diane Vaughan)。

卡罗·斯塔克(Carol Stack)、霍华德·贝克(Howard Becker)以及赫伯特·甘恩斯(Herbert Gans)跟我有着非常宝贵的通信往来——我非常感激他们来自远方的赐教。霍华德·贝克、罗伯特·艾默生(Robert Emerson)、杰克·卡茨(Jack Katz)、大卫·加兰德(David Garland)、布鲁斯·维斯顿(Bruce Western)以及苏珊·格林伯格(Susanna Greenberg)都非常仔细地阅读了最后一稿,每一个人都提供了能够很好改进这一稿的评论。多哥·米切尔(Doug Mitchell)作为芝加哥大学出版社的编辑团队的核心人物应得到感谢。跟他以及他的同事提姆·麦高文(Tim McGovern)和列维·斯达尔(Levi Stahl)一起工作,真是一件幸事。

在写作的最后阶段,我有赖于摩尔根·米勒(Morgen Miller)、玛蒂娜·库诺维克(Martina Kunovic)、伊斯特·舒博格(Esther HsuBorger)、海特·高登(Heather Gordon)、凯特琳娜·金曲彬(Katrina Quisumbing King)、萨拉·乌戈利特兹(Sarah Ugoretz)、马修·金妮(Matthew Kearney)以及加雷特·格莱英格(Garrett Grainger)等人杰出的研究以及在编辑上的帮助。芝加哥大学出版社的桑德拉·哈泽尔

(Sandra Hazel)对本书最后一稿贡献了她极大的智慧以及编辑上的助益。

本书献给雷吉和提姆的哥哥卓克,他的笑容以及道义的力量永远活在我们的记忆之中。

附录：
一个方法论的注解

附录：一个方法论的注解

评估社会科学成果的过程，有助于我们去知晓研究者是如何得出他或她所声称的发现的。回顾这项研究的整个过程，意味着阐明一个年轻白人女孩是如何在费城的低收入黑人区和黑人青年们共同度过她的与当地警察周旋的20岁的。接下来，我将会介绍这个研究是如何开始、逐步开展以及最终完成的，也将描述曾出现过的困难和我尝试克服它们的过程以及这个项目是如何发展和结束的。读者可能还会了解到一些其他的内容，例如我的身份是如何影响我的发现的、团体内部成员和外部人士对我来到这个街区生活的解释以及这些年在第六街区的生活对我个人的塑造。

缘起

在我就读宾夕法尼亚大学的第一年，大卫·格兰兹（David Grazian）开设了一门有关城市民族志的本科课程。大卫是从芝加哥新聘请来的老师，他沉浸在直接观察学习城市生活的传统中。在这门课刚开始时，他指导我们去选择一片地区来观察社会生活和记田野笔记。我的第一个选择是去TLA——一个位于费城市中心的非连锁性的影碟出租店——工作。这家店铺里有傲慢的店员，他们几乎无时无刻不在讨论那些晦涩的艺术电影；还有远远不如他们渊博却野心勃勃的顾客，他们在扫视过冷门的片子后带走最新的好莱坞电影。我一度认为，自己对这两个群体之间的关系深感兴趣。然而这个念头彻底落空了：那儿的经理以我不懂电影为由拒绝给我工作。

我尝试的下一个地点是宾夕法尼亚大学校园西边的一间大型餐厅。每个星期我都和同学一起在那里吃好几顿饭。同样的，在那里我也注意到工作人员与顾客之间的耐人寻味的张力：养尊处优，且大多是白人的宾夕法尼亚大学本科生们花费了大量时间抱怨为他们提供餐食的年长的黑人女性，尽管对我来说，这些员工都十分友好且能力出众。我想要在那儿工作，试图了解工作人员是如何看待本校学生的。

我成功了！在投出申请的一周后，我拿到了这份工作。

我受雇于蒂娜女士——一个60多岁、个子不高、沉默寡言的黑人妇女。她管理着一群绝大多数为黑人的基层员工。蒂娜女士当时已经在大学餐厅里服务了30年，成为管理人员也有15年了。那个秋天，我每周为她工作两次，主要是做三明治和下单。

第一周，我发觉餐厅工作人员没有花任何时间去担心跟学生的交往。相反地，他们卷入了关于退出工会的内部纠纷。那时宾夕法尼亚大学已经停止招聘勤工俭学的学生，同时着手为它几乎全部是黑人的餐厅员工群体大换血，把餐厅员工从隶属于工会的劳动者，替换为私人食品服务公司的临时工。当工会工人退休或去疗养休假

附录：一个方法论的注解

时，大学就将他们替换成 20 来岁的年轻男女。他们每周工作不到 25 小时，薪水从私人公司那里领取。我曾目睹蒂娜女士耐心地培训这些新员工，即使他们挤掉了她的老朋友们。从此，我的田野笔记的重心放在了老的隶属于工会的正式工作人员与新的临时工作人员之间的冲突上。

几个月之后，我终于明白了，蒂娜女士的很多员工，不管是否隶属于工会，阅读能力都不太高。我注意到她为使他们适应工作所做的努力，比如她允许职位申请人把求职表格带回家填写，而不是当场完成上交。制作三明治的工作需要将一张白色的小标签粘贴到三明治的塑料包装上，以标明它是瑞士火鸡口味的、火腿干酪口味的、花生酱或果酱口味的，还是其他什么口味的。而制作沙拉则不需要粘贴什么标签，因为一共只有两种沙拉，并且它们能被很容易地区分开来。蒂娜女士将沙拉制作和三明治制作的工作分在两间屋子里，由此员工可以选择自己在哪间屋子里工作。她的员工给出了很多希望被分配到沙拉制作间的理由：椅子更加舒适，音乐更加好听之类。而在这些完美的正当理由的背后，则隐藏着一些其他真正的原因：沙拉制作房间的工作允许工人在整个上班期间不用阅读任何的印刷文字。

当工人们因生病或照顾孩子而请假时，蒂娜女士不得不将沙拉制作间的工人调到三明治制作间。为了解决这个可能的问题，她将三明治标签纸放在了标有图画的文件夹中，这样一来，员工就可以记住星星图案文件夹中的标签代表瑞士火鸡，而笑脸代表火腿干酪。那些并不理解这个机制的人，可能会将标签放回到错误的文件夹里，所以蒂娜女士每天下班时需要检查各个文件夹，然后重新将它们进行正确的分类。有一个星期她因为肾结石没有来上班，我代替了她的工作，然后就发现，有40个花生酱口味的三明治被标成了瑞士火鸡口味。

阅读能力较低的员工的另一个问题来自他们上下班打卡时所使用的打卡器。打卡器位于一楼经理办公室边被固定在墙上的高耸成行的金属支架上。超过70个名牌被排列在墙上，员工名字被草草地写在卡片上，我找到自己的卡片通常需要用一分多钟。想要记住自己卡片的位置基本上是不可能的，因为高级经理每天会将卡片取下用于计算工时。

员工们用不同的办法来应对这个问题，一些资历更老的女性会站在表下面告诉每个问时间的人钟表走快了，这样她们就能耗完他们的最后一小时，以拿到全部工资。当她们在一旁等着时，比她们个头更高的人会主动帮她们把工卡拿过来，她们只需要礼貌地说声谢谢。

而年轻的做兼职的男子们找到了一种不同的策略去解决工卡的问题：他们告诉另一个楼层的朋友他们早些时候离开了，然后让那些朋友帮他们晚点打卡。最初我以为他们是想要偷偷增加工时，但是之后我意识到，在通常情况下，他们在自己的轮班结束时才离开。试图增加工时只是表象，是为了掩饰他们没有办法在墙上找出他们名字的事实。

蒂娜女士不仅用与传统不同的方式看待这些做法，还将其当作管理技术而积极支持这些策略。她私下帮助她的一些员工打卡下

附录：一个方法论的注解

班，就在她领取额外纸巾或者放置食物订单时。随着我深入观察，我意识到她在帮助一些一楼和二楼的员工上下班打卡。

对于那两个坐在一楼高管办公室里的白人来说，这群几乎完全由黑人组成的员工队伍永远怠工，难以沟通或者不诚实。他们看到女人们因为一些愚蠢的理由而拒绝去三明治制作间工作，年轻的男人伪造工时，年老的女性则站在钟表旁边无所事事。当蒂娜女士回来后，我能听到他们责骂她放任这些不服管教的员工不管。他们同时控告了她招聘了其亲戚和朋友，尽管我从来没发现她这么做过。虽然有这些管理上的紧张气氛存在，但蒂娜女士对自己的工作似乎还是感到很愉快和骄傲的。就我所能说的而言，她的大部分员工是尊重和信任她的。

* * *

在完成了大卫·格兰兹的课的期末作业之后，我在学期结束的时候辞去了在餐厅的工作。

接下来的那个秋天，我问蒂娜女士，她是否知道有谁需要学习上的辅导，她立刻说到了她的孙辈们：她女儿的儿子雷——一个和她还有她女儿住在一起的高二学生，还有她儿子的女儿爱莎——一个就在几个街区之外和妈妈住在一起的高一学生。蒂娜女士说雷是一个好男孩，他准备上大学。相反的，爱莎总是惹是生非。我们一致同意，我会教雷和爱莎英语、历史以及帮他们准备 SAT 考试。

我所能记得的我的辅导动机是想了解这些员工们在家里和社区的生活，尤其是在他们在几乎全是白人的校园的工作外的生活。在

在逃：一个美国城市中的逃亡生活

与一些阅读能力相当低的人一起工作之后，我也开始关注读写的问题。不管怎么说，对于一个年轻的中产阶级白人女子来说，家庭教师似乎是一个出入于城市中的工人阶级区域以及穷人聚集的黑人街区的体面理由。

我第一次开车去找蒂娜女士时，无法找到正确的地址。当我边走边偷瞄那些两层的砖砌房屋时，一个年轻人停下来问我是否为警察或社会工作者，不然，像我这样的人是没有理由在这儿的。我已经习惯了做那个在餐厅里工作的唯一的白人，但是在那里，学生和周围的食客大多数是白人。当我开始拜访蒂娜女士的家进行晚间辅导后，我进入了一个白人确实只占少数的世界[①]。

蒂娜女士的家庭是温馨而好客的，这使我松了一口气。她的女儿罗谢尔是一个非常健谈活泼的40多岁的女人，失业前在市区一家日托所当助教。她和她的儿子雷似乎都对城市富有的白人区比较熟悉，而我恰恰是在那样的环境中长大的，由此而使我们在文化上的鸿沟得以被填平。

蒂娜女士的孙女爱莎也非常好客，但似乎很少离开费城的黑人区。像其他许多成长在种族隔离的北方城市中的人一样，她的口音在语言学家看来是美国黑人的白话式英语[②]。此外，作为一个青少

[①] 刚开始我以为没有白人住在附近。我们所看到的是那些穿着警察制服或只是为了拿福利而工作的人。后来我才知道，一些白人其实也住在附近——有的人在20世纪50年代它成为一个黑人街区之前就住在这里了，其他的人是嫁到这里来的。还有一些白人小孩被一对白人与黑人父母照顾。工作和生活在这街区里的极少数的白人在街上与我擦肩而过时经常会向我点头，就像少数族裔在街上偶遇的那种方式。

[②] William Labov, *Language in the Inner City: Studies in the Black English Vernacular* (Philadelphia: University of Pennsylvania Press, 1972).

附录：一个方法论的注解

年，她语速很快，发音含糊。在刚开始辅导的过程中，我经常听不懂她说的话，还会尴尬地叫她重复一遍，或者假装听懂了，并且，她也意识到了我常常根本没理解她在说什么。

那一学年，在蒂娜女士的房子里，我每周用两到三个晚上辅导爱莎和雷。数月之后，我可以跟上爱莎讲的故事了，我们的电话交谈也轻松易懂了很多。

爱莎的家庭

大约 4 个月之后，爱莎的母亲为了同我见面而造访了蒂娜女士的家。她是个年近 30 岁、有点胖的女人，短而稀疏的浅色的头发被梳成一排排辫子。她看起来像经历了不少人生起落，或单纯是被糖尿病和三个孩子搞得筋疲力尽。我们见面时的气氛其实是相当尴尬的。但在聊天快要结束的时候，她欢迎我到她距离这儿不远的公寓做客。当我在蒂娜女士犹如博物馆般宁静、家具上都盖着塑料布的家中消磨数月之后，这可谓一个重大的突破。整个扩大家庭和它的邻居们向我敞开了怀抱。

我开始在爱莎的住处停留，慢慢了解了她的母亲与姐妹，甚至还有她的亲戚、朋友与邻居们。我们会一起坐在她公寓大楼的阶梯上，一起煮饭，在街角的自助洗衣店里一起洗衣服，或一起走去中餐外卖店。当我们在附近转悠时，爱莎向我介绍了她在小吃店打工的表弟、在街边小摊出售 DVD 的叔叔以及另外一个在街角卖海鲜的叔叔。她的家人已经在费城生活好几代了，有大量的邻里可算作她的近亲。

  慢慢地,我开始察觉到爱莎的家庭与蒂娜女士的家庭之间的社会距离。蒂娜女士的冰箱常常保持满满的状态,家中的灯和煤气都保持正常运作,而雷在夜晚会准备 SAT 考试和大学申请。我观察到,蒂娜女士家从来没有任何家庭成员坐在门廊外。他们对邻里们彬彬有礼,但显得比较冷淡。这两年来,我花费了无数的周末下午的时间待在蒂娜女士家。我发现,他们只招待过两次客人,其中一次还是请城外的亲戚。相比之下,爱莎与她妈妈和姐妹住在更贫穷的街区里的一幢四层的小楼中,它位于第八街区,是一个有住房津贴的单元。在这里,家人和邻居一直进进出出,而爱莎的家人经常待在邻居的家里——他们把邻居的3个孩子当作他们家庭的一分子。

  爱莎的妈妈向我坦承,她在获取福利津贴之前曾经售卖过一段时间的毒品,那是在爱莎很小的时候。当时爱莎的外祖母负责照顾爱莎的生活起居。外祖母是一个年约60岁、染着一头亮丽的红头发的瘦小女人,她非常喜爱法国西部产的白兰地。中学的时候,爱莎会和外祖母一起待在街角的酒吧,与店里的顾客们聊天谈笑一整个晚上,过后在深夜走路回家。当我遇到爱莎的时候,她把那个酒吧视为她的第二个家,来来回回全看她的心情。她有时会向那里的人借上一两块钱,甚至随手抓食物吃。

  在我们认识的最初的几个月里,爱莎几乎游走在被开除和辍学的边缘。就在我们见面的那一个星期,她被停学观察,因为她朝老师的嘴巴上打了一拳。过后我才知道,她是蒂娜女士的孙女,也就是蒂娜女士一个误入歧途在州北部地区监狱坐牢的二儿子的孩子。

附录：一个方法论的注解

第二年，在艾利佳·安德森（Elijah Anderson）的民族志课上，我学习了"得体的（decent）人"与"街头的（street）人"之间的紧张关系，而蒂娜女士的家庭以及爱莎的家庭之间的差别也开始变得更有意义了。

搬进街区

在我大学二年级的时候，我的租约到期了。在爱莎和她家人的鼓励下，我开始在附近寻找房屋。这着实困难，因为没有任何房地产中介乐意将爱莎公寓附近的黑人区的房子租给我。有些中介说，我不会喜欢那些房子的，或房子已经被租走了，一些中介甚至从来都没给我回过电话。最后，爱莎的大姐以我的名义打了几通电话，我才有了几次看房子的机会①。

我在搬进了一间距离蒂娜女士的家几个街区的一居室之后，立刻开始把白天和夜晚都花在与爱莎的大家庭和朋友相处、拜访蒂娜女士以及乘车往返宾夕法尼亚大学上课上。那时，我开始对这些母亲、女儿、姨妈和祖母们的生活，也就是爱莎的社区中的女人们的家庭世界充满兴趣。我在宾夕法尼亚大学时主要待在社会学系，在

---

① 我在城市的黑人区中租住的困难，绝对无法跟一个黑人跑去城里白人区所可能体会到的情形相比较。虽然房地产代理商不愿意租房子给我住，但我并不相信他们会认为我是危险的，或我会成为此街区的祸根。他们并不会因为我的受到污名化的地位可能使他们的地产价值贬值而来排斥我。相反，他们经常表示，他们认为我对租住公寓而言是绝好不过的，以至于在被排斥之后，我个人不会感受到苦痛；我不会体验到艾利佳·安德森所指涉的，黑人在接触白人时所遭遇到的那种严重的不尊敬。参阅：Elijah Anderson, *The Cosmopolitan Canopy: Race and Civility in Everyday Life* (New York: Norton, 2011), 253.

那里我尽力听课，尝试交上一篇基于正在从事的田野调查的期末论文。尽管此后我继续辅导了爱莎三年半，直到她高中毕业，但我的角色已经从家教变成了朋友和本地居民。

邂逅第六街区的男孩们

2002年12月，爱莎的14岁表弟罗尼刚从青少年拘留中心回来。他矮小的身材看起来与他的年龄不符，他穿着一条磨旧的牛仔裤，在他走路的时候，可以看见裤脚拖地，露出长长的线头。他有着浅色的皮肤、卷曲的头发以及温柔的声音，当他看见爱莎时，向她露出了爽朗的笑容。罗尼不在家的时候，我没怎么听说过关于他的事情。但他回来的那一天，爱莎跑上街头迎接他，给他以拥抱，并在接着的一整个下午都紧紧依偎着他。这是我第一次见到她笑得那么开心。

罗尼和爱莎是表姐弟。爱莎告诉我，因为她的姨妈毒瘾严重，没有能力养活罗尼，所以由爱莎的妈妈来照顾他。她说罗尼的母亲在爱莎和我遇见的前一年去世了，留下了罗尼。他只好搬去和他奶奶一起住，但他奶奶不怎么能明白他的事情。之后不久，他就进了青少年拘留中心。

在罗尼回家的这个时候，他是一名高中一年级的新生，尽管大部分时间他没在上课——他和逃学办公室周旋，或时不时被停学处分。他和他的奶奶一起住在第六街区，与爱莎住的地方相隔15个街区。罗尼自称从小到大都是在街边鬼混的麻烦制造者。作为一个

附录：一个方法论的注解

令人印象深刻的舞者，他有时会从车里跳出来，并且快速地给等交通灯的路人跳上一段。

当罗尼听说爱莎还是单身的时候，他决定介绍他的朋友托米给爱莎认识。托米是一个性情安静、有着深色皮肤的14岁男孩，居住在第六街区。他个子很高，害羞，长得非常英俊，可以说与罗尼形成了完美的对比。爱莎被托米迷得神魂颠倒。她每周有一两个下午会特地搭乘巴士去第六街区。当我跟爱莎在一起时，她有时介绍我是她的家庭教师，有时则说我是她的干姐妹或者亲姐妹。

约会记

在一个下午，当我们和罗尼、托米在第六街区玩的时候，罗尼告诉我他的老大——麦克想要见我。据爱莎说，她听罗尼说过，麦克在罗尼奶奶家隔壁长大，看上去挺好的。

直到那个时候，我已经多次回绝了爱莎要把我介绍给各种各样的男孩子的好意，尽管我一直都以礼貌的姿态予以拒绝，将她的善意当作青少年之间表示友谊的礼物。但我们接下来几个星期的谈话总是会扯到对麦克这个话题的讨论上去。我出席了爱莎弟弟的生日派对，无意中听见了她母亲和另外一位亲戚的令我困扰的对话。在切过蛋糕以后，那个女人悄悄地问爱莎的母亲，我与爱莎和她的朋友们那么长时间在一起都做什么。爱莎的母亲坚定地回答道，我是她女儿的辅导老师，也是她侄子的辅导老师，而且我就住在后面的那条街上。那个女人问了我在辅导时做什么，爱莎的母亲回答说，她觉得是关于学校方面的事情。那个女人想要知道我把爱莎都带到哪里去。爱莎的母亲说我把她带去图书馆、书店,有时则是外出吃东西。"她还和别的人去吗?""没有,"爱莎的母亲回答道,"我想她还是单身。"那个女人点了点头,仿佛我没有男朋友的事实证明了她的一些怀疑。爱莎母亲则向她解释,我就像是一个"大姐姐"和"家里的一分子"。

我郁闷地离开了派对,感到被人羞辱了一般。我没有向任何人诉说这件事,可以想象,那个女人的话暗含着,我因为没有男朋友,才会对高中女生感兴趣。至少在她看来,我至今单身有些奇怪,更何况我总是与爱莎以及她的朋友们待在一起。爱莎母亲的行为举止并没有多大的改变。但我生怕这个关于我、爱莎和她朋友们的谣言会散播开来。因此,在下次有人提出要撮合我和一个小伙子时,我马上答应了。这个小伙子就是罗尼从前的老大麦克。

罗尼介绍我与麦克认识是在2003年1月。麦克又瘦又年轻,年约22岁,只比我大一岁。我们有过几次短暂的电话聊天,其后便是一次极尴尬的电影约会,就在第六十九街区。那是一次团体出游,我带着爱莎和她的一位女性朋友同去。麦克也带了两个年轻小伙子,也就是罗尼和托米。我们挤进了麦克那辆有着10年车龄的博纳维尔牌汽车中——它更像是一艘船而不是一辆车。其他人挤在后座,我和麦克一起坐在前排。能和托米约会,爱莎似乎非常激动。那个和她一同来的女性朋友也想尽办法与罗尼调情,尽管她比他高10英寸还多。

在我们开车去看电影的途中,麦克率先告诉我关于他自己的事,那就是他因为之前大腿根部受枪伤而刚刚完成了一次长期的身

附录：一个方法论的注解

体治疗。"我可以给你看那伤疤吗？"他带着一丝歉意，说自己并不是想显摆什么，然后他拉下了他的牛仔裤，指给我看在胯骨下方子弹所穿过的痕迹。后来我听说，他是在一次掷骰子游戏之后被一名男人开枪打伤的[①]。

我们在等待电影开始时买了爆米花和瑞典鱼糖果，同时玩了游戏。我是电影院里唯一的一名白人，但我早已做好了心理准备，还好没有太多的人盯着我看，或是说出一些令人不安的话。当电影开始时，事情开始恶化。我提议看《谍海计中计》(The Recruit)，它由阿尔·帕西诺（Al Pacino）和科林·法瑞尔（Colin Farrell）主演，应该是一部很不错的动作电影。结果这部电影并没有什么动作或戏剧元素，只有沉闷的对白，甚至连一个黑人角色都没有。麦克和罗尼在开场后15分钟内就睡着了。爱莎的女性朋友在中途感到不舒服和恶心，也许是肉卷和沙冰吃太多了。结果整部电影的一大半时间是我在厕所里陪她。在回家途中，我发现散场的时间比较迟，几个年轻人显得昏昏欲睡。对此，我觉得自己很不负责任，简直糟透了。车上，我说了一些关于电影的东西——我没写下来到底是什么，也记不起来了——那使罗尼和托米大笑出声。爱莎尝试帮我弥补，替我辩解道："她和我们成长的方式不太一样。"

我们在把爱莎的女性朋友送回家之后，开玩笑地向麦克提起罗尼这次考虑不周的做媒行为。

"你一点也不丑，"麦克直率地说，"你有一个玲珑的身材。"

[①] 关于年轻人从非致命枪伤中恢复的种种困难，可参阅：Jooyoung Lee, "Wounded: Life after the Shooting," *Annals of the American Academy of Political and Social Science* 642 (2012):244–257.

"谢谢。"

"你刚刚……只是不知道怎么去做。"

然后麦克清楚地告诉我如果想要吸引这片社区的男人——不仅包括一个在路上游荡（无足轻重）的人，而且包括值得拥有的正经追求者，首先，我的穿着打扮完全是错误的——它们一点都不搭配。我的脚趾裸露出来，参差不齐，并且他不明白我为什么要在1月份穿着人字拖出门。我或许可以理解他的疑惑：为什么白种人在那么寒冷的冬天里会穿着短裤和凉鞋？麦克认为我需要一双运动鞋——白色的空军系列鞋应该不错。我说话的方式也不对，我应当把声音压低一些。另外，我站立和行走的姿势很奇怪。我还喜欢盯着别人看，那是一种很无礼的坏习惯，尤其当我是唯一的白人女生的时候。我过于努力地想招人喜爱。当有人侮辱我的时候，我应该为自己辩解，而不是站在那里不说话，默默地承受。我也不应该这么大方：为什么我总是主动去结账？还有，我的头发乱得像是刚睡醒，没梳洗过就出门的样子。对于最后的批评，我终于能辩解一下了。

"嗯，是啊，我没有梳头是因为头发有点卷曲……"

麦克摇了摇头，看起来愤怒极了。

就在这个时候我说了一些这样的话："那好吧。谢谢你让我感觉自己比实际上更奇怪且更没有什么吸引力。"

这次约会多少有点丢人，但给了我和爱莎以及她的家人两星期的交谈话题。这也帮助我缓解了对于聚会上多疑的女人关于我与爱莎和她的朋友们交往的动机的揣测的焦虑。

附录：一个方法论的注解

麦克将我置于他的庇护之下

这次约会如此糟糕，以至于我觉得麦克不会再跟我联系了。令我吃惊的是，他在接下来几周里时不时地打电话给我。他问我最近在做什么，那些女孩子和我都在忙什么。或者他会说他正在上班途中——他说的是费城东北部的一个批发商店。有一次他告诉我他卷入了一场斗争，他的手感到非常酸痛。有时他承诺在经过爱莎的公寓时会和我打招呼，也许和某个年轻的男性朋友一起——虽然他从没真的来过。这些随意的对话，成了爱莎和她的家人们的谈资：他还会再打电话来吗？我是真的喜欢他，还是只是因为他很难安定下来而对他感兴趣？

我不能确定人们在面对我时的行为和态度是否有所改变，但我猜测与麦克的这个约会使爱莎的不少邻居和亲戚与我更加亲近了。在这之前，我对于他们来说就像是一个谜团，现在我在这里的出现讲得通了：我是一个喜欢黑人小伙子的白人女孩。

在那次集体出去看电影之后不久，罗尼和他妹妹的男朋友首次交火，然后他因严重伤害的指控被遣送回了青少年拘留中心。爱莎心都碎了。麦克为罗尼的离开而感到难过，特别是他的另一个亲密好友兼邻居卓克，最近也被关了起来——他被起诉袭击罪、拒捕以及在校园打架而被关进了县监狱。

或许是社交圈的暂时的缺口导致麦克一直打电话给我，让我到第六街区来。或许这跟罗尼和卓克的缺席无关：他只是想要一个白人女孩和他一起坐在巷口的台阶上，尽管我笨手笨脚，又穿得难看。不管他的动机是什么，我开始和他在他叔叔家、离开的卓克的家以及这个社区其他地方的房子里相约。逐渐地，麦克把我介绍给了他圈子里的年轻朋友们。

有一天晚上，他10点左右打电话给我，问我是否持有一张州的身份证明，我说我有。然后他说："带上这个跟我走一趟。"我们来到当地警察局，麦克示意我为卓克的小弟雷吉签个名作担保。他被关押的原因是制造了一场带有恐怖性质的威胁以及在学校里同一个男孩打架（带有恐怖性质的威胁是"我打你丫的"）。我在表格上写道，我是雷吉的母亲，虽然那个在后头工作的女人很明显看出我与雷吉并没有一点血缘关系。当雷吉从边上的门出现时，我看到一个健壮且拥有深色肌肤的15岁男孩，他朝我走过来并笑着向我打招呼说："呦，妈妈，谢谢你来接我。"

在这个时候，我还是每周两次为爱莎和她的表哥雷辅导功课。我曾认为我所研究的课题是关于女性世界的：蒂娜女士和她的女儿、爱莎和她妈妈与姐姐、其他跟她出去玩的那些少女们、对面的邻居和她三个孩子等等。但渐渐地，我更多的笔记是关于麦克和他在第六街区的朋友们的——当然其中有些人会与爱莎圈子里的朋友和家庭有重合，有的不会。

可能有许多原因使我花更多时间与麦克以及他的朋友们待在一起，不仅仅是因为借此证明了我不是为了猥亵未成年少女们而来。举例来说，我一直在读《我们所有的亲属》[①]《维持生计》[②]以及《无

---

① Carol Stack, *All Our Kin: Strategies for Survival in a Black Community* (New York: Harper & Row, 1974).

② Kathryn Edin and Laura Lein, *Making Ends Meet* (New York: Russell Sage Foundation, 1997).

附录：一个方法论的注解

所羞愧》①，从中了解了工人阶级穷人的生活以及女人们如何努力地拿到低保。我不知道我关于爱莎和她家人、朋友的研究还能为这些书补充什么内容。相反，麦克和他的朋友们，则还是一个谜团。他们有工作，似乎也有份收入，但从未听他们说起。他们总是被逮捕，又会被保释放回家，并需去拜访他们的保释官。他们会卷入打架之中，他们的车要么被偷，要么被警察扣押。到处都是疑惑和混乱——我随时会跟不上事情的发生与变化。

2003年3月，我问麦克，对于我那些关于他的生活的写作以及春天要上交的大学本科毕业论文有没有什么想法。我们曾说好，文章不会透露他的名字和邻里街坊的位置，我也不会把一些他不想让我公开的事件写进去。接下来几周，我向卓克、斯蒂夫、阿里克斯、安东尼以及其他一些第六街区的年轻男子提起写文章的事情。我甚至跟他们的母亲、女朋友以及其他亲戚进行过讨论。

麦克卷入一起案件

在和麦克相处了几个月后，有一天早上4点，他突然慌张地打电话给我，说警察刚冲进了他叔叔家要找他，而他正在小时候照顾过他的保姆家中，然后他的叔叔就打电话告诉他警察有可能在过去的路上。警方发出这份对麦克的逮捕令是因为其涉嫌一起枪击案。他告诉我，他根本没有涉入任何枪击案。就在那之后的几个星期，他轮流躲藏在朋友的公寓里，也包括我的，同时想办法去解决这

---

① Katherine Newman, *No Shame in My Game* (New York: Vintage and Russell Sage Foundation, 1999).

件事情。

由于这是一份意味着全新且重大罪名的"人身逮捕令",而不是一张法院拘票——比如没有出现在法庭、没有付相应款项,或者假释违规之类——不少警察分局已出动人马搜寻麦克的下落,甚至多次突袭他的家人、朋友的住所,责问并恐吓他的叔叔、母亲以及他的两个孩子的母亲。在躲躲藏藏了几个星期后,他雇了一名律师,然后自首去了。在县监狱里,他在早上和晚上分别被分到10分钟的通话时间可以与我通电话。我会把他的其他朋友和与他约会的女孩也接进电话,或聊一聊街区最近发生的事情。

麦克被关在库伦-弗洛德矫正中心(当地人叫它"F"),它是费城最大的县级监狱,是坐落在费城市中心东北部的一幢灰色与粉色的建筑物。这是我第一次来监狱探望朋友,我在等候室的时候就已经被一个女人吓得不轻。来到库伦-弗洛德矫正中心的探访者可能要排上5个小时队才能被轮到探视,所以等候室里的女人有很多时间聊天以及互相揣测。这些女人当中有些是彼此早已认识的,有时她们甚至会公开侮辱我,或质问我到底来探望谁,质问我跟犯人是什么关系,他是否是黑人。

我第一次去探望麦克并没有成功,只能打道回府,因为我的衣服不符合监狱探访的服装规定(禁止白T恤、人字拖、帽衫、长度没有到臀部的上衣)。第二次失败则是因为麦克的探访时间在几小时前就已经被用掉了,第三次失败是因为监狱看守在傍晚还没数清犯人人数而取消了探视环节。我用了一星期才掌握了探视的技巧。

附录：一个方法论的注解

数星期之后，麦克由于和另一名犯人起冲突而被关进了禁闭室。他在黑暗中独自待了3天之后，他的母亲雷吉纳女士以及他的奶奶才筹到了1 500美元的保释金带他回了家。在雷吉纳女士和我到法院楼下的保释办公室缴付了费用后，我又等了6个小时才等到麦克被放出来。

麦克回家的那天晚上，当车开到家门口时已经是凌晨两点半了。大家都已经进入了梦乡，社区静悄悄的。他无法叫醒大家来庆祝他的归来。于是我们在附近兜了一会儿，然后麦克要我把车停在了一辆深色大卡车附近。他敲了敲车门，然后一个男人从几个椅垫背后出现，为我们开了门。

这就是安东尼，一个23岁、身材消瘦、留着一头长发的男子，他身上有着汗液和烟草的味道。据说他从前住在第六街区自己姑姑的家里，但姑姑在发现他从她钱包里偷钱时便把他赶出了家门（他强烈否认这一指控）。我们共享了一支香烟以表庆祝，然后麦克与我道别回家，安东尼也回去睡觉。麦克耸了耸肩说道："虽然他无家可归，可仍是我们的朋友。"过后我再问起安东尼时，麦克告诉我，安东尼已经住在第六街区各种废弃的车里一年多了。

当麦克第一时间被告知他将因枪击案而被起诉的时候，当时的我非常震惊，觉得这个案件将会改写他的人生。当他被保释回家之后，第一次上庭的日子被安排在了下个月。就在上庭日子快到的时候，我一直催促他一定要买一套西装，可他却拒绝了我的建议。我尝试说服他至少穿卡其裤并系上一条像样的领带，但后来麦克还是穿了牛仔裤、球鞋与白色T恤衫上了法庭。

在逃：一个美国城市中的逃亡生活

　　他最初所上的法庭是坐落在离第六街区一英里外的警察局所附属的法庭，那个法庭负责这附近多个社区的案件。当我们正接近那座水泥建筑物时，他认出了一个正在抽烟的男子，他们曾讨论过各自所涉及的案件，并交换了一些意见。当我们走进楼里时，他认出了不少交换过名字的年轻人，并跟他们握手；然后，我们坐在被告席后方的长凳上，审判室的墙壁被许多木制护墙板包围着，而麦克已经跟十几位等待审判的年轻男子打过招呼了。就在我们等待时，他小声地向我讲述了靠墙站着作为证人的其中三个警察的故事。他还认得其中两个公设辩护人，并告诉我从这一街区来的哪些人会被指派去负责哪类案件。

　　另一个令人吃惊之处便是：跟其他的年轻男子相比，麦克的牛仔裤和 T 恤看起来根本就是超级正常的服装。至少他所穿的是新衣服，干净而平整。而有一些被告人的衣服上是有破洞的，其他的则不是穿着没鞋带的肮脏鞋子，便是头发暗淡凌乱。我开始明白，这起涉嫌谋杀未遂的案件其实对麦克来说意义不大，也没有什么新鲜的——对于他身边其他人来说也一样。其实，这是麦克过去两年中卷入的第三起刑事案件了。他刚因为其中的一起案件而参加完庭审，最近又刚服完另一起案件的缓刑。逐渐地我发现，其实在这街区中的年轻男人常常过着被逮捕、身负搜查令、迟迟不去法庭报道以及和警察捉迷藏的生活。从他们出庭的服装打扮就能知道他们很穷——要比麦克穷很多，而先前我还觉得麦克的经济状况是非常糟糕的。

附录：一个方法论的注解

在第六街区讨到一个位置

当我第一次和罗尼、麦克一起走在第六街区时，他们的左邻右舍、亲属一直对我的白人身份喋喋不休，甚至还要求我交代为什么会在这儿出现。我不觉得他们会像爱莎的朋友和邻居遇到我时一样惊讶，因为我是通过爱莎来到这里的，而且事先我通过一系列的家庭关系而与罗尼以及麦克联系在了一起。即使在他们和我相遇之前，这半年来他们的朋友和家人也曾在附近见过我和罗尼的表兄妹、姑妈、奶奶在一起。在麦克被保释回家后，他开始认我为他的干妹妹，或者直接说我是他的妹妹。有时候我也会提到，我是住在附近的人。

因为麦克在街坊的这群年轻人当中有一些权威，因此被认作他的干妹妹也让我的活动有了一些正当性。这也似乎给我制定了我不能随意和其他人有性关系或者浪漫关系的规则，因为麦克根本不能忍受他的妹妹跟"没有工作、一直进出监狱、吸食大麻的混蛋有染"。

我不确定怎么来解释麦克这个保护式大哥的角色跟我之间的关系。有时候他会说，身为独生子，他小的时候常常想要一个妹妹。在我们相遇的那段时间，很多的女人在追求他。比如玛丽——他两个孩子的妈妈，其他的前女友们，还有许多街坊中他时不时会约出去的女人。就好像街坊中的其他年轻男人一样，当他没钱的时候，有时便会和这些女人一起睡，找一个住宿的地方，弄些食物或者一笔小钱。他也经常和她们聊性，就好像聊家庭琐事一样。所以，麦克也许想要一个女性朋友，一个不是为了性的女性朋友。又或者总体而言，他并非那么喜欢和女孩子睡觉。不管他的理由为何，得到麦克的认可，成为他的干妹妹，是我莫大的幸运。

我的角色对卓克、麦克还有他们的朋友来说，与其说是一个干妹妹、表妹或者记录者，不如说更像是兄弟会中的一个女性"兄弟"。兄弟会中的男人们对身边的女人有两种区分：一种是哥们儿（buddies），另一种则是荡妇（slutties）。荡妇就是和兄弟会的兄弟们睡觉的女人，她们被看成可以提供性的物品，可以大家共同分享。哥们儿则是不和他们睡觉的女人，她们没有女性的意味，而是去掉性别的跟班①。

在很多时候，我是唯一出现在第六街区团体中的女性。

在麦克23岁生日之时，他在当地的汽车旅馆开了一个派对。房费由他支付，他还为宾客们带了200美元的烈酒以及50美元的大麻。斯蒂夫和阿里克斯一起买了一个有着绿色糖衣的大蛋糕，然而当时没有人记得带盘子和叉子，所以没法吃，直到雷吉抓了一把来尝。他笑嘻嘻地说："各位，我他妈的太饿了。"之前卓克被关了起来，15岁的雷吉因此非常珍惜和他哥哥的朋友们共处的时光。

麦克没有邀请任何女性来他的派对，所以他的派对由15个朋友组成，一起挤在一个小小的房间内。大家在一起喝酒、看电视上的音乐视频，整个夜晚就这样持续着。麦克喝醉了，他模模糊糊地

---

① 带有讽刺意味的是，在第六街区，"哥们儿"（buddy）这个词有时也意味着某个跟他睡觉的女人，尽管不在任何形式化的浪漫关系的借口之下。"朋友"（friend）这个词也有性的含义在其中，而且很少被用来形容男性的友谊。男子会打电话称彼此为兄弟、伴侣、男孩子或者我的人等等。

附录：一个方法论的注解

知道有陌生人开始进进出出这个小房间，来拿那些喝剩一半的、乱摆在窗沿边的酒瓶。凌晨一点钟，麦克坐在窗沿下，拿出枪放在大腿上，用枪威胁一个进来试图拿他买给宾客的酒的人。他责备了一阵子，责骂为什么没有人出房费和酒费，送来的只是一个12美元的破烂蛋糕。在骂了一阵子后，他就睡着了。

我以为麦克完全睡着了，可是他又开始大喊："我的钱他妈的在哪里？"实际上，当麦克喝醉熟睡在地上的时候，有人偷拿了他塞在牛仔裤口袋里的一捆捆的钞票。

斯蒂夫拿过麦克的枪，开始用枪指向派对上的宾客，要求他们把钱还给麦克。我之前从没见过有人拿出枪，只能迅速地找机会离开派对现场。当我尝试奔向走廊的电梯时，斯蒂夫从我后面跳了出来，他不停地道歉。

"是我不好，爱丽丝。我不是故意不礼貌的。你明白的，就是，我不能让那些黑鬼从我的兄弟身上净拿好处。他们认为醉鬼[一个容易的目标]很容易下手，不过，这并不容易！我盯着这帮蠢货呢！"

"是的，我知道。你是一个很好的朋友，斯蒂夫。主要是我已经很累了。"

15分钟之后，麦克打来电话，得意扬扬地说，那些钱神奇地重新出现在床旁边的桌子上，他们全部都被原谅了。麦克还问我要不要回来继续参加派对。

* * *

对于麦克来说，我那搭档和干妹妹的角色，不代表和性以及恋爱彻底绝缘。偶尔，当男人们被监禁时，他们会写信给我，向我解释说监禁生活实际上让他们对我有好感。用这一圈子的话来说，我把它标记为一种监狱对白——在基本上所有的情况下，这种好感，又或者说此番公开的表达，将会在男人回到家以及有更多女人可供选择的时候结束。

在我们的圈子之外，人们风传着各式各样的关于我在社区内做什么，我和麦克、卓克以及其他小伙子们的关系的故事。我租的公寓的房东，一个在60岁退休的黑人老人，说麦克是我的男友，并觉得我们是一对浪漫的情侣。有一些第六街区的居民，以为我和一个甚至更多个第六街区的男人睡觉。因为这样，有一些第六街区的小伙子的女友们一直对我保持质疑。当我们出现在公众场合、法庭或监狱探访室时，我们常放任别人以为我们是一对情侣。尽管大多数时候警察在巡视、审问以及突袭时会无视我的存在，但有时他们会指出他们觉得我是为找寻毒品而来，或是想找黑人男子发生性行为。相比之下，有一些邻里觉得我是女同性恋者，这有助于解释为什么我会那么喜欢和男人们一起出去。雷吉纳女士常常说，我就像是他儿子麦克的二把手，我应该生成个男生才对。而有一些人则觉得我是个失败者，因为我无法与我来自的那个地区的人交朋友。即使当我和麦克开始讨论写书的可能性以及在与卓克及其他人谈论这件事之后，那些错误的理解与质疑仍然没有真正停止过。

* * *

人们曾经问我在进行田野调查时，是怎样"借由协商而得到我的特权"的。鉴于我是一个白种人，一个来自受教育水平很高的富

附录：一个方法论的注解

有家庭的白人，这的确是一个好问题。其实，我比一般白人更有特权，受教育水平更高，也更有钱。我的爸爸是一个杰出的社会学家和田野工作者。他在我还是一个婴儿的时候就去世了，但是他的理念从小就影响了我的家庭。在我进入大学念书之前，我读了一些他的著作。我的妈妈和我的继父也是教授和田野工作者。我的妈妈是一位人类学家，后来研究社会语言学，她在巴布亚新几内亚和蒙特利尔进行过研究。我的继父是著名的语言学家，他在哈勒姆黑人区和曼哈顿的其他部分地区，以及玛莎葡萄园岛和费城做过研究。我的双亲不仅给我大量的经济支持，还明白我在尝试着做什么，也提供了他们的经验以帮助我进行我的研究项目。

这样特别的背景，给我以自信和资源，让我能以一个本科生身份去从事这项调查。这些年，我也因此站稳脚步，从各种方面去实践我的任务。我过世的父亲的影子在激励着我，让我走得比预期中更远，让我走出我的安全区。我的背景和它给予我的充裕的知识和自信，也让教授们对我的工作予以鼓励，奉献他们的时间来指导我。这或许也让我在面对新环境带来的严重不适时脚踏实地并继续前行。

这些好处似乎并没有转化成社会学家兰道尔·柯林斯（Randall Collins）所说的处境支配（situational dominance），或者至少不常有这种支配[①]。在第六街区，我常常觉得自己是一个白痴，一个外来者，有时也是一个无能为力的年轻女人。从事田野工作常常使

[①] Randall Collins, *Violence: A Micro-Sociological Theory* (Princeton, NJ: Princeton University Press, 2008), 186.

人倍感羞愧难当,特别是在你试着要去了解一个跟你的背景以及所知相差很远的一个社区、一种工作,或者一种生活时①。在很多情况下,我在知识上的局限让我处在社会等级的最底端。我会跟着麦克、卓克,还有他们的朋友、街坊以及家人在第六街区快活地闲逛。他们也完全知道我在做什么以及已经做了什么;我究竟是能留下来还是离开,这完全取决于他们。

获得基本的工作知识

我第一次努力地和麦克以及他的朋友们解释发生什么事时遇到了很大的障碍,障碍来自我缺乏关于邻里、警察、法庭、当地毒贩以及男女关系等方面的知识。一开始的几个月,我对于这些事情的疑惑非常严重,因为我几乎跟不上他们的行动和对话。当我问问题时,他们常常不是太忙就是感到很难向我进行解释。我笨拙的样子不只是自己内在的感受——对于我总是很缓慢地才能理解他们所要做的事情的含义,他们会公开地表示出他们的挫败感和疑惑。

在某种程度上,我在努力地跨越语言上的障碍。麦克和卓克使用的语言,语言学家称之为美国黑人的白话式英语。不像爱莎的妈妈和姨妈,他们才不会为了我而调节他们的语速。他们也比爱莎和她的女性朋友们使用更多的俚语。我需要很努力才能掌握他们所使用的语法和生字。

2005 年夏天的一个深夜,在卓克家后院的走廊:

---

① 欧文·戈夫曼(Erving Goffman)曾经把参与观察描述为"心甘情愿想当一匹马的屁股"。参阅:Erving Goffman, "On Fieldwork," *Journal of Contemporary Ethnography* 18, no.2 (1989):128.

附录：一个方法论的注解

几辆车从那儿开过，卓克和斯蒂夫在讨论他们邻居的秘密行动。卓克告诉斯蒂夫："你看见拉马尔在慢吞吞地走吗？他可能是要回家了，马上就回来了。"他们两个都笑了起来。

"哟，你知道谁是你的小弟，你知道谁是你的小弟吗？"卓克说，"拉马尔就是你的小弟。"

"不是！他才不是！"斯蒂夫边笑边抗议着说。"我表现得更像黑人的样子，爱丽丝。"他告诉我。

斯蒂夫离开去见他的女朋友，他说："我要出去！打算去找鸡。"对于此，我问安东尼，他斩钉截铁地说鸡可以意味着和一个女人做爱，也可以表示男性的生殖器。在邻里的夜聊活动中，我还学到了四个关于性高潮的词：胸部高潮（to bust）、插入高潮（to yam）、颈部高潮（to chuck）以及扭动高潮（to nut）。

除了语言的障碍之外，我的疑惑也在逐步加深：我不理解那些事件发生的意义，并会误解他们的手势和动作。

当我看到罗尼在和其他男孩殴斗时，旁边站了两个小伙子，我走过去企图中断他们的打斗。当我将罗尼和另一个也想中断打斗的小伙子拉开时，我在想，他也是罗尼要打的其中一个对象吧。然而，他们当中的一个小伙子开始大喊："不是他！不是他！"

我真他妈的蠢！我想。我竟然分辨不出哪一个人是参与斗殴的，哪一个人是来劝架的。那天下午，他们看着我的样子，让我觉

在逃：一个美国城市中的逃亡生活

得更加羞耻。

应对差异

有一些民族志学者坚持他们身份的不同是进行调查时的一种财富，这是因为他们的不同背景、性别或种族，让他们看到了当地人或者本土人所看不到的事情。他们外来者的身份给他们以特殊的地位，或者为他们打开了特定的大门；他们作为局外人的处境，促使当地人解释了一些平时不曾表达的东西；他们以初来乍到者的错误和无知去揭示这一社会的结构，要不然的话，这些事情依旧是模糊不清的①。

我不去采用这样的方法。再说，我也没有这样的经验。在某些方面，我的身份是一种累赘，我需要花很多的时间和精力去克服它。特别是在刚开始的前几个月，第六街区出现一个白人女性，似乎会让人感到不舒服甚至极为生气，或明显地让人感到一种威胁。社会学家圣克莱尔·达拉克（St.Clair Drake）以及霍莱斯·凯通（Horace R.Cayton）将我所处的地方称为"低暗处的黑人社区"，而我对此类社区缺乏一种熟悉性，我全然不同的家庭背景，让我很多时候不明白发生了什么事情，为了支撑下去我唯有刻苦努力。我担心我的出现正在改变原有的场景，我努力地让它的影响削弱殆尽的做法又变成一种先入为主的偏见，反而分散了我了解麦克、他的朋友以及邻居的日常生活的注意力。如果某些民族志学

---

① 对于这种认同故事的批评以及对以民族志学者为中心的叙事的更为广泛的批评，可以参阅达夫·格兰兹安（Dave Grazian）未发表的论文《囧途：民族志中的失策、错误以及失态》。

附录：一个方法论的注解

者的错误是一种启示性的存在的话，我无法承受这样去做。在这里，在警察停下来期间，一个人会因为一句多余的话而赔上他的自由。

就像很多局外人所做的那样，我学习用自嘲来化解紧张的气氛。我的确学到了越来越多麦克和卓克的态度和处事方式，我也在言语上接受了他人对高学历白人喜好的设想，比如发牢骚的摇滚乐、寿司，还有不加沙拉酱的蔬菜。第六街区看起来好像有兴趣搭讪我的小伙子，使我学会协商式地开开和性有关的玩笑。在他们想得到我却又不是以交往关系为目的的情况下取得了一种微妙的平衡。

在关于格林尼治村街头小贩的研究中，米切尔·顿埃尔（Mitchell Duneier）记录道：他的白人以及他中产阶级犹太人的身份并不是固定不变的，身份上的差异似乎明显或不明显地要视具体的情况而定[①]。同样的，我的性别究竟会不会成为焦点也取决于发生了什么事情。有时候，我女人的身份似乎很容易被人意识到，就好像当警察需要搜我身时，必须调女警过来。不过，很多时候，我几乎像是一名男人，被允许参与男人们关于枪战、毒品交易、盗窃，又或者是与其他女人出轨的问题的讨论。

我是犹太人，确切地说，是遗传自我父亲那一边的半个犹太人。但也许因为姓很少被用到，所以这似乎很少被人注意到。雷吉向我抱怨说有一个人没有平分赌博后赢回来的钱，他说那个人的所作所为，"根本就是个犹太人"。

[①] Mitchell Duneier, *Sidewalk* (New York: Farrar, Straus and Giroux, 1999), 11–12, 20–21, 334–339; see discussion in Robert M. Emerson, *Contemporary Field Research: Perspectives and Formulations* (Prospect Heights, IL: Waveland Press, 2001), 118–119.

"你认识某个犹太人吗?"我问。

"不。那只是一种表达而已。"

"你知道我是犹太人,对吗?"

"你不是犹太人,你是白人。"

"我是半个犹太人,雷吉,我向上帝发誓。"

"你的胡子在哪里?"他笑着说。

如果说我的犹太人身份不容易被辨认,我的肤色倒是很容易被注意到。虽然我没有什么办法可以证实,但我很有信心地肯定,麦克与他的朋友们和家人们会在我不在的时候更多地聊关于种族的事情,关于警察和监禁的种族政治的问题。有时候当我和他们在一起的时候,他们也会讨论到这些话题,但是我想不会像我不在的时候那样讨论得那么自由自在,或者频率那么高。

虽然我身为白人是一个没人会忘记的永久不变的事实,但它似乎有时被关注到有时则被忽略,就仿佛我的白色皮肤乃是一种情境的属性或者是在表演之中的一种互动,而不仅仅是我所拥有的特质。

有一年冬天,两名白人女警开始在第六街区周围出现。她们开着车追捕一群小伙子,把他们拦截在路边,质问他们的名字,搜查他们的住处。一个星期之内,她们凭着新拘捕令又或者可能是旧的拘捕令,将11名年轻的邻居小伙子关了起来。麦克、卓克以及他们的朋友开始指骂那些警察是白人淫妇。但他们在这样做之后向我表示了歉意。

阿里克斯:刚刚看到那个白人淫妇经过,无意冒犯

附录：一个方法论的注解

啊，爱丽丝。

爱丽丝：我不介意。她们要去哪儿？

过了一阵子，他们才停止向我致歉。而我和那些令人讨厌的警察们拥有同样肤色和性别的事实在他们的意识之中变得更为模糊了。

虽然我没有完全融入第六街区的生活，但因为每天出现，日复一日，我成了他们日常生活的一部分。那个在街角开杂货店的波多黎各家庭开始亲切地叫我"香草"，最后干脆简称我"香"了。大概一年后，那些帮派兄弟们开始视我为妹妹、表妹，或者是"回家的""我们的哥们儿"。就好像霍华德·贝克（Howard Becker）所指出的，实际上，人们不可能持续对一个每天都见到的人或事物起特别的反应[①]。

但是即使大家习惯了我，我的白人身份仍然在特定的场合、特定的地方以及特定的人群之中成为问题。

一旦我得到了与之相处的窍门之后，监狱以及牢房的探访室对我而言便成了一个最为放松的公共场合。看守们不会对一个白人女子到监狱看望黑人男子而感到惊讶。事实上，在州监狱里，很多到监狱看望黑人男子的女子都是白人。在县监狱里，我的感觉是，跨种族情侣的数量比我们在其他公共场所或者社区看到的还要多。我常指出，这是因为社会上跨种族的情侣学会了怎样在公共场合中隐藏自己——比如在晚上去买杂货。不过要在监狱里隐藏，这是不大

[①] 参考 2013 年 9 月 11 日我与霍华德·贝克的私人通信。

可能的事情。或许因犯比作为一个整体的社区有更多的跨种族的关系。

  法庭、保释办公室以及缓刑办公室，是其他让我和麦克都容易感到放松的公共场合，至少那些坐落在费城市区以及这一地区的机构是如此。也许是因为在法律上有共同的困境，并且集体性地惧怕监狱时光，所以黑人和白人在法庭被告的这一边相互紧密地联系在了一起。跨越种族的闲聊更加证明了法庭就像艾利佳·安德森（Elijah Anderson）所说的"大都市的天篷"（Cosmopolitan Canopy）—— 一个由很多不同种族的人聚集在一起的地方，并且大家克制住自己的种族中心倾向，礼貌待人①。

  跨种族的情侣冒险走进白人街区，或者进入市中心的法院以及其他诸多大楼都是很困难的事。正像任何的跨种族情侣所熟知的，他们单单在公共场合一起出现就会造成一种大家难以承受的紧张。人们常常会不屑于我和麦克一起出现，因此我们学会在人行道走路的时候保持一段距离，以让路人不一定知道我们是一起的。我们常常分开进入一家店、酒吧或者餐馆，所以店员、招待员和保安不会特别注意到我们。

  当卓克、麦克、雷吉和我去城市里的白人街区（这恰是安德森所说的更为民族中心主义之地②）时，人们有时会公开地表现出一种粗鲁和下流：直接告诉我们厨房关了，或者我们不用进来了之类。有时候我们会觉得自己毁了别人的一天。其实除肤色之外，我们的

---

① Anderson, *Cosmopolitan Canopy*, xiv-xv.

② 同① 189，191，293。

附录：一个方法论的注解

年龄和明显的阶级差异也使我们之间的互动变得更加紧张，尽管我也不知道此种反应究竟是来源于一个黑人年轻男子与一个白人年轻女子在一起、一名中产阶级年轻白人女子与明显来自"贫民窟"的黑人男子在一起，还是来源于黑人偶尔出现在了白人的地区。

除了公共空间以及白人族群聚居区之外，第六街区举办的大型聚会也会让我倍感紧张。在7年之内，我参加了这附近的19场年轻男子的葬礼，他们都是被枪杀的，另外我还参加了3场老人的葬礼。我惧怕这些场合，包括更为少见的婚礼。不可避免地，这些场合来了一些我不认识的人。他们会要求知道我是谁，我是怎么和死者又或者和结婚的新人产生联系的。大型的聚会意味着包含了一些我未曾学习过的特别的活动与行为，还有我极可能会在众人面前把事情搞得一团糟。这些聚会聚集了很多不同的观众，是一个将私人关系予以公开展示的场合。

在方法论上，我的任务不是让舒适程度来指引研究。也就是说，我小心翼翼地不使我对自己乐在其中的地方和情境有太多的投入，或者不囿于那些任何时候都使第六街区的男孩子和我所组成的双种族群体感到轻松的人和地方。

与此同时，我的种族会不会成为焦点取决于语境，而我的行为和外表也会随之逐渐改变。社会建构论传统中的一派学者把种族书写成一种表演，并与将种族当作认知形成了一种对照[①]。以一种相似的方法，雷吉把指导我的语言、衣着和肢体动作当作他的使命，

[①] 一个当代较不错的把种族作为一种表演的研究，可参阅沙提玛·琼斯（Shatima Jones）的《形塑社区》（未曾发表的手稿）。

并骄傲地向大家宣称，他正在帮助我"成为一个黑妞儿"。当然，这并不是字面上的那个意思，我想他所指的乃是一个人所能获得的一整套的行为、态度以及对待世界的取向。

但是，我并不总是像雷吉所希望的那样努力做一个好学生。当我参加完一个亲戚的婚礼从州以外返回到这一街区的时候，雷吉指责我的语言和动作再次成了一个白人女孩的样子，仿佛他教给我的所有东西都在那三天里不见了一样。接下来的那个夏天，我在城外跟父母住了两个星期，麦克坚称这段时间让我完全像一个白人了。

成为墙上的一只苍蝇

我所持之以恒坚持的一项减少我的特殊所带来的影响的技能便是社会渺小化（social shrinkage）——尽可能渺小地出场。我时常想，如果没有我的出现所带来的种种麻烦，第六街区居民的生活将会是怎样的，于是我尽可能少地去占用社会空间。

融入这里的社会环境变成了我的执念。当我坐在台阶上时，我宁愿躲在一个体格较大的人的背后，或者藏在房檐下面，这样路过的人就不会轻易注意到我了，就像人们隐藏自己残疾的或者有疤的肢体一样，只不过我需要隐藏的是全身。我也尝试去做一个沉默的人，少说话，少管闲事，不要发表激烈的观点。

我设计了测试来检查自己做得好不好。如果一个人在述说过去的一件事时，记不起来我当时在场，那就说明我做得还不错。如果当我去睡觉或者离开房间后，麦克或者卓克开始了一段明显不同的谈话或者换了说话的语气，我就会推测我在他们的意识里还是过于

附录：一个方法论的注解

醒目了，就会去做更多的努力。

融入环境的方法降低了我对情景的影响，同时避免了我让他们置身于危险的环境之中。这就像以前的犯罪小说里所写的，当警察发现有什么不对劲的时候，他们就开始警觉起来。我的出现会不会让麦克和卓克受到更多警察的关注呢？随即我发现并不是这样的，治安警察们并不会等街区出现了不寻常的情况才出动，他们会例行公事般地冲进街区拦下路人盘问，进行突击检查，对街上的男子进行搜身，而不管我在不在场。尽管如此，这不会影响我选择尽可能渺小地出场。[①]

从实际的层面来说，我不影响公共事件的想法是很难实现的。要理解一个人的言语和行为是否造成了奇异和非常态的影响，我们必须知道怎样才是常态的。从我已知的来看，这将会花费我数月甚至数年的时间来了解。

就拿暴力事件来说吧。街区的年轻人时常宣称，要打败或者枪杀那些曾经伤害过、羞辱过他们或者他们所爱之人的人。比如有一天下午，斯蒂夫、卓克和我坐在门廊上，斯蒂夫正在试图往雪茄里添加大麻，这时候刚好雷吉从街上走过来。

雷吉：哥们儿，我真想弄死那个黑鬼。

[①] 我的感受便是，性别和种族对少有这方面兴趣的警察发挥了作用。菲利普·布尔古瓦（Philippe Bourgois）已经从他在费城北部的波多黎各人聚居区的田野调查中观察到一些现象，警方确实会更为频繁地夫盘问他身边的人，因为他们会假定，这个街区中的任何一名白人男子都必定是来买毒品的。资料来自 2012 年 3 月宾夕法尼亚大学城市研究项目（Urban Studies Program, University of Pennsylvania）"城市犯罪：第十届直面费城重大市民话题公共对话系列"（Criminalizing the City: 10th Annual Series of Public Conversations on Major Civic Issues Facing Philadelphia）会后的私人通信。

在逃：一个美国城市中的逃亡生活

  卓克：谁？大冯么？

  雷吉：可不！我真讨厌那坨屎，哥们儿。

  最初，当雷吉或者麦克这样发出威胁的时候，我就安静地坐着，就像墙上的一只苍蝇，静静观看接下来会发生什么。后来我发现，听到这些威胁的人们，常常会主动去缓解这些年轻人的情绪，甚至身体力行地阻止这种行为的发生。事实上，当这些年轻人咆哮着说要打败或枪杀某人的时候，他们是希望旁边的人能出来制止他们的。这样他们才能又保存名誉，又不致拿生命去冒险。这并不是说当他们咆哮的时候不想去做那件事，至少在一段时间之内他们是真的想去这么干的。几个月后，我意识到自己作为朋友、姐妹或者同辈，他们确实希望我可以去阻止他们的行为。如果没有阻止，他们将陷于危险之中，因为他们说出来的话不好意思不去履行。所以后来我知道了，拿走某人的车钥匙或藏起他们的枪，这就像无所事事地坐着一样，改变不了事件的结果。锁上门是"融入墙壁"的一种途径。

室友们

  当我再次见到麦克的时候，他已经在费城东北部的一家批发商店工作了好几个晚上了——这是他妈妈帮他找的每小时可以赚 7.5 美元的薪水不错的工作。他通过这份工作和偶尔贩卖毒品来供养自己。这家批发商店也间歇性地招聘社区的其他青年来工作，例如麦克的朋友卓克和斯蒂夫。在我们见面后不久，麦克的第二个孩子就

附录：一个方法论的注解

出生了，由此带来的烦琐事务使他两个星期没有露面，也使他丢掉了工作，不得不全职去卖毒品了。

后半年，卓克从监狱回来了。他在那里度过了 9 个月的时间，等待因为在学校里打架把一个同学脸朝下推进雪地里而要面临的审讯。跟他年轻的弟弟不一样，他曾经在学校正常上课。在他接受审讯的 9 个月里，他错过了整个一学年的课程。当他在秋季学期案件结束后返回学校，想重新注册进入毕业班学习时，秘书说他已经 19 岁，年龄太大，无法注册入学了。

在卓克返回家之后的几个星期里，他和麦克开车去周边找工作。他们在线申请也面对面申请，包括塔吉特、沃尔玛、麦当劳、温迪、凯马特、皮特斯玛特以及塔可贝尔等公司。他们留下了我的住址和电话作为联系方式，因为他们的电话经常关机，不敢保证能接到招聘电话。他们每天晚上来查看一下我的电话，或者在下午见面的时候直接询问我有没有人打电话来。但是从没有公司打来过电话。

几周过后，由于没有找到工作，他们合伙凑钱买了一些毒品来卖，有时候他们会在中午切割和包装毒品，然后在下午和晚上去一一询问街区里的人是否要购买。在大多数时候，那些购买者都是些上了年纪的瘦弱之人，在我看来，他们都属于在 80 年代的时候觉得毒品很酷，由此尝试并开始上瘾的。但有许多天，麦克和卓克没有什么毒品可卖，可能因为他们的供货商被抓了或者无故消失，也有可能因为他们买货物的款项在搜查的时候被警察没收了，没有钱去买更多的毒品。有的时候，他们前几周赚了足够的钱，就不需要再去贩卖毒品了。虽然他们经常说想要做本地区主要的贩毒者，但麦克和卓克还是把售卖毒品当作一种临时的、非情愿的赚钱路子。只有在走投无路，或者他们的亲戚和女友已经筋疲力尽，不愿意再给他们钱的时候，他们才会重操旧业①。卓克尤其明确地厌恶把毒品售卖给那些像他妈妈一样被毒品摧毁了人生、无法自拔的人。

在2003年的春季，麦克失去了他妈妈搬出城市的时候留给他的第六街区的公寓租赁权，我们帮他打包，然后他搬去跟他妈妈一起住。在这段时间，他们三个人习惯在我的住处闲逛或洗洗衣服。他们经常在长沙发上看电影的时候睡着，由于半夜回家会打扰他妈妈睡觉，所以麦克越来越习惯把他的物品放在我的住处。过了一段时间，我对他说，如果他想住很久的话，他应该为房租和生活用品出份力。所以，后来我们成了室友，麦克在最大的卧室睡长沙发，卓克在他的旁边睡小沙发，斯蒂夫轮流在第六街区的奶奶家、旁边的女友家以及我们卧室的地板上睡觉。

成为室友是渐渐的也是意料之外的事情，但这极大地强化了研究的深度。现在我能够在连续几天里比较街上发生的以及家里发生的事情。并且，我可以在对话和逸闻发生的时候及时记录下来，当

---

① 在过去的30年里，贫穷的有色年轻人基于挫折和羞辱而依赖于毒品贸易以及他们无力获得"真正的工作"在都市民族志文献中不时出现。安德森总结了这种紧张关系并设问："对我而言找到工作为什么会这样难，去贩卖毒品却这么容易呢？"（2007年3月8—10日在马里兰巴尔的摩召开的"社区公正论坛"上艾利佳·安德森所做的报告）对于年轻人试图奋力远离方便易得却充满危险以及道德上的污染的毒品贸易，而寻求法律经济上的低工资的工作的描述，参阅纽约菲利普·布尔古瓦（Philippe Bourgois）的《追寻尊敬》一书以及马萨诸塞州的斯普林菲尔德的提莫斯·布莱克（Timothy Black）的《当一颗心变得坚如磐石：三个波多黎各兄弟的流落街头》一书。

附录：一个方法论的注解

这些在我周围发生时，我可以把它们赶紧实时地记录到笔记本电脑中。有意思的是，在我整理这些笔记或者做出评论的时候，麦克、卓克和其他一些年轻人可以在一旁观看并帮我改正。有好几次，当他们在看电视的时候读了我的一些这样的笔记并评论道："吆！她把所有鸟事都记下来了！"偶尔还会有人说，"不要把这个写下来"或者"我现在想说几句脏话，但你可别让它们出现在书里"。在这样的情况下，我通常特别留心，尽量按他们的要求去做。

＊　＊　＊

在那几个月中，我观察到了许多本地社区内最基层的毒品交易运作模式，也对这个街区的男女关系有了更多的了解。我在第六街区花了很多时间，几乎街区中的所有人都见过我，所以事情也就变得不那么尴尬了。

在这期间我依然会遇到的问题是麦克、卓克、他们的邻居以及他们的亲戚都不认为我有任何女性朋友。当你长大并成家立业以后，朋友或许对你来说并不是特别重要的；但当你才 21 岁就没有朋友，尤其当你处在一个社交网络稠密且家庭纽带紧密的社区之中时，没有朋友就真的是一件让人蒙羞之事了。虽然我逐渐跟雷吉的女友、爱莎的姐姐以及其他像我一样年纪的女性成了朋友，但人们还是想知道在我的社区里像我一样的女孩会在哪儿。他们会询问我有没有什么朋友，她们是谁，在哪里，好奇而大声地问我在自己的社区是不是也和在这里一样无能为力。

偶尔我会提到高中甚至大学的少数朋友，但这时候，雷吉或阿里克斯就会要求我去撮合他们见上一面。作为麦克的干妹妹我是被禁止参与其中的，但我的女性朋友则可以。那我的女性朋友在哪里呢？我的妹妹怎么样？她会喜欢黑人么？有时候我坚定了这样的想法：因为麦克、卓克和阿里克斯跟我的地位不平等，所以我把可及的两种社交领域清楚地分开了，就好像认为第六街区的黑人是配不上我的白人妹妹或者朋友的。有时候我试图搞混合性的郊游或者其他什么事情，结果都是灾难性的。

在我22岁生日那天的宴会上，我的高中及初中的白人朋友们来到我的公寓同我一起吃晚餐。当爱莎和她的一些朋友进来的时候，我中学最好的朋友赶紧把布里干酪和饼干分发给他们，爱莎以为这奶酪是蛋糕，但是当她吃到酸的外皮的时候立马就把它吐在了地板上。随后我的一个高中朋友在麦克、卓克和斯蒂夫进来没多久就被吓到了，然后离开，假装有突发性的偏头痛。我感到既愤怒又羞愧，只好赶紧道歉了事。

站在旁人的角度

除了当作墙上的苍蝇之外，我还想成为一名参与观察者，我想在麦克以及他的朋友们的周围居住和工作，这样我就能从内部了解他们日常性的担忧和小的胜利了。参与观察的方法包括，尽可能地跟你自己以前的生活一刀两断，并且要去忍受你想了解之人的废话连篇①。当没有人平等地对待你的时候怎么办呢？当你有着不同的肤色、阶级和性别时又该怎么办？

在实践的层面上，我们之间的差别使参与观察成为一件令人窘迫不堪之事。明显我不是一个男性，那我要去接受麦克、卓克以及他们朋友的态度、行为以及常规吗？或者反过来，我应该去扮演一

---

① 参照戈夫曼（Goffman）的《有关田野工作》一书的第125~126页。

附录：一个方法论的注解

个跟他们有联系的女性角色吗？这好像变得更有意义了，虽然这个女性的世界是一个跟这一街区的生活不同的领域。当然，做一个在逃男人的女友或者母亲的体验，跟这个实际上在躲避权威当局的男人的体验是大为不同的。随着时间的过去，我尝试着在这两方面都尝试一下。

在珍妮弗·亨特（Jennifer Hunt）对警察的民族志研究中，她描述了警员们是怎样给女人们贴上以下三种标签中的一种的：好女人、荡妇以及女同性恋者。然而她在研究中成功地跳出了这一分类，尝试提出一个新的"若即若离"（betwixt and between）的角色，这多少有点像"街头妇女研究者"（street woman researcher）。①

尽管我是作为一个金发碧眼的女子来到第六街区的，但我的身体、言语、衣着以及一般性的人格显示出我多多少少有些奇怪以及并不太吸引人。在跟麦克以及他的朋友们一起度过几个月以后，我甚至离他们想象中的优美或女人味的特征越来越远了，一部分是因为我为了更好地进行这项田野调查而使用的策略，还有一部分则是因为作为一名参与观察者，我接受了他们的男性态度、着装、习惯，甚至语言。

那么我跟警察的关系怎么样呢？警察在接近麦克、卓克和他们的朋友的时候总是会习惯性地忽略我，这对我来说非常幸运。这使我确定，我的四处游荡并不会让他人处于额外的危险境地之中，但这也让我失去了对搜捕、拘留以及监狱进行研究的机会——这都是

---

① 在《一个民族志工作者的漫游》一书中，珍妮弗·亨特讨论过她是如何在一群男性警察中生发出一种无性的角色的。亦可参阅埃默森（Emerson）的《当代田野研究》一书。

在逃：一个美国城市中的逃亡生活

这些年轻男子基本的生活经历。我要尝试故意被抓吗？即使我这样做了，我也最多会被当作一名白人女性被关在女性监狱之中，并作为一个没有任何熟人在身边的初犯者。这跟麦克他们被抓的经历完全不同。而且，因为警察总是会忽略我，所以我要使出浑身解数才能遭到拘留。这对街区其他年轻人来说简直是不可思议的，因为他们都尽量不去招惹警察。而且，这有可能让他们怀疑让我留在这个街区是否安全合理。

相反，我应该学习他们躲避的技巧并尽量不被抓吗？这相比之下简单多了，抛开警察对我没兴趣不说，至少我可以知道他们怎样看待这个世界以及适应它的方法了。最后，我做出了后一种选择，决定学习如何辨认便衣警察、躲避突然袭击，或者销毁有关的犯罪物品或活动。"研究取向"可能暗含太多的一致性的努力——而我相信，我只是跟麦克以及他的朋友们在一起度过了一段时间便获得了这种研究取向。还有就是，这些我想要去理解的年轻人经常会被抓，时不时就会卷入刑事案件，把几乎一半的青春消磨在监狱、法律监管上，而我如果不和他们一起进入刑事司法系统，就会错过很多的东西。

贩毒是另外一个难题。我当然可以通过跟着麦克和卓克以及斯蒂夫一起贩毒学到很多东西，但是这事更多被看成是男人要做的，而不是女人的事情。它需要我所不具备的技巧，比如刚性的讨价还价技能和暴力。在一定程度上，卓克和麦克以及他们的朋友们把贩毒看作一件在走投无路时的工作，仅次于持枪抢劫。这是道德上有污点的工作，更不用说它违法以及存在身体上的风险。他们看不惯

附录：一个方法论的注解

街区内来自良好家庭的年轻人，但也从不会尝试着让他们参与这一勾当。所有的这些让我觉得，如果一个来自富裕家庭的女人去贩毒，会显得很奇怪。此外，在毒品交易中，我还有什么其他的可以去学习，特别是在这样一个对犯罪态度强硬、犯罪频发、抓捕经常发生的时间去贩毒？最后，我的参与反而更像和毒贩生活在一起的女友或者母亲们的生活状态了。

第六街区生活的某些方面很容易被接受，也很少有什么道德上的困境。在这里数年之后，我放弃了素食主义的习惯，开始喝冰酒以及像拿破仑干邑和轩尼斯这样的烈酒。我靠微薄而不稳定的收入生活，虽然不算穷困潦倒，但确实体会到了有账单却无力支付的窘迫。不过我一直没有吸食过大麻，因为它会限制我的记忆并令我反应迟钝。而且它会妨碍我去记田野笔记——我一般会在晚上，有时候是早上或者上午来记田野笔记。田野笔记是我竭力去理解这个复杂的世界所依靠的主要记录；一旦它们受损，我真的难以承受。

我几乎只接触麦克和他朋友们的消遣娱乐方式，比如主流的嘻哈、节奏蓝调（R&B）以及黑帮电影之类。除了上课以外，我也看麦克和他的朋友们在监狱里看的草莽小说以及我们所熟知之人被杀害的新闻小报。

我跟以前在费城的朋友们几乎没有了联系，并尽量把社交生活限定在了第六街区的世界之中。当然，在我在这个社区待的时间越来越久的同时，我的老朋友们也切断了与我的联系——其中有的关系的结束是由某些关于我在引导一种怪异且有风险的生活的伤

在逃：一个美国城市中的逃亡生活

人之语所致。

我学会了怎样在人们的喧闹声中倒下就睡以及在很短的间隙里睡觉，学会了分辨枪声与其他声响，学会了在警察到来时逃跑和躲藏，学会了识别秘密的便衣警察的车辆、发型以及身体语言。我也学会了怎样通过一次盘查而不给我自己以及他人带来危险，学会了怎样在审问的时候保持安静以避免泄露任何讯息。我更学会了作为一个女性怎样跟一个在逃的男人保持一种紧密的联系，经历他的被抓捕、审讯日、监禁以及出狱等等。在有些方面我逐渐有意识地以及按部就班地使自己变得跟麦克、爱莎、他们的朋友们以及家人越来越像了。而在其他方面，诸如我对嘻哈的喜爱、对警察的恐惧，随着时间过去都变得自然而然了。

民族志学者想要完全融入一个并非他们自己的社区几乎是不可能的①。不用说，这对我而言也是一样的。除了我没经历过的情况和事件之外，我的背景和身份跟我想要观察的那些人太不同了，所以我对第一次经历相关事件时自己的反应并不怎么信任。也就是说，我在根据我的反应来概括别人的反应和体验时必须小心谨慎。

在所有这些令人有挫败感的阻碍之下，持之以恒地观察和融入其中就显得极其重要。如果我不能很准确地理解麦克、卓克或者他们的朋友们以及母亲们所经历的全部，我就通过多种方法去尽量理解。当然，我现在的理解比刚开始时要可靠多了。

---

① 在这一点上可参阅爱默生（Emerson）的《当代田野调查》一书。

附录：一个方法论的注解

事情变得糟糕

在 2004 年我大三最后一个学期时，麦克谋杀未遂的案子在持续一年半的月度审判后即将进入尾声。因为在另一起案子的持续监禁决定下来之前他得到了保释，所以他处于法律的边缘状态：虽不是技术上要求拘捕的人却身负继续监禁令，假如被警察盘问或出现在法庭上，他将很容易再被关进监狱。在他法庭日那天，他的妈妈和我在法院门口焦急地等待着他的律师出现，麦克在附近几个街区徘徊，等待着他的案子进行，不知道他是否需要露面。如果律师没有出现，麦克会因为没有出庭而得到一张拘捕令，随之警察就会真的四处寻找他了。麦克花重金请的律师整整迟到了 45 分钟才出现，这让事情变得很糟糕。

在这期间，我和麦克开始注意到有不明身份的车子在第六街区跟踪我们一直到了公寓，他的假释官说，联邦调查局的调查员还认为麦克跟另一个案件有关。这让事情变得更糟。雷吉从县监狱回到家，却又跟第四街区的男孩们重新燃起了战火，之前他哥哥卓克在他不在时曾极力去摆平这件事。麦克在有一天晚上回到公寓中时，车门上带有 7 个弹孔，我们把车藏在了小棚子里面，这样警察便不会看见了。由于他估计未来会在州监狱待上很长一段时间，外加毫无安全感可言的生活模式使他的法庭日遥遥无期，他便穿上了一件防弹马甲到街区里去观察任何不认识的可疑车辆。斯蒂夫、卓克和雷吉似乎也越来越担心会遭遇枪击。如果我们其中有人离开，我们大约会每半小时发一条短信。

在逃：一个美国城市中的逃亡生活

你还好吗？

是的。

好的。

在学校，事情也在迅速地变糟。我本来每学期会选许多额外的课程并且会在暑假上课，这样就可以早一年毕业去研究生院了。但我开始想这最后一个学期我是通不过了。对我而言，我很难把精力从关注第六街区的剧情和紧急状况上转移到其他方面去。

第一个我正在滑出学术生活的真正信号便是我错过了诸多会面。我本来跟历史学家迈克尔·卡茨（Michael Katz）约好了见面，但我最后既没赴约也忘了取消。我几天以后才记起来，就像你模模糊糊地记得一个梦，或者几年前让你陶醉的一部电影。迈克尔只是和蔼地说重新见面，但是我又忘记了！我一周以后才去，期待他在办公室，但是他没在。使我担心的并不是我忘了跟一直仰慕的教授见面，而是我竟然完全不为此而感到糟糕透顶。对处在生活瞬息万变以及资源有限之中的麦克以及他的第六街区的朋友们来说，一个未来去哪儿的承诺，只被理解成此时此刻的期望而已，而不是一个具体的事件或者相互绑定在一起的约定，我也开始逐渐接受这种为人处世的做法。

这种情况再次发生在了艾利佳·安德森（Elijah Anderson）的身上，他本来答应指导我的毕业论文，一篇基于我跟麦克、卓克一起居住时整理的田野笔记的论文。我们本来约定在阅读室的餐厅见面，但是我忘记了，事后伊利杰发邮件问我是怎么搞的。这个错

附录：一个方法论的注解

过的见面要比跟迈克尔的那个更让我感到不妙，因为我根本没有想起我们曾有过这个约定。很显然，不仅我对于时间和义务的理解改变了，我的记忆也在变化。伊利杰这位伟大的田野调查者，后来在他的《都市华盖》一书中写到了这件事情[①]。

在那个春季学期，我不得不上了很多我之前没上的必修课程，诸如科学与统计学。这是些跟田野工作没有什么关系的课程，是凑学分用的，没什么好写的。我报名了这些可怕的课程，但忘了去，最后也忘了退课，这些错误让我震惊了，特别是当多个不及格（F）出现在我的成绩单上的时候。

读研究生成了我的生活目标。我用秋季学期的成绩申请了加州大学洛杉矶分校和普林斯顿大学，希望它们能录取我。虽然我只是个大三学生，但我修了足够的学分。我在想如果我不能被那两个学校录取，我可能会从宾夕法尼亚大学辍学。我已经没有可能再花一年的时间在生活在第六街区的同时完成学业了，这是很肯定的。在这段时间，我仍然在每天记田野笔记，但是无论怎样，我已经把学术世界抛在脑后了。其许多规则和义务都不再重要了。在警察对这个公寓的监视以及联邦调查局对麦克的追捕下，我切实地感受到了因为庇护逃犯、妨碍调查以及在住所私藏毒品所面临的被拘捕的危险，我即将进入监狱的可能性跟我可以顺利毕业的可能性好像是差不多的。长时间生活在这种情境之下，蹲监狱简直可以说是一种解脱。

麦克的蓄意谋杀案，在一个月接一个月地开庭而拖了一年多

[①] 参阅艾利佳·安德森（Anderson）的《都市华盖》一书第40~42页。

以后,终于在这一年的春天终审结束了。在他的律师的建议下,他承认私藏枪支并表示为其感到惭愧,最后被判在州监狱度过3年刑期,当天晚上就被遭送过去了。在安静的,充满了天伯伦登山靴、空弹壳以及无数黑帮电影收藏品的公寓里,我收到通知说,我被普林斯顿大学研究生院录取了。

生活的重组

在麦克被关进监狱以后,我失去了所有的室友,因为卓克和斯蒂夫都是被麦克邀请才进来居住的。除了室友外,更重要的是我失去了在这街区里四处闲逛的权利。我大部分的时间是在爱莎的街区跟她的家人和朋友们一起度过的。在麦克被抓以后,我跟第六街区那些想要知道麦克情况的年轻人保持着一些联系。但在那段时间里,我仅仅是麦克的人。在麦克进监狱之后,我没有理由再出现了。我在完全了解那个街区的情况之前,就跟它完全失去了联系。

在快毕业的那几个月时间里,我开始跟通过一个宾夕法尼亚大学的保安认识的一群年轻人一起四处溜达,他们住在费城的同一个黑人聚居区里,大约离第六街区15个街区远。但是他们有的人有合法的工作,甚至有合法的地址和驾照。他们的日常生活是白天上班,晚上喝啤酒、玩游戏,这跟麦克那一群家伙们无安全保障以及不可预料的生活形成了鲜明的对照,并且我也欣然接受了只在电子游戏里跟枪支、毒品以及警察追逐有接触的那些人的平静与安全。

附录：一个方法论的注解

文化震撼

9月，普林斯顿大学开始上课，我决定继续我在费城的研究而不是搬到新泽西州。我开始一个星期几次往返于第六街区和学校之间。绿树成荫的普林斯顿大学伫立在白色的小镇和富人街区，这些天的往返之行对我而言并不是那么容易适应的。第一天，我发觉自己在社会学系转悠时，在心里念叨，如果我需要现金，我就可以立刻把电视和电脑都偷走。我因为开车在路上随意掉头而被拦了下来，接着又得到了一张罚单，因为我没有注意到自己把车了停在指定位置几英寸外的地方。

我觉得那些学生和富有的城里人的说话方式很奇怪，身体动作也让我难以理解。他们闻起来怪怪的，说的笑话我也听不明白。在一个不属于你自己的社区里，你会感到很不自在。而在人们将你当作他们中的一分子时你还感到不自在，那便是另外一种感觉了。

我也开始意识到，我错过了很多在大学期间跟大学同学一起住宿舍、一起出去玩的时光。普林斯顿大学的学生讨论独立摇滚乐队——在我看来可以说是白人的音乐——和我没见过的红酒及进口啤酒。他们的聊天充满智慧，发邮件很幽默。他们在苹果音乐播放器（iPod）上听歌，上脸谱网（Facebook）。我也很明显地在大学里错过了找伴侣的机会，许多学生在读研究生的时候已经有伴侣了。由于我刻意地只浏览麦克和他的朋友喜欢的媒体内容，我听不懂关于时下问题的对话，并学会在任何政治讨论中保持沉默以避免洋相百出。此外，我错过了文化上的转变，比如无碳水化合物饮食

在逃：一个美国城市中的逃亡生活

和嬉皮士。那些穿着紧身裤，谈论着自己的焦虑和情感的白人男子是谁呢？他们看起来真的像女性，却在跟女性约着会。

除尴尬和不舒服外，我开始害怕成群的白人。他们围在我身边，成群结队地行动。我逃过了研究生院的新生培训课，以免进入我觉得是在一个狭小空间里一大堆白人聚在一起的情境。在食堂、图书馆、公共汽车站以及火车站，我寻找黑人，并坐在他们附近。在这样做之后我会感觉自己的心跳慢了下来，肩膀得到了放松。

除了以上这些，我尤其害怕白人男子。不是所有白人男子，而是那些相对比较强壮、50岁以下、短发的白种美国人。我竭尽全力避开那些年轻的白人教师。在某种程度上，我知道他们不是警察，他们不会殴打我和侮辱我，但是在他们靠近的时候，我还是不能避免出现出汗和心跳加快的情况。我拒绝在老师的办公时间出现在办公室——我无法单独和他们待在一起。当我在走廊里遇到他们时，我感觉我的心跳加快，就像我准备要逃跑的样子。那时，社会学系里的有色人种教授很少，所以我只找女老师、非美国男人、有口音的人，或是外貌和警察完全不像的人进行指导，退休后的教授是最好的。我参与了一个独立学习课程，由马文·布雷斯勒（Marvin Bressler）教授授课，他70多岁了，是一位退休的犹太人教授。

我还发现，一些突然的响声会让我惊慌失措，比如气球爆裂或锅从柜台落下，快速接近的肢体动作也有同样的效果。有一天我跟一个研究生同学在大雨中离开普林斯顿大学，在一个交通灯处，一个摩托车骑手走到我们的车前，在驾驶员那一侧的玻璃上使劲地

附录：一个方法论的注解

敲。在她敲玻璃之时，我下意识地伸出双臂护住了自己的脸，也不管她要对我们做什么。当我意识到她为什么前来——只是提醒我的前灯没亮——时，我在一同乘车的人面前直接哭了出来，她安慰我说，最初她也没有意识到那响声是什么。后来，当我跟米奇·顿埃尔进入一间纽约的餐厅时，一群鸟从离我很近的地方飞过。我立刻走出了餐馆，用手臂捂住了胸口，大约持续了几分钟的时间。米奇走出来，温柔地对我说："对不起，那一定让你害怕了。你想去别的地方吃吗？"那段时间，卓克的一个朋友在离开停在一家酒吧外的我的车时遭遇枪击身亡了——一颗子弹穿透了我的挡风玻璃，我立刻奔逃，而那个男人的血留在了我的裤子和鞋上。我在米奇的在普林斯顿大学的宿舍里待了几天，直到一切都平静下来为止。

在普林斯顿大学深造的这段时间，我很清楚地发觉，我发展出了关于我自己的性和性别认同的实质性混淆。在一个充满黑人的街区里与黑人年轻人一起待上6年之后，我发觉自己几乎是无性的。在大学期间，我从未跟任何人约过会；有时在看到镜子里映出一个年轻女子的脸时，我甚至会感到惊讶。考虑到我不可能成为第六街区年轻人心中的理想女性的样子，那不去考虑自己的性别和性上的认同似乎是一种更为容易的途径：我不够"丰满"，穿着不得体，还不会跳舞。我并不是黑人。当我开始和白人中产阶级的学者交流时，我震惊地发现他们有些人觉得我年轻，至少是有些姿色的。除此之外还有，在他们第一次认识我，听说了我的项目后，首先想到的是我与第六街区的小伙子们是否有性关系，就好像这才是出现于他们头脑之中的首要之事。

像麦克和他的朋友们那样去思考和观察也存在困惑。

在社会学专业课上遇到研究生同学们时，我会很快地去打量他们中的女性，任何一位过路者，都令我心生艳羡。这就是我们在第六街区用来消磨掉大量时间的方式：在台阶上站着或坐着，看着女人们走过，讨论她们的种种姿态。当我正在看时，有一名女生转过身去，发觉了我在盯着她看。当时我也确实没在做别的事情，并且我相当确定我的脸上露出了艳羡的表情。我不再有可能跟她成为朋友，也不知道她是否记得这起意外。

除了社会性的尴尬和身份混淆之外，每周几次开车去新泽西无论如何还是不错的。一小时左右的车程使我远离了第六街区的嘈杂和纷扰，也让我有机会去思考我的所见所闻。

我也在学习大规模监禁的知识。那时德瓦·帕加尔（Devah Pager）以及布鲁斯·韦斯顿（Bruce Western）都在社会学系，华莱士大厦的廊道成了讨论有关监狱暴增的原因和后果这一问题的地点。在经历了一大堆杂乱无章的论题和主题之后，通过德瓦和布鲁斯的影响以及米奇·顿埃尔的指导，我的研究计划就限定在了对大规模监禁以及随之而来的治安和监视系统的一手观察上。我所要做的就是去记录下美国刑法干预的大规模扩张对美国黑人家庭生活的影响。

在我读研究生的第一个春天，我会在周末去探视州监狱里的麦克，并利用晚上的时间在费城跟离开宾夕法尼亚大学之前不久认识的一群朋友们待在一起——他们现在都有正式的工作在做。我发现了很多他们与麦克以及麦克的朋友们之间的分别，例如即使他们中

附录：一个方法论的注解

的某一个人失去了工作，他们也不会去售卖毒品，而会找亲戚朋友帮忙。这群人在法律上没有任何纠纷，也不会在警察靠近的时候逃跑。他们的一些兄弟或者表兄弟可能会活得像麦克以及他的朋友一样，但是他们尽其所能地努力去避开这些人以及跟这些人在一起所冒的风险。

*　*　*

有一天晚上，卓克的现在差不多18岁的弟弟雷吉打电话告诉我，一个与第六街区有一些联系的男人在玩骰子游戏中对第四街区的一个人实施抢劫并杀死了他，他坚持要我马上到他叔叔的地下室，讨论下一步要做什么。

我坐在洗衣机上4个小时，同时听着那5个人指责开枪的人的轻率行为，分析那个人的死亡会带来的风波，还有是否以及什么时候向那些原来不知此事而现在奔过来报复的人射击。在这4个小时的时间里，我学到的关于持枪暴力的东西比我此前3年在此街区所学到的还多。

最后，没有人有好主意。计划失败了，我们在凌晨3点左右离开了[①]。

通过这次紧急事件，我似乎被莫名其妙地要求回到第六街区了——不是作为跟麦克相关联的某个人，而是靠我自己之力。雷吉似乎觉得作为第六街区的常住者以及这一群体的主要记录人，我不应该错过这些重要的事件。

[①] 柯林斯（Collins）的《论暴力》一书的第185页指出，大多数的暴力不会发生，而是以咆哮和空洞的威胁告终。这显然与第六街区的年轻人的情况别无二致。

在逃：一个美国城市中的逃亡生活

在接下来的数周，来自第四街区的男孩们驾车经过第六街区，并随便开枪射击。卓克从颈部取出部分弹片，而斯蒂夫的右大腿被击中了。邻居们不再外出，并且提醒自己的孩子们留在屋子里面玩。在监狱里面，麦克给卓克和雷吉写充满愤怒的话的信，表达了他对他们竟然允许我在这段危险的时间里待在那里的愤慨。对于麦克的反应我很生气，虽然从过往来看我能理解，他待在监狱里，可能会觉得年轻人不再听他的话了，或者地球没有了他也照样能转。

那年夏天，麦克与我和解了，而卓克、斯蒂夫以及雷吉都待在了拘留所和监狱里。在读研究生的4年时间里，我继续住在第六街区附近，一个礼拜去大学两三次，花费一些时间在家里，或者和这一群体中任何一个在家的成员一起出行，同时也和爱莎以及她的家人和朋友们在一起。周末我会去拜访遍布这个州的拘留所和监狱的这个群体的成员。卓克和麦克的家人对我很熟悉，当我和其他年轻人一起跟那里的警察周旋，一起出席了法院传讯，并驾车去北部地区探监之后，其他年轻人的家庭也了解了我。

在州监狱服刑期满之后，麦克在2007年回到了第六街区。就像一个男人返家通常会做的那样，他最初花了几周的时间批评他的伙伴们在他离开的时候没有为他做足够的事情——诸如不经常去探视、不写回信、不寄来许诺的钱以及和他约会过的多个女孩子睡觉并为此说谎话。过了一段时间后，他似乎原谅了他们，并且也把这些事忘到脑后去了；事情仿佛重回一种常态上来。

那年夏天，卓克给我起了一个昵称叫"大布吉"（A-Boogie），这个名字是很多成员写信给我的时候使用的。现在当我重回此街区

348

附录：一个方法论的注解

时，人们经常会说，我是从第六街区出去的人——尽管在字面含义上并非准确，因为我从未实际生活在这一街区之中。

枪击案及其后果

在这个夏天，一场悲剧震撼了第六街区，并改变了第六街区街头男孩们的生活，也改变了我的生活。对很多人来说，它代表着一种关键性的事件，这是关系着之前或之后的在它周围的其他事件、关系或者习惯的一个事件。对有些人而言，它甚至意味着那些试图去兜售毒品，并且天天跟警察周旋的街头游荡的青春岁月的终结。

在一个星期三晚上的10点钟左右，麦克打电话给我，告诉我卓克在一家中餐外卖店外头部中枪的消息。正如麦克所听到的，卓克原本打算去那里给他以及他最小的弟弟提姆买晚饭。提姆当时和他在一起，并看到他中枪倒下。我问麦克问题有多么严重，因为我想起了几年前一颗子弹擦伤了麦克的耳朵的事情。

"他被击中了头部，"麦克说，"你该明白有多糟吧？"

我犹豫不决，不知道是应该直接去医院，还是驾车一小时去郊区接麦克。最后麦克说服了我去接他，于是我出发了。我们在寂静中回到了费城市区。我不能相信卓克可能会死的事实，因此我考虑了很多关于长期恢复、物理治疗以及疼痛和抑郁之类的事情。我甚至在脑子里列了一个清单，上面写着我会做些什么事情来振奋他的精神。我想起在前一天，我还和卓克分享了一顿由芝士薯条和香烟组成的简餐,还计划一起去县监狱探视他的兄弟雷吉。卓克在那天并没有觉得由第四街区带来的紧张气氛有那么明显,在过去几周之内,街道的环境甚至逐渐变得平静起来。他们是趁其不备发动袭击的吗?我想起了在上个月麦克回家之前,我和卓克时常开车去州监狱探视麦克,卓克在探视室里总是竭尽所能地逗麦克开心,尽管他自己会显得可笑而愚蠢。而且就在几年之前,我们三个人第一次成了室友。

随着我们逐渐接近医院,麦克告诉我,他认为除了卓克的妈妈、女友和他孩子的母亲,其他女性现在不应在周围逗留。这个突如其来的事件实在太糟了,因此那里只应有一群黑人小伙子,讨论一些女人们无须听到的事情。

他是对的:当我们停下车时,我看到一群男人站在急诊室外面的角落里。我数了数,有27个男人站在医院对面的马路上。就好像第六街区的所有人都特地赶来了。同时,两个白人警察站在街对面,盯着他们,并互相交谈。我认出了其中的一些人,然后意识到有些人身上还有逮捕令或没有了结的案件,但他们还是冒着巨大的风险站在了这里,毫无疑问,这是为了那个刚刚受到枪击的男人。这是一次关于尊重、友爱与牺牲的行动,一次为了卓克的守夜。

麦克走过去,跟他们站在一起,用神情示意我无论如何是不能介入其中的。我停好车,然后走进了急诊室。在我走过去的路上,没有任何一个人开口同我讲话,甚至都没有人点头示意。

候诊室挤满了警察以及等待医治的病人。卓克是那个晚上第

附录：一个方法论的注解

三个因枪击而被送来医院的人。我向柜台后的女人报上了卓克的名字，她告诉我他在重症监护室，只有直系亲属才能进去。我既不想重新遇到外面那些在费城市区仿佛变成了陌生人的小伙子们，也不想把卓克一个人留在这个陌生的场所里，我仿佛在医院的楼里迷了路，不知所措。我只好从另外一条路出去。在开车回家的途中，我思考着斯蒂夫和其他那些人是因为不想看到我留在那里才故意无视我的存在的，还是因为他觉得在费城白人生活的区域里，我就不该和他们站在一起，或表露出互相认识的迹象。也有可能他们只是悲伤过度，或满心只想找出射杀卓克的凶手——也就是没有女性在场的男性对话。

我在家里待了一会儿，然后接到了麦克的电话。他说警察把他们从人行道上赶走了，并要求在外面等候的卓克的叔叔和女友回家。他们下一步将会去卓克的母亲家，陪着她一起等消息。接着他问我有没有关于卓克状况的消息。

"我在家。"

"你走了？"

"你叫我不要待在那里。"

麦克发出某种声音，暗示着我对情况一无所知，然后就挂了电话。他惊讶和恼怒是由于我毅然决然地离开了医院，我立刻开车回了医院。

卓克的家人、朋友和邻居都走了。前台说卓克不再在重症监护室了，他在神经特护病房（NICU）。办公桌前的白人女性在电脑上看到了他的信息，扬起眉毛问我是否认识他。这是什么鬼问题呢？我说"是的"。她回应道："你知道他被射中了头部，对吗？""是的。"她问我是什么人，我想都没想就给出了我去探望他时的回答：我们是表亲。

一个看起来30多岁的白人男医生正好经过，问我是否需要指路，要不要和他一起去NICU。那时已经是凌晨3点多了，我们一起经过了许多关闭的、空空荡荡的诊室。我发觉如果白人男子穿上了白大褂，我并不会害怕他们。我向他说起我的表弟被人用枪击中了头部。我们穿过几道安全门，进入NICU，这里正好是卓克的病房门口。

卓克躺在一张升起的床上，上半身被石膏覆盖，脖子上套着一个护套。他的脸被撑高，脖子被拉长，厚厚的白色绷带覆盖了他的头，他的面部肿胀，表情十分陌生，好像是另外一个人。墙上的小电视机播放着广告，而他被支撑起来面对着屏幕，仿佛正在看电视，医生给了我他的名片，说如果我有任何需要就去找他。

在医生离开病房后，护士立刻告诉我我不能留在病房里，卓克的状况非常糟糕。她说只能向他的家庭代表，也就是他的叔叔和爷爷，透露关于他伤势的消息。我说好的。没有人让我离开医院，所以我留了一个又一个小时，就像在卓克的病房外站岗。

早上6点钟左右，一大批人拿着器械，满脸凝重地冲进了病房。然后有一个人问谁有卓克家属的电话号码，我大喊"我有我有"，然后一个护士拿起扬声器喊道："紧急抢救。"一个男人走进来，自称是器官捐赠项目的工作人员。他告诉我，卓克已经脑死亡了，子弹进入大脑后碎成了几十个弹片，造成了大量出血，他的大

附录：一个方法论的注解

脑已经无法运作了。卓克现在没有心跳，但是医院正在努力复苏他的心脏，好把器官取出来。我心想：就像休克一样吗？他们就不能一直让他保持那个状态吗？我给卓克的母亲琳达女士打了电话。我不确定卓克算不算死了，即便他是真的死了，我也不想成为告诉他母亲这个消息的人，因此我把电话递给了器官捐赠项目的那个人。他说非常抱歉，卓克已经脑死亡了，弹片实在太多。他问她是否愿意将儿子的器官捐给有需要的人，然后琳达女士就像我预料的那样回答，卓克的任何一部分都不能被其他人拿走。

我不断央求他们让我看看卓克，他们也一直拒绝我的要求。我哭了，在医务人员面前蹲在地上哭，接着另一个男人告诉我，卓克的心跳停止了。我给麦克发短信，说卓克已经走了，他们也不会再抢救他了，他的大脑已经死亡，他们只想救他的器官而已。麦克回复："待在那里，我马上到。"

直到这时我才意识到，这天晚上我是私自待在了医院，实际上我没有什么很好的理由待在这里。我用短信问麦克，琳达女士会不会因为我的行动而大发雷霆，麦克说不会，然后就没有了下文。

一个护士说，我现在可以进卓克的病房了，于是我蹲在他的病床边上。他又一次被清理干净了，石膏被拿掉，血不再从头部渗出。我把手臂从护栏上伸过去，握住他的手，一边哭一边告诉他我爱他。我说我很抱歉。一位好心的男护士给我搬来了椅子坐，还问我要不要来点苹果汁。我在卓克旁边坐了一小时，也许更久。我留意到他的手表被平放在床头柜的白色纸巾上。我还记得他得到这个手表的那一天，简直对它爱不释手，虽然它只是一块非常普通的手表。我把它放进了自己手包的一个小袋子里，没有告诉任何人。

直到阿里克斯和与卓克分分合合好几回的女友塔妮莎一起进来的时候，我还保持着那个坐姿。我马上让出了离卓克最近的那个位置，也就是好心护士给我搬来的那把椅子。塔妮莎一边跟他说着话，一边告诉我和阿里克斯她当时所看到的情景，比如打斗中的卓克是怎样挥动手臂的，他一直都是个斗士，她是怎么跟着救护车来到医院的。他怎么能就这样丢下她和他的女孩们呢？她发现他的身体开始渐渐变硬。她的双腿微微发抖，轻声哭着说她今天没法去工作了。"你是我亲爱的宝贝，你为什么要离开我？"她说她昨晚应该留下来陪他，还说当时接到提姆的电话，掉头赶过去时发现卓克倒在地上，提姆压在他的上面。提姆还在警察局接受询问，而他的哥哥却已经死了。

过了一会儿，警察进来了：他们是三个穿着便衣的白人。在听说我并没有目击卓克被枪杀的现场之后，他们直接绕过了我，把阿里克斯和塔妮莎带出去进行询问。可笑的是阿里克斯已经不住在第六街区了，案发时他根本就不在现场附近。

到现在我也不知道具体是谁杀了卓克，但我有一些想法。在他被杀的几个月前，我们天天在一起，而且前一次两方起冲突时我也在，我想我一定可以帮警察缩小排查范围——如果警察肯问我的话。但是他们没有，所以房间里再次只有我和卓克，我握住他的手，跟他说话。麦克发短信给我，说警察在他刚进医院还没走到病房的时候就把他给带走了。

随后塔妮莎、阿里克斯和警察回到了房间，警察告诉他们，如

附录：一个方法论的注解

果他了解到了什么会告知他们。他给了塔妮莎名片，叫她凭直觉判断麦克会不会知道开枪人的身份，她说不知道，然后警察就离开了。

麦克结束了质询后就来到了病房，站在了卓克的床边，他看着卓克，坚定地点了点头说："没事了，没事了。"这表明他会处理好这一切，他会为卓克的死报仇。随后他目光垂下，看着卓克，发出了一声沉重的哭声。我想这哭声是一个极少哭泣的人才能发出来的。

我们坐在屋内，围在卓克的床边，讨论着趁着丧假把雷吉从监狱里接回家来参加葬礼。我说如果雷吉回了家，他肯定会开枪杀人的，而阿里克斯说："拜托，不论怎样，总有人会死。"麦克和塔妮莎赞同地点了点头。阿里克斯掰着手指数着一、二、三、四，这是命不久矣的人数。接下来我们在想，卓克孩子的母亲布莲娜又在哪里呢？我们猜她也许出城去了，因为最近几周孩子们都待在卓克妈妈的家里。是否有人已经联系过布莲娜？她知情吗？

这时，卓克的朋友和邻居陆续进到房间里来。我们想卓克的妈妈也许不会到医院里来，因为琳达女士不喜欢离开家，除非是她儿子的开庭日。加上她现在正处于极度的震惊和悲痛中，我觉得她没法坚持来到医院。几小时过后，一些医疗人员进来说他们要带走尸体，我走出房间，向这些人解释说我们在等卓克的妈妈，在她来之前谁也不能带走尸体，他们同意让卓克在这个房间里再多待上几个小时。

到了最后，琳达女士还是来了，陪她来的还有街区里的4个年轻人。她进屋后安静地说:"让我看看儿子。"当时我在走廊的等候室,阿里克斯在我身边鼾声如雷,他从昨天早晨6点起就没有休息过了。

接着我的手机响了,是监狱里的雷吉打来的。

"雷吉,你知道了吗?"

"对,我知道了,我必须回家看着我哥哥下葬。"

当我回到卓克的病房时,屋里已经挤满了人,琳达女士坐在床边握住他儿子的手,轻声抽泣着,整个人在不停地颤抖。她从我的手中接过雷吉打来的电话,讲道:"嗯,呃,不是,是一颗子弹。"这个时候手机突然没电了,她就把手机递还给了我。我想象着雷吉在他的牢房里坐着,为他的哥哥而心碎的画面。卓克的邻居坐在椅子上,而我则蹲在他的旁边。我向那个和善的护士要了苹果汁以及更多的椅子。塔妮莎坐在床的另一侧,卓克的另一个邻居坐在地板上,还有两个人倚靠着床沿。

琳达女士俯在她儿子的身上,轻声哀叹着:"哦,宝贝,哦我的宝贝……"她握着卓克的手,一直在说:"孩子,用力抓紧我的手……卓克,快用力抓一下。"她还迅速而有力地揉搓着卓克的手臂,就好像想让他的尸体再温暖起来一样。看到这种场面,我和塔妮莎都流下了眼泪。突然,琳达女士站起身走出了房间,我也起身跟她一起出去,向她伸出了手,她倒在我的臂弯里放声大哭。这时塔妮莎也走了出来,扶住了琳达女士的另一侧身体,我们两个人一起帮助她站了起来。琳达女士说,她想离开这里。塔妮莎说她可以开车送她,问我愿不愿意陪她们走到停车的地方,我说好的。

附录：一个方法论的注解

我本来打算开我自己的车，塔妮莎在后面跟着。然而不知道为什么，我无法让自己离开卓克。于是我在往停车计费器里扔了几枚硬币后，又回到了卓克的房间，刚好看到他的尸体正被装进一个袋子。他的大脚趾上还挂着一个标签。为了带走他的东西，我在抢救室里等了一个小时，然而有人告诉我，他的东西已经被送到了警察局留作证据。由于他死亡的性质，他们会将卓克的尸体送往城里的太平间。

我刚在车里给手机充上电，琳达女士就打来电话，问我是不是已经在路上了。在我给了她肯定的答复后，她告诉我，如果我不能去她家，能不能把之前答应帮她买帮宝适牌尿不湿的钱给塔妮莎，因为直到她们的妈妈回来之前，她负责照顾卓克的女儿们。她还在担心卓克的女儿，而她自己的儿子现在一个都不在身边。雷吉被关在了库伦－弗洛德矫正中心，保释金是10 000美元；卓克死了；而亲眼看见卓克中枪的15岁的提姆，还被留在警察局。提姆或许甚至还不知道卓克已经去世的消息。

在车里，我一直试图摆脱自己的焦虑情绪，每一次在第六街区的大型社交聚会上，这种焦虑都会困扰我。我还记得麦克告诉过我，我不能在医院门外的街角同他们一起站着，而应该进到急救室里去扮演另外一种角色，用我与众不同的身份去帮助他们。我还记得卓克的女友好像匕首一样向我刺来的眼神，很显然她在怀疑我跟卓克的关系，又不想突兀地来质问我：凭什么我可以待在医院里？凭什么只有我被允许在病房里停留上一整夜？凭什么只有我没有被警察审问？毕竟，卓克的三十几个朋友和亲戚都被请走了，其中

在逃：一个美国城市中的逃亡生活

包括卓克 15 岁的弟弟，他甚至目睹了卓克倒下的场景，在逃跑的冲动下依然尖叫着试图去保护哥哥的身躯。他一直以儿子爱父亲一般的深沉的情感爱着卓克，但他一直被扣留在警察局里。然而，我就是不忍心把卓克一个人留在医院里。如果他熬过了一晚上活了下来，我想陪在他身边。如果他死去了，我也想陪在他身边。

快到傍晚的时候，警察才放走了提姆。提姆告诉我们，在他被控制的整整 14 个小时里，他都没有吃东西，也没有睡觉。接下来他几乎没怎么再说话，他的眼神也一直游离在很远的远方。晚上的时候，我们聚在琳达女士门廊的楼梯前，提姆也坐了下来。他的眼神茫然地凝视着空气，眼泪缓缓地沿着他的脸颊流淌着。他像赶走苍蝇一样抹掉了自己的泪水。过了一会儿，塔妮莎、麦克和我带他去了一家餐厅，吃了一些蛋饼、干酪粒以及火鸡培根。在我们离开餐厅的时候，我把表面已经出现了很多划痕的手表递给了他，他无声地点头表示感谢，把手表戴到了手腕上。

* * *

在葬礼之前的几天里，琳达女士有时会给我打电话让我过去陪她坐坐，偶尔我还会留在她家里过夜。然而，她一直不得不跟一大家子人还有城外来的人解释，为什么她家里会出现一个白人女孩。为此我很羞愧，也为她感到难为情。卓克父亲的家人坚持让琳达女士在葬礼前用化学品给房子消毒，否则客人们就要在一群蟑螂和苍蝇中吃东西和哀悼了。在熏蒸消毒员拎着杀虫剂桶来到时，他一直坚持想要知道，房子里为什么会有我这样一个白人女孩。琳达女士跟他吼出了自己的惯常答案："她他妈的就是我的白人姑娘，有什

附录：一个方法论的注解

么问题吗？"卓克6个月大的小女儿一直很开心自己能被很多女人轮流抱着，但每次我一去抱她，她总是会瞬间大哭。这也使我超级尴尬，其他人也会对我表示同情或者好奇。难道是我不知道怎样照顾一个小宝宝吗？或者她对白人女性的手臂有着一种天生的恐惧吗？另一个我从没见过的表亲的小孩就不一样，她一看到我就爬到了我的腿上，整晚都没有离开过。每次她妈妈尝试着把她拉下来，她都会大哭，这让她妈妈略带局促地意识到：她喜欢白人。

除了我的存在让人不快外，我还犯了一些错误，这让整个事情变得更糟了。第一个错误就是，当我在房子里见到卓克的父亲时，我拥抱了他。他当时让自己现在的妻子和孩子们留在家中，来到琳达女士的身边陪她一起哀悼，这个举动让琳达女士看到了他对她的没有磨灭的爱恋，和他对自己第一个儿子的爱。琳达女士一整天都没有让她交往了很久的男朋友进来，不过她的男朋友还是参加了最后的葬礼。

在哀悼的第一晚，我们围坐在室外的桌子旁边，琳达女士分发了上面写着"安息"的T恤衫，这些是她在城里一家专门卖货给不太富裕的黑人和白人的商场里买来的。T恤衫的正面印着卓克在职业培训项目的毕业舞会上微笑的照片，下面有他出生和去世的日期，还印有"生命虽逝，回忆永存"的字样。

我看到卓克的父亲走了进来。我俩都开始哭泣，并且当他走近的时候，我站起身来给了他一个拥抱，并不是时间很长的那种拥抱，只是轻轻抱了一下，以表达我的同情。

很快，塔妮莎就告诉琳达女士我抱了卓克的父亲，琳达女士站起身,冲过来开始向着我俩怒吼。卓克的父亲尝试着一笑了之以平复她的心情,然而她的心情并没有平复下来,在接下来的 15 分钟里都没有。"你知道我不玩那一套!"她吼道。

我怎么能忘了这么一个基本的事实呢:像我这样一个年轻女性,去拥抱一个非家庭成员的年长男性是不合适的。更何况这个男性还是琳达女士第一个孩子的父亲。考虑到我在琳达女士的悲痛之上又添加了嫉妒和冲突,当晚我就离开了她家,并且打算直到葬礼之前都不再出现了。然而在第二天早上 5 点的时候,琳达女士就给我打了电话,说她无法入睡,让我回去陪她坐坐。

这个家庭无力支付家庭葬礼的费用,于是我们给停尸房打电话,拜托他们多保留尸体一段时间。很多天过去了,然而,雷吉还是没有被准假,警察说,考虑到他哥哥的死,这处境实在是太危险了。

* * *

在绝大多数额外调遣过来的警察离开了这片区域之后,寻找杀害卓克的凶手的行动就开始了。提姆在仅仅数尺之外非常近距离地看到了凶手,很多人也都知道凶手的姓名以及经常跟他在一起的人。然而这个凶手隐蔽得很好,没人能搞清楚他究竟躲在哪里。雷吉一直在监狱里痛斥他的弟兄——说他们什么都没做,说他们为他哥哥的复仇花了太长的时间,说如果他在家他会怎样怎样。第六街区的年轻人们获得了更多的枪,他们认为可能会进入与第四街区大战的第三阶段,并为此准备好了装备。

有很多个晚上,麦克和斯蒂夫开车来回寻找着开枪者,寻找着那些曾经在开枪者的小群体里面的人,寻找着那些可能会提供一些

附录：一个方法论的注解

线索的，曾跟开枪者有联系的女人们。有几个晚上麦克没有搭档，于是我主动地跟他一起去巡查。我们一般在凌晨3点左右的时候开始行动，麦克坐在副驾驶的位置上，在给我指方向的时候，他的手片刻不离格洛克手枪。我们盯着黑暗的房子，看着周围的车牌号，而麦克总是在给那些可能知道第四街区男孩们下落的人打着电话。

有一晚，麦克以为他看到了要找的人中的一个走进了一家中餐馆。他把手枪别在腰间，下车躲在了旁边的一个小胡同里。我留在车里，发动机仍然运转着，随时准备等麦克回到车内然后迅速离开。然而，当那个目标男人买了食物离开的时候，麦克好像认为他并不是自己要找的人，于是走回了车里，我们继续开车寻找。

* * *

在卓克刚身亡的那段时间，我开始认认真真地研究枪战：它们是何时、如何发生的，接下来随着时间的延展，冲突会有怎样的结果，等等。然而我并不认为我上了麦克的车是因为我想要得到有关暴力的第一手资料，甚至也不是因为我想证明自己勇敢而忠诚。我坐进麦克的车是因为，像麦克和雷吉一样，我想要让枪杀卓克的人去死。

也许卓克的死打破了我内在的什么东西吧。我不再把射杀他的凶手看成一个人——一个与我认识的那些人相似的人，一个没有工作并且想要在日渐衰落且身处底层的毒品交易中躲开警察的人。我并不在乎这个人在中餐外卖店外冲向卓克的时候，是不是感觉到自己的生命受到了威胁，或者是不是感觉到自己无法退缩。我就是简单地想要他为自己的所作所为付出代价，为他从我们这里夺走的一切付出代价。

回过头来想，我很幸运我了解到了想让一个人去死是怎样的一种感受——并不是简单地理解了其他人对复仇的渴望，而是体会到了一种深入骨髓的渴望，甚至这种渴望在情感上盖过了我自己关于正确和错误的价值观或理智。然而我应该跟某个带枪之人开车出去搜寻开枪者吗？此时回想起来，我的复仇欲望令我恐惧，这比目睹枪击时的恐惧还要强烈，甚至比我担心麦克以及提姆的安全时的恐惧还要强烈，而且肯定比我的任何恐惧都要强烈得多。

译后记

这是对美国费城黑人社区生活的一段惨烈而鲜活的民族志记述。作为一名社会学研究者，作者爱丽丝·戈夫曼（Alice Goffman）无疑在熟练运用一种真正的人类学的田野民族志的方法，投身到一个对白种美国人而言完全陌生的黑人亚文化群体的生活之中。显然，在那里，似乎一切都跟肤色上的"黑白"分明一样，他们的生活处境同样让人有一种黑白分明之感，我们真的难以想象在美国这样一个自由的国度之中，竟然生活着这样一群不断要为自己的生存而逃亡的人。似乎了解了这一群人，也就了解了这个社会，由此也完成了一位青年女社会学家的成人礼。

可想而知，每个人都一定要在社会中寻求一种成长，但每个人演绎出的故事都是大为不同的。这其中有快乐也有痛苦，有成功也有失败，谁又能保证一个人在成长历程之中一直笑着呢？很多时候恰恰相反，一个真实的生命在真正面对社会时往往可能在辛酸之中夹杂着一种持之以恒的自我挣扎，这可能才算是一个普通人生命成长的全部。而对于《在逃》这本书中所描写的在美国费城第六街区中生活的那些年轻黑人兄弟而言，情形又何尝不是如此呢？

无意之中的一条线索，让爱丽丝慢慢揭开了费城黑人社区中一群在到处逃避强势的美国警察的年轻人的生命史。对这群年轻人中的大多数来说，他们一生中的大半时光不是在监狱之中，便是在逃离重回监狱的途中。而无形之中，他们为自己的肤色也为社会的黑暗所遮蔽，难有一种真正的所谓逃离。尽管他们在充满混乱的生活中并不缺乏巧妙逃离的技术，但最终他们还是回到了牢狱或者拘留所之中。而更令人感到凄惨和悲凉的便是那些被警察、仇家所射杀或仇杀的人，葬礼在那里成了一个将更多年轻黑人男子联系在一起的仪式。

书中所记述下来的一段段故事都可谓真正的惊心动魄，有毒品、有报复、有仇恨，也有深度的不满，这些被看成社会阴暗面的东西在这个普通黑人社区之中聚合在了一起，并得以酝酿发酵，成了谁都无法真正避开的生活之酶，刺激着居住在此的人的每日的生活。爱丽丝借此一点点地刀劈斧凿一般地形塑着这个残缺不全、伤痕累累的美国黑人社区，它是一尊雕像，一尊怒吼的雕像。法庭、监狱和警察便是这些年轻人无法去直面的生活的重压，他们只能在无尽的逃亡之中活着或者死去。因此，他们生活成了另外的一副样子：黑白可以颠倒，真假难以分辨。他们相互之间的信任变成了一种极度的稀缺品，家庭不再是可以寄托情感的港湾。为了难以启齿的生计，为了在夹缝之中勉强存活下去，为了抗拒无端加诸他们头上的暴力以及在守法与违法之间的一种两难困境所引发的铤而走险，这里的人们，因为黑色的皮肤，因为曾经的小小污点，因为相互的不信任，只能选择逃亡、逃亡、再逃亡，否则便要面对难以忍受的牢狱之中的孤寂。

这是一部从研究方法上很难去完成的民族志，难的不在于书写本身，而在于能够真正去书写什么。在人们不知道的那个世界里，书写便是使我们知道一切的方式，而实践则是不可或缺的成就。这种书写的难得的经历，作家应该有，社会学家应该有，人类学家更

译后记

应该有。但怎样去书写、如何去书写以及书写什么，所有这些，都成了考验民族志工作者自我判断和成长的最为艰难的一项工作。我们因此而需要向勇敢而顽强的爱丽丝·戈夫曼女士致敬，作为老戈夫曼的女儿，她在思想上绝对不乏洞见和反思，特别是对美国、美国人以及根深蒂固、难以根除的美国白人至上的种族主义的反思。她的反思深邃而细腻，这是我们乐于花费这么多时间去翻译这部并不特别容易翻译的民族志作品的一个重要原因。

我曾经在每年开设的"人类学概论"课上请选课的学生分组阅读并翻译此书，这些曾经参加初稿阅读翻译的选课人，名字如下：贺文雪、张佳羽、王丹、崔大林、杨颜、张晗、林岱仪、张裕想、杨雅涵、王佩珊、叶欣、刘森、苏欣仪、麦如茵、李东、陈雨辰、魏志聪、郁珊珊等。后来我还请方柳依、胡冰冰、朱鸿辉、李飔飚、张宇婧、罗士洞等学生校订过初稿，使之初步成形，但仍旧不能顺畅阅读。一直到 2017 年年初，我自己才有时间重新翻译校订此书，由此而形成今天的这部译稿。此书口语、俚语颇多，在翻译上颇费了一些周折。现在碎片化的生活，使人难以有集中精力的大块时间，但零零碎碎的校译，仍使我乐在其中。当然此书还有许多的不足之处，还请方家——指正，便于未来的修改。

赵旭东
二〇一八年六月七日于京北亦乐斋

ON THE RUN: Fugitive Life in an American City by Alice Goffman

Licensed by The University of Chicago Press, Chicago, Illinois, U.S.A.

© 2014 by The University of Chicago. All Rights Reserved.

Simplified Chinese translation copyright 2019 © CHINA RENMIN UNIVERSITY PRESS Co., Ltd.

图书在版编目（CIP）数据

在逃：一个美国城市中的逃亡生活／（美）爱丽丝·戈夫曼著；赵旭东等译. —北京：中国人民大学出版社，2019.1
ISBN 978-7-300-26452-3

Ⅰ. ①在… Ⅱ. ①爱… ②赵… Ⅲ. ①种族主义－研究－美国 Ⅳ. ① D771.21

中国版本图书馆 CIP 数据核字（2018）第 275154 号

在逃：一个美国城市中的逃亡生活
［美］爱丽丝·戈夫曼（Alice Goffman）著
赵旭东等 译
Zaitao: Yige Meiguo Chengshi zhong de Taowang Shenghuo

出版发行	中国人民大学出版社			
社　　址	北京中关村大街 31 号	邮政编码	100080	
电　　话	010-62511242（总编室）	010-62511770（质管部）		
	010-82501766（邮购部）	010-62514148（门市部）		
	010-62515195（发行公司）	010-62515275（盗版举报）		
网　　址	http://www.crup.com.cn			
经　　销	新华书店			
印　　刷	涿州市星河印刷有限公司			
规　　格	145 mm×210 mm　32 开本	版　次	2019 年 1 月第 1 版	
印　　张	12.25 插页 4	印　次	2019 年 10 月第 2 次印刷	
字　　数	243 000	定　价	59.00 元	

版权所有　侵权必究　印装差错　负责调换